CD-ROM

TABELLEN

Die Tabellen sind maßgeblich und bieten Orientierung, wenn es um den Unterhalt geht.

- Düsseldorfer Tabelle
- Bremer Tabelle
- Tabellarische Übersichten auf Grundlage der Bremer Tabelle

MUSTER

Zahlreiche Musterformulare und -briefe unterstützen Sie bei Ihrer Korrespondenz.

- Scheidungsfolgen-vereinbarung
- Einverständniserklärung über Kindesaufenthalt
- Umgangsvereinbarung

LEITLINIEN

Auf der CD-ROM finden Sie die aktuellen Unterhaltsgrundsätze sowie die Leitlinien der Familiensenate.

- Süddeutsche Leitlinien
- Leitlinien des Kammergerichts

GESETZE

Lesen Sie bei Bedarf die Gesetzestexte im Original.

- FamFG
- Gewaltschutzgesetz
- Zivile Prozessordnung
- Einkommensteuergesetz

Bibliografische Information der Deutschen Nationalbibliothek

Die Deutsche Nationalbibliothek verzeichnet diese Publikation in der Deutschen Nationalbibliografie; detaillierte bibliografische Daten sind im Internet über http://d-nb.de abrufbar.

ISBN 978-3-648-01268-0 Bestell-Nr. 04627-0009

1. Auflage 2001
6., aktualisierte Auflage 2011

Redaktionsanschrift: Fraunhoferstraße 5, 82152 Planegg
Telefon (089) 8 95 17-0, Telefax (089) 8 95 17-2 50
Internet: www.haufe.de
Produktmanagement: Jasmin Jallad

Idee & Konzeption: Dr. Matthias Nöllke, Textbüro Nöllke München
Umschlaggestaltung: fuchs-design, 81671 München
Gesamtbetreuung: Ariadne-Buch, Christine Proske, 81541 München
Redaktion und DTP: Lektoratsbüro Cornelia Rüping, 81679 München
Druck: Schätzl Druck, 86609 Donauwörth

Barbara Schramm

Trennung, Scheidung, Unterhalt für Frauen

Inhalt

Einleitung

Ist Ihre Beziehung am Ende, stehen Sie oft nicht nur vor den Trümmern der Liebe, sondern auch vor einem Chaos aus rechtlichen und finanziellen Verwicklungen. Durch die Abschaffung des Schuld- und die Einführung des Zerrüttungsprinzips mit dem neuen Scheidungsrecht im Jahr 1977 haben sich die Brennpunkte von Trennung und Scheidung verlagert. Die Schuldfrage spielt heute für die Scheidung kaum noch eine Rolle, der Schwerpunkt der Auseinandersetzung liegt jetzt meistens bei den sogenannten Folgesachen der Trennung und Scheidung: Ehegatten- und Kindesunterhalt, elterliches Sorgerecht, Zugewinnausgleich und Versorgungsausgleich.

Hier entbrennt in etwa 50 Prozent aller Fälle auch heute noch ein unerbittlicher „Rosenkrieg“ mit langwierigen und harten Streitigkeiten vor Gericht. In den anderen Fällen kommen die Eheleute, meist mithilfe ihrer Rechtsanwälte, zu tragfähigen außergerichtlichen Einigungen, sogenannten Trennungs- und Scheidungsfolgenvereinbarungen.

Zum 01.01.2008 wurde das Unterhaltsrecht grundlegend reformiert. Es wurde an die geänderte Rollenverteilung in der Ehe und an die neuen Familienformen, besonders die Patchworkfamilien, angepasst. Nun stehen die Kinder im Vordergrund. Im Unterhaltsrecht hat der Grundsatz der Eigenverantwortung eine grundlegende Bedeutung erlangt; es gibt keine unbegrenzte Lebensstandardgarantie mehr.

Zum 01.09.2009 sind weitere weitreichende Reformen in Kraft getreten. So wurde der Rentenausgleich (Versorgungsausgleich) völlig neu gestaltet. Zudem wurde durch das Gesetz zu Verfahren in Familiensachen und in den Angelegenheiten der freiwilligen Gerichtsbarkeit (FamFG) das Verfahrensrecht neu zusammengefasst und das sogenannte große Familiengericht eingeführt. Das hat den großen Vorteil, dass alle Verfahren zwischen Eheleuten jetzt vor dem Familiengericht auszutragen sind und nicht mehr an verschiedenen Gerichten. In diesen Verfahren gibt es keine Urteile mehr, sondern nur noch Beschlüsse, die jedoch dieselbe Wirkung haben. Man spricht nur noch von Antragsteller und -gegner und nicht mehr von Kläger und Beklagten. Man will damit auf Ebene der Ehe neutralere Begriffe verwenden, die weniger mit dem Verständnis von „Gewinnen“ und „Verlieren“ verbunden werden. Ebenso erfolgte eine Änderung in Bezug auf die Formalien für die Anwälte. Schließlich wurde zum 01.09.2009 das Güterrecht (Zugewinnausgleich) teilweise reformiert sowie die Vorschriften über die Wohnungszuweisung bzw. Aufteilung der Haushaltsgegenstände. Die Hausratverordnung wurde abgeschafft.

1995 reichten rund 170.000 Ehepaare die Scheidung ein, 2008 waren es rund 192.000. Rund 49 Prozent davon machten Ehen mit minderjährigen Kindern aus. Ein Grund für die zunehmenden Scheidungszahlen ist sicher, dass Frauen inzwischen wesentlich selbstständiger als früher und damit auch finanziell unabhängiger sind. Immer weniger bereit sind, sich – in welcher Form auch immer – unterdrücken zu lassen. Die Berufstätigkeit der Frau, und wenn es nur ein Teilzeitjob ist, bringt im Gegensatz zu früheren Jahrzehnten finanzielle Unabhängigkeit mit sich und erhöht damit sicher auch die Bereitschaft der Frauen, einen Trennungsprozess einzuleiten. Noch nicht statistisch ausgewertet ist, ob sich die Unterhaltsrechtsreform auf die Anzahl der Scheidungen auswirkt. Die Tatsache, dass nacheheliche Unterhaltszahlungen der Höhe und Dauer nach begrenzt werden können, wirkt sich möglicherweise vor allem bei älteren Frauen auf den Entschluss zur Trennung negativ aus. Gerade deshalb sollten sich diese Frauen gut beraten lassen.

Wenn Sie diejenige sind, die den Entschluss zur Trennung getroffen hat, wird es erfahrungsgemäß auch nach der Trennung so sein, dass die Initiative für Lösungen der genannten Folgesachen von Ihnen ausgehen wird. Aber auch wenn Sie von der Trennung überrascht oder mit ihr konfrontiert wurden, sollten Sie nicht wie gelähmt und defensiv abwartend die veränderte Situation hinnehmen. Wenn Sie auf die Initiative Ihres Ehemanns warten, warten Sie oftmals vergeblich. Sehen Sie diesen Wendepunkt in Ihrem Leben als Neubeginn und werden Sie selbst aktiv.

Dieser Scheidungsratgeber wird Sie auf Ihrem Weg begleiten. Er zeigt Ihnen, worauf es bei Trennung und Scheidung aus rechtlicher Sicht ankommt. Sie sollen und müssen spätestens jetzt Ihre Rechte genau kennenlernen. Nur so schützen Sie sich davor, bei einer scheinbar einvernehmlichen Regelung über den Tisch gezogen zu werden. Sorgen Sie selbst dafür, dass Sie Ihre Ansprüche in die Verhandlungen und Gespräche mit Ihrem Ehemann einbringen und vertreten können. Darüber hinaus geht es darum, eventuelle

Drohungen Ihres Ehemanns richtig einzuschätzen, um für den Fall der Fälle sofort handeln zu können. Und auch, falls es einen „Rosenkrieg“ geben sollte, sind Sie mit unseren Ratschlägen gut gewappnet.

Soweit Urteile zitiert sind, ist das Datum und die Fundstelle oder das Aktenzeichen der Entscheidung vermerkt. So können Sie die Entscheidungen im Internet über Suchmaschinen leicht finden. Der Bundesgerichtshof (BGH) verfügt über eine eigene Homepage (www.bundesgerichtshof.de), auf der Sie seine Urteile finden. Zahlreiche Oberlandesgerichte (OLG) bieten ebenfalls solche Dienste an.

Wie lasse ich mich scheiden?

SCHNELLE SCHEIDUNG ODER VERSÖHNUNG? BEISPIEL

Frau Riedel erwartet von ihrem neuen Freund ein Kind. Sie möchte so schnell wie möglich geschieden werden, doch ihr Ehemann hofft immer noch, dass eine Versöhnung möglich ist. Er will der Scheidung deshalb nicht zustimmen, weil er befürchtet, dass die beiden gemeinsamen Kinder mit der Trennung ihrer Eltern nicht klarkommen.

Unsere Ehe ist am Ende – was nun?

Bevor Sie Ihrem Ehemann den Trennungsentschluss mitteilen, sollten Sie sich einen Überblick darüber verschaffen, welche rechtlichen Möglichkeiten und Konsequenzen die Trennung mit sich bringt. Den ersten Schritt haben Sie bereits mit dem Kauf dieses Ratgebers getan. Häufig helfen auch Gespräche mit Freunden, um trotz Schmerz, Wut und vielleicht sogar Hass Sachlichkeit und Ruhe zu bewahren.

Das Scheidungsrecht ist allerdings so komplex, dass es für einen Laien nur schwer verständlich ist. Daher sollten Sie den Rat eines Rechtsanwalts einholen, denn es zählen immer die Verhältnisse im Einzelfall. Wenden Sie sich an einen der Fachanwälte für Familienrecht, die oft im Scheidungsrecht tätig sind und entsprechende Qualifikationen bei der Rechtsanwaltskammer nachweisen mussten.

Um eine gute Beratung zu erhalten, ist es unerlässlich, dass auch Sie selbst gut vorbereitet sind. Aber nicht nur für das Gespräch mit dem Fachmann, sondern ebenso für Gespräche mit Ihrem Ehemann oder für ein im Streitfall nachfolgendes Gerichtsverfahren sollten Sie gerüstet sein, um alle Ihnen offenstehenden Möglichkeiten ausschöpfen zu können.

Vor Ihrer Trennung müssen Sie sich einen genauen Überblick über die finanziellen Verhältnisse Ihres Ehemanns verschaffen. Das ist besonders dann wichtig, wenn Sie sich um diese Fragen bisher nicht gekümmert haben. Leben Sie erst einmal getrennt oder ist das Scheidungsverfahren schon anhängig, wird Ihr Ehemann nicht immer freiwillig Auskünfte erteilen und seine Unterlagen sind Ihrem Zugriff dann wahrscheinlich schon entzogen. Versuchen Sie deshalb, sich die in den folgenden Checklisten aufgeführten Unterlagen zu beschaffen und zu kopieren.

Je mehr Sie selbst über die finanziellen Verhältnisse Ihrer Ehe wissen, umso weniger sind Sie auf Informationen Ihres Ehemanns angewiesen. Zudem kann Ihnen der Rechtsanwalt besser und oft schneller helfen. Denn kommt es später zu einem Gerichtsverfahren, zählt nur das, was Sie tatsächlich beweisen können.

Die Überwindung zu diesem Schritt mag groß sein, zahlt sich aber in vielen Fällen später aus. Ihr Ehemann wird sicher viel gesprächsbereiter sein, wenn er erkennt, dass Sie genauestens informiert sind. Vor allem wenn Ihr Ehemann zum Beispiel Bankkonten, Schließfächer oder Aktien im Ausland hat, sind Unterlagen darüber oft Gold wert. Ihr Ehemann kann dieses Vermögen dann nicht so einfach verschweigen. Wenn Sie sich dieses Wissen verschafft und sich von Ihrer rechtlichen Situation ein Bild gemacht haben, ist der Weg für eine kooperative und einvernehmliche Regelung geebnet.

CHECK

HABE ICH MIR VOR DER TRENNUNG ALLE PAPIERE BESORGT?

	ja	nein
Die letzten zwölf Gehaltsabrechnungen jedes Ehegatten in Kopie	☐	☐
Die letzten drei Steuerbescheide und Steuererklärungen in Kopie	☐	☐
Wenn Ihr Ehemann selbstständig ist, die Gewinn-und-Verlust-Rechnungen bzw. Bilanzen der letzten drei Jahre	☐	☐
Wenn Vermögen vorhanden ist, Kopien der Lebensversicherungs- und Bausparverträge, Sparbücher, Bankkonten, Depotkonten; Grundbuchauszüge oder Kaufverträge über Immobilien, Darlehensverträge	☐	☐

HABE ICH ALLE UNTERLAGEN FÜR DEN RECHTSANWALT? CHECK

	ja	nein
Alle Unterlagen aus der Checkliste „Habe ich mir vor der Trennung alle Papiere besorgt?"	☐	☐
Familienstammbuch oder Heiratsurkunde und Geburtsurkunden der Kinder	☐	☐
Mietvertrag	☐	☐
Aufstellung über monatliche Belastungen	☐	☐
Rentenunterlagen, Sozialversicherungsheft	☐	☐
Vermögensaufstellung	☐	☐
Aufstellung über Schulden (Darlehen, Kredite etc.)	☐	☐

Welche Voraussetzungen müssen vorliegen, damit ich geschieden werde?

Seit dem 01.07.1977 gilt in Deutschland das neue Scheidungsrecht. Vorher galt das sogenannte Schuldprinzip, das heißt, eine Ehe konnte nur geschieden werden, wenn ein Ehegatte schuldhaft gegen die ehelichen Pflichten verstoßen hatte, zum Beispiel bei Ehebruch, böswilligem Verlassen oder versuchter Tötung des anderen. Der „schuldige" Ehegatte musste Unterhalt zahlen, das Sorgerecht für die Kinder wurde dem anderen Ehegatten übertragen. Danach trat das sogenannte Zerrüttungsprinzip in Kraft. Nun geht es nicht mehr um Schuld, sondern um die Zerrüttung der Ehe.

Zerrüttung

Eine Ehe gilt als zerrüttet, wenn die Lebensgemeinschaft der Ehegatten nicht mehr besteht und auch nicht erwartet werden kann, dass die Ehegatten sie wiederherstellen (§ 1565 Abs. 1 Bürgerliches Gesetzbuch [BGB]). Es kommt also nicht darauf an, warum Sie sich trennen, sondern ob es zwischen Ihnen und Ihrem Ehemann zu einem endgültigen Bruch gekommen ist. Es darf sich nicht um eine vorübergehende Krise handeln, sondern Ihre Ehe muss langfristig nicht mehr zu retten sein.

Trennungszeit

Das Scheitern einer Ehe reicht für eine Scheidung allerdings noch nicht aus. Sie müssen – bis auf wenige Ausnahmen – auch eine bestimmte Zeit, nämlich mindestens ein Jahr lang, getrennt leben. Man spricht hier vom Trennungsjahr. Dafür ist nicht unbedingt eine räumliche Trennung erforderlich, es reicht aus, wenn Sie innerhalb der Wohnung getrennt leben, quasi wie in einer Wohngemeinschaft. Sie müssen über getrennte Schlafbereiche verfügen. Außerdem dürfen Sie sich nicht mehr gegenseitig versorgen (waschen, kochen, putzen) (vgl. Kapitel „Was muss ich bei der Trennung beachten?“). Dies soll Ihnen die Möglichkeit geben, Ihren Trennungsentschluss reiflich zu überdenken. Wenn Sie sich nach der Trennung für kurze Zeit mit Ihrem Ehemann wieder versöhnen – bis maximal drei Monate –, bedeutet das nicht, dass das Trennungsjahr unterbrochen wird. Gleiches gilt für mehrmalige kurze Versöhnungsversuche. Bei Frau Riedel liegen die Voraussetzungen für eine Scheidung noch nicht vor. Sie muss sich erst von ihrem Ehemann trennen, das heißt, die „Trennung von Tisch und Bett“ vollziehen, um in absehbarer Zeit geschieden zu werden.

Einvernehmliche Scheidung, wie soll das gehen?

Voraussetzung für eine einvernehmliche Scheidung ist zunächst, dass Sie und Ihr Ehemann mindestens ein Jahr getrennt leben und beide geschieden werden wollen. Das Gesetz sieht dann vor, dass die Zerrüttung Ihrer Ehe unwiderlegbar vermutet wird (§ 1566 Abs. 1 BGB). Dies allein reicht jedoch noch nicht aus. Nach dem Gesetz soll bei einer einvernehmlichen

Scheidung dem Gericht eine Scheidungsfolgenvereinbarung vorgelegt werden, in der ganz genau festgelegt ist, wie Sie und Ihr Ehemann die einzelnen Punkte regeln wollen. Dazu gehören:

- Regelung des elterlichen Sorgerechts
- Regelung des Umgangsrechts
- Aufteilung der Haushaltsgegenstände
- Verteilung der Ehewohnung
- Ehegatten- und Kindesunterhalt
- Zugewinnausgleich

Ein Muster für eine Scheidungsfolgenvereinbarung finden Sie auf der CD-ROM. Sie können es direkt in Ihre Textverarbeitung übernehmen.

Diese Vereinbarung können Sie auch ohne rechtlichen Beistand entwerfen, was sich aber wegen der weitreichenden Konsequenzen nicht unbedingt empfiehlt. Außerdem muss die Scheidung ohnehin durch einen Rechtsanwalt bei Gericht beantragt werden. Wenn Ihr Ehemann Ihnen eine fertige Vereinbarung vorlegt, sollten Sie sie unbedingt prüfen lassen. Vereinbaren Sie dazu einen Beratungstermin – die Kosten lohnen sich. Wenn Sie schon unterschrieben haben, lässt sich vieles nicht mehr rückgängig machen. Handeln Sie schnell, auch eine einverständliche Scheidung muss gut vorbereitet werden.

Enthält Ihre Scheidungsfolgenvereinbarung Regelungen zum Vermögensausgleich, insbesondere zum Zugewinnausgleich oder zum Rentenausgleich (Versorgungsausgleich), und seit dem 01.01.2008 zum Unterhalt, muss sie beim Notar beurkundet werden oder beim Scheidungstermin von Ihnen beiden unterschrieben und dem Richter übergeben werden. Dass seit dem 01.01.2008 auch Vereinbarungen zum Unterhalt vor dem Notar oder Scheidungsrichter geschlossen werden müssen, wurde zum Schutz der Unterhaltsberechtigten eingeführt. Jeder muss dann einen Anwalt haben, der die Vereinbarung ebenfalls unterschreibt, denn nur dann kann sie formwirksam vor der Scheidung geschlossen werden. Das gilt nicht, wenn sie nur die elterliche Sorge und die Aufteilung der Haushaltsgegenstände umfasst.

Werden Vereinbarungen erst nach der Scheidung Ihrer Ehe durch das Gericht getroffen, dann besteht der Formzwang (Notar oder zwei Rechtsanwälte) nicht mehr. In diesen Fällen reichen privatschriftliche Vereinbarungen aus. Es ist von Gericht zu Gericht verschieden, wie viel Wert auf die Scheidungsfolgenvereinbarung gelegt wird. Ihr Rechtsanwalt gibt Ihnen darüber Auskunft.

Nach § 133 Gesetz für das Verfahren in Familiensachen und in den Angelegenheiten der freiwilligen Gerichtsbarkeit (FamFG) muss der Rechtsanwalt im Scheidungsantrag dem Gericht mitteilen, ob Sie mit Ihrem Mann eine Regelung über die

- elterliche Sorge,
- den Umgang,
- die Unterhaltspflichten (für minderjährige Kinder und Ehegatten),
- die Ehewohnung und
- die Haushaltsgegenstände

getroffen haben. Der Anwalt muss nicht den Inhalt dieser Regelung dem Gericht mitteilen, sondern nur, ob es überhaupt eine Regelung zu den Punkten gibt. Der Reformgeber erhofft sich davon, dass sich die Eheleute schon vor Beginn des Scheidungsverfahrens darum bemühen, eine Klärung dieser Punkte herbeizuführen. Der Richter soll die Möglichkeit haben, früh auf Beratungsmöglichkeiten hinzuweisen.

Das Gericht kann gemäß § 135 FamFG Ihnen und Ihrem Mann auftragen, dass Sie an einem kostenfreien Informationsgespräch über Mediation und andere Beratungsmöglichkeiten teilnehmen. Sie müssen die Teilnahmebestätigung dem Gericht vorlegen. Nehmen Sie daran nicht teil, können Sie vom Gericht bestraft werden. Es kann festlegen, dass Sie die Kosten des Scheidungsverfahrens oder der Verfahren über die anderen ungeklärten Punkte – oder jedenfalls einen größeren Anteil als Ihr Mann – tragen müssen. Ein Zwangsmittel zur Teilnahme gibt es nicht.

Scheidung mit einem (gemeinsamen) Rechtsanwalt?

Wenn Sie eine einvernehmliche Scheidung anstreben, dann brauchen Sie nicht unbedingt zwei Rechtsanwälte. Es genügt, dass der Ehegatte, der den Scheidungsantrag bei Gericht einreicht, einen Rechtsanwalt hat. Der andere Ehegatte stimmt der Scheidung in diesem Fall persönlich zu (§ 1566 Abs. 1 BGB).

Viele Rechtsanwälte klären Ihre Klienten in einer solchen Situation jedoch nicht ausreichend auf und vermitteln den Eindruck, dass sie beide Eheleute vertreten. Daher nehmen Sie an, alles habe seine Ordnung. Doch das böse Erwachen kommt dann nach der Scheidung, wenn vielleicht doch das eine oder andere in der Scheidungsvereinbarung zu Ihren Ungunsten geregelt wurde. Ein Merkblatt hierzu finden Sie auf der CD-ROM.

KLÄREN SIE, WEN DER ANWALT VERTRITT ACHTUNG

Wenn Sie mit Ihrem Ehemann gemeinsam einen Anwalt aufsuchen, klären Sie immer zuerst, wen dieser vertritt. Dokumentiert wird dies normalerweise durch das Unterschreiben der Vollmacht. In dem Moment, in dem Sie Zweifel an der Richtigkeit oder Angemessenheit der Vorschläge haben, sollten Sie einen eigenen Rechtsanwalt einschalten oder sich beraten lassen.

Ist mein Ehevertrag überhaupt wirksam?

Das höchste deutsche Gericht, das Bundesverfassungsgericht (BVerfG), hat die Unwirksamkeitsgründe für Eheverträge, für Unterhaltsvereinbarungen und für Scheidungsvereinbarungen mit Entscheidung vom 06.02.2001 und zahlreichen weiteren Urteilen neu festgelegt. Bisher galt, dass sie nach Abschluss nur in Ausnahmefällen unwirksam waren. Zudem betraf dies allenfalls den Ehepartner, der auf Unterhalt verzichten sollte. Unwirksamkeit lag zum Beispiel dann vor, wenn

- der Verzichtende der Sprache nicht mächtig war,
- der Verzichtende durch den Verzichtsvertrag zum Sozialfall wurde,
- der Verzichtende nachweislich zu einem Verzichtsvertrag gezwungen wurde.

BEISPIEL

KANN SICH FRAU MÜLLER DIE SCHEIDUNG LEISTEN?

Frau Müller hat – weil ihr Mann sie sonst nicht geheiratet hätte – vor der Hochzeit einen Ehevertrag geschlossen, in dem sie für den Fall der Scheidung auf Unterhalt und Zugewinnausgleich verzichtet. Inzwischen hat sie zwei Kinder und arbeitet schon seit Jahren nicht mehr. Das Haus, in dem sie wohnen, gehört dem Mann allein und wurde während der Ehe abbezahlt. Frau Müller überlegt, ob sie es sich überhaupt „leisten" kann, sich scheiden zu lassen.

Derartige Verträge waren auch dann wirksam, wenn es gemeinsame Kinder gab. Lediglich für die Zeit, während der der erziehende Elternteil nach der Trennung an einer Arbeit gehindert war, musste ein Mindestunterhalt bezahlt werden. Jetzt ist es so, dass jeder Ehevertrag, jede Unterhaltsvereinbarung und jede Scheidungsfolgenvereinbarung als unwirksam bzw. sittenwidrig angegriffen werden kann, wenn dadurch der nach dem Gesetz Unterhaltsberechtigte „in unangemessener Weise belastet wird“ und eine „besondere Situation der Unterlegenheit eines Vertragsteils“ vorliegt.

Anders ausgedrückt: Die Vertragsfreiheit findet ihre Grenze dort, wo einseitig vertragliche Lasten aufgebürdet wurden (objektive Benachteiligung) und eine erhebliche ungleiche Verhandlungsposition der Vertragspartner zugrunde liegt (faktische Dominanz).

Der Verzicht auf oder die Beschränkung von Unterhalt, der Verzicht auf Zugewinn- oder Rentenausgleich können jetzt auch unwirksam sein, wenn der Ehevertrag eine erkennbar einseitige Lastenverteilung zu Ungunsten des Verzichtenden enthält, beispielsweise wenn der Vertrag kurz vor der Ehe im Zusammenhang mit einer Schwangerschaft geschlossen wurde. Dies gilt ebenso, falls vom Vertragsabschluss der weitere Bestand der Ehe abhängig gemacht oder die Scheidungsbereitschaft „erkauft“ wird. Folgende Kriterien spielen bei der Unwirksamkeit eine Rolle:

- Waren die Eheleute bei Vertragsabschluss schon verheiratet?
- Ist/war die verzichtende Ehefrau schwanger und hat sie Kinder?
- Wie waren Erwerbstätigkeit und Familienarbeit zwischen den Ehegatten verteilt?
- Von wem werden die Kinder nach der Trennung bzw. der Scheidung betreut?
- Wie viel Vermögen ist vorhanden und bei wem?
- Welche beruflichen Möglichkeiten hat der verzichtende Ehegatte?

Insgesamt ist also ein „Belastungsvergleich" anzustellen, man spricht von der „Inhaltskontrolle", die zur Unwirksamkeit des Vertrags führen kann. Diese neuen Unwirksamkeitskriterien gelten für Unterhaltsverzichte bzw. Unterhaltskappungen sowie für alle anderen Bestandteile des Vertrags. Das heißt auch für

- Zugewinnausgleichsverzicht,
- Modifizierung der Zugewinngemeinschaft,
- Vereinbarung der Gütertrennung,
- Versorgungsausgleichsverzicht,
- Sonstige Vereinbarungen mit Vermögensbezug,
- Erb- und Pflichtteilsverzicht.

Besonderen Schutz haben die sogenannten Kernbereiche des Scheidungsfolgenrechts, das sind

- Unterhalt wegen Kinderbetreuung,
- Unterhalt wegen Alter,

- Unterhalt wegen Krankheit,
- Versorgungsausgleich.

Aufgrund der Reform des Unterhaltsrechts seit dem 01.01.2008 können jetzt alle Unterhaltsansprüche der Höhe nach bzw. zeitlich begrenzt werden. Durch den Grundsatz der Eigenverantwortung kann sich dies auch auf die Wirksamkeit eines diesbezüglich geschlossenen Ehevertrags auswirken. Vor allem wenn ein Vertrag geschlossen wurde oder wird, der den Verzicht auf Unterhalt sowie auf Zugewinn- und Versorgungsausgleich beinhaltet, wird Kriterium sein, dass der Verzichtende noch angemessen für sich und ggf. die Kinder sorgen kann.

Die Frage der Unwirksamkeit wird nicht mehr nur in Bezug auf den Zeitpunkt des Vertragsabschlusses überprüft. Ein Vertrag kann auch aus dem Grund unwirksam werden, weil sich die Vorstellungen der Eheleute darüber, wie sich das Zusammenleben in der Ehe entwickeln sollte, im Lauf der Zeit geändert haben. Gingen die Eheleute beim Vertragsabschluss zum Beispiel davon aus, dass sie keine Kinder bekommen und beide berufstätig sein würden, kann ein Verzicht auf Unterhalt unangemessen werden, wenn ein Ehegatte dann doch wegen der Kindererziehung nicht gearbeitet hat. In diesen Fällen ist der Vertrag nicht per se unwirksam, sondern muss an die veränderten Verhältnisse angepasst werden. Man spricht von der „Ausübungskontrolle". Diese neue Rechtslage gilt für alle existierenden Verträge, egal wann sie abgeschlossen wurden.

Frau Müller sollte sich auf jeden Fall von einem Anwalt beraten lassen, ob ihr Vertrag überhaupt noch wirksam ist. Wahrscheinlich nicht, weil durch den Unterhaltsverzicht vor allem die Kinder benachteiligt würden, da Frau Müller arbeiten müsste. Je größer der Nachteil für die Erwerbsmöglichkeit von Frau Müller durch die Rollenverteilung in der Ehe ist, umso eher wird der Vertrag anzupassen sein.

In Bezug auf den Zugewinnverzicht dürfte es schwieriger sein. Die Wahl des Güterstands unterliegt hier vorrangig der Vertragsfreiheit. Ist ein Vertrag aber insgesamt benachteiligend, kann das dazu führen, dass er auch insgesamt unwirksam ist und der Zugewinnverzicht damit ebenfalls. Wenn Frau Müller allerdings eigenes oder ererbtes Vermögen in das Haus investiert hat, könnte dieser Umstand ein weiterer Grund für die Anpassung des Vertrags sein.

Geht es auch ohne Scheidungsfolgenvereinbarung?

Wie Sie schon erfahren haben, brauchen Sie nicht unbedingt eine Scheidungsfolgenvereinbarung, zum Beispiel bei einer einvernehmlichen Scheidung, wenn kein Unterhalt zu zahlen ist, kein Streit über das Sorgerecht besteht und die Haushaltsgegenstände schon aufgeteilt wurde. Immer dann, wenn Sie sich mit Ihrem Mann nicht einigen können, wird Ihr Anwalt Ihnen empfehlen, Ihre Ansprüche (Sorgerecht, Unterhalt, Zugewinnausgleich etc.) im Rahmen des Scheidungsverfahrens als sogenannte Folgesachen vom Richter klären zu lassen. Achten Sie darauf, dass Ihr Anwalt diese Anträge nicht erst nach der Scheidung stellt, denn der Wunsch Ihres Mannes, sich scheiden zu lassen, kann bei der Einigung helfen. Ist die Scheidung bereits durch, fehlt oft das Interesse, sich zu einigen.

Stimmt es, dass man nach drei Jahren auf jeden Fall geschieden wird?

Sie werden nach drei Jahren natürlich nicht automatisch geschieden, aber nach einer dreijährigen Trennung geht das Gericht davon aus, dass eine Ehe gescheitert ist (§ 1566 Abs. 2 BGB). Der Familienrichter muss das Scheitern der Ehe nicht mehr feststellen. Wenn aber noch Streit über die Folgesachen (Unterhalt, Zugewinnausgleich, Rentenausgleich) besteht und auch das Gericht schon damit befasst ist, kann es länger als drei Jahre dauern, bis die Scheidung abgeschlossen ist.

Geht es mit einer streitigen Härtescheidung schneller?

Es gibt Fälle, in denen eine Ehe auch ohne Trennungsjahr geschieden werden kann. Voraussetzung hierfür ist, dass die Fortsetzung der Ehe für Sie aus Gründen, die in der Person Ihres Ehemanns liegen, eine unzumutbare Härte darstellen würde (§ 1565 Abs. 2 BGB). Hierzu zählen Verletzung der ehelichen Treue, körperliche Misshandlung sowie massiver Alkohol- und Drogenmissbrauch. Man könnte meinen, dass es nicht so schwer ist, diese Gründe anzuführen. Doch in der Regel ist es so, dass jedes Gericht andere Maßstäbe ansetzt, die Art und Weise sowie die Begleitumstände aber in jedem Fall sehr gravierend sein müssen.

Allein aufgrund der schwierigen Beweislage dauern Härtescheidungsverfahren erfahrungsgemäß so lang, dass das Trennungsjahr währenddessen abgelaufen ist. Dann kommt es auch nicht mehr auf die Härtegründe an. Die meisten Gerichte bestehen aber selbst bei bewiesenen Härtegründen darauf, dass zumindest der Versorgungsausgleich (siehe Kapitel „Wie wirkt sich die Scheidung auf meine Rente aus?") geklärt sein muss, bevor die Scheidung ausgesprochen wird. Auch bis das geregelt wird, ist das Trennungsjahr meist längst abgelaufen.

Frau Riedel (Beispiel Seite 13) kann wegen der Schwangerschaft keinen Härtescheidungsantrag stellen. Sie muss das Trennungsjahr abwarten. Herr Riedel hingegen könnte einen Härtescheidungsantrag stellen, weil das Kind, wenn es vor der Scheidung geboren wird, noch als sein Kind gilt. Dann wäre ein Vaterschaftsanfechtungsverfahren erforderlich. Wenn die Ehe der Riedels bei Geburt des Kindes schon geschieden ist, kann der Freund von Frau Riedel die Vaterschaft sofort oder innerhalb eines Jahres nach rechtskräftiger Scheidung anerkennen. Das Kind gilt dann nicht mehr als das Kind von Herrn Riedel.

Kann mein Mann verhindern, dass wir geschieden werden?

Ihr Ehemann kann die Scheidung nur verhindern (§ 1568 BGB), wenn eine besondere Härte vorliegt. Ihre gescheiterte Ehe soll dann nicht geschieden werden, wenn und solange die Aufrechterhaltung der Ehe im Interesse der minderjährigen Kinder aus besonderen Gründen ausnahmsweise notwendig ist (Kinderschutzklausel). Weiterhin kann gegen eine Scheidung sprechen, dass diese für den ablehnenden Ehepartner eine so schwere Härte darstellt, dass die Aufrechterhaltung der Ehe ausnahmsweise geboten ist (Ehegattenschutzklausel). Dies gilt jedoch nur für extreme Ausnahmefälle.

Im Fall von Frau Riedel würde allein die Auffassung Ihres Ehemanns, dass die Kinder mit der Trennung nicht klarkommen, nicht dazu führen, dass das Gericht das Vorliegen einer unzumutbaren Härte bejaht. Der Familienrichter verlangt dafür aber nichts Unmögliches. Normalerweise geht das Gericht davon aus, dass eine Ehe gescheitert ist, wenn die eheliche Lebensgemeinschaft nicht mehr besteht und Sie klar und deutlich sagen, dass Sie sich keine ehelichen Gemeinsamkeiten mehr vorstellen können und geschieden werden wollen. Wenn Sie oder Ihr Ehemann schon einen neuen Partner haben, wird fast jeder Richter dem zustimmen. Wenn der Gatte eine Scheidung einfach nicht will, prüft der Richter, ob die Ehe zerrüttet ist. Wenn in Ihrem Fall ein Härtegrund vorliegen sollte, heißt das nicht, dass Ihre Ehe nie geschieden werden kann. Sobald die Kinder älter sind oder Ihr Ehemann wieder gesund ist, kann die Scheidung vollzogen werden.

Gründe, aus denen eine Ehe geschieden werden kann

1 Das Scheitern der Ehe (Zerrüttungsprinzip): Eine Ehe ist dann gescheitert, wenn die Lebensgemeinschaft nicht mehr besteht und mit der Wiederherstellung nicht mehr gerechnet werden kann.

2 Ablauf des Trennungsjahres (Ausnahme bei unzumutbarer Härte):

a) Einvernehmlicher Scheidungswunsch oder Beweis der Zerrüttung („streitige Scheidung").

b) Drei Jahre Trennung: Das Einverständnis des anderen ist nicht mehr erforderlich, auch nicht der Beweis der Zerrüttung.

3 Ausnahme: Keine Scheidung zur Unzeit, bei schwerer Härte für die gemeinsamen minderjährigen Kinder oder den nicht scheidungswilligen Ehegatten.

Wie lange dauert ein Scheidungsverfahren?

Die Scheidung kann Ihr Rechtsanwalt bei den meisten Gerichten dann einreichen, wenn Sie schon mindestens zehn Monate getrennt leben. Nur selten müssen es volle zwölf Monate sein. Einzelheiten dazu weiß Ihr Rechtsanwalt. Übrigens: Sie können die Scheidung nicht bei Gericht beantragen, hier besteht Anwaltszwang. Wenn der Scheidungsantrag eingereicht ist, heißt das nicht, dass Sie sofort geschieden werden. Es dauert in der Regel noch zwischen sechs und zwölf Monate, bis alle Auskünfte über die erworbenen Rentenanteile vorliegen, aus denen der Richter dann den Versorgungsausgleich berechnet.

Schnelle Scheidung nach 15 Monaten Trennung

Ab 01.09.2009 gibt es eine neue Möglichkeit für eine „schnellere" Scheidung. Viele Scheidungen dauern nur deshalb so lange, weil die Auskünfte zum Rentenausgleich auf sich warten lassen. Haben Sie und Ihr Mann dafür alles getan, kann Ihr Anwalt mit der Zustimmung Ihres Mannes drei Monate nach Beginn des Scheidungsverfahrens, frühestens aber 15 Monate nach Beginn des Getrenntlebens beantragen, dass Sie geschieden werden. Über den Rentenausgleich entscheidet der Richter dann später in einem Beschluss.

ACHTUNG

SORGEN SIE FÜR EINE SCHNELLE KLÄRUNG

Beim Rentenausgleich ist es wichtig, dass Sie den Fragebogen des Gerichts möglichst genau und vollständig ausfüllen und rasch Ihrem Anwalt zurückgeben. Wenn Sie von der Deutschen Rentenversicherung (DRV) angeschrieben werden, weil Ihr Versicherungskonto noch Lücken aufweist, sollten Sie ebenfalls schnell für Klärung sorgen, dann geht es mit der Scheidung schneller. Sie können auch schon in der ersten Trennungszeit bei den Beratungsstellen der Rentenversicherung in Ihrer Stadt einen Termin vereinbaren und Ihr Versicherungskonto klären. Ein Muster eines Fragebogens, wie er vom Gericht verschickt wird, finden Sie auf der CD-ROM.

Wenn einer der Ehepartner nicht geschieden werden will oder wenn es Streit über die Folgesachen gibt, kann ein Scheidungsverfahren leicht drei bis fünf Jahre oder sogar länger dauern.

Was muss ich bei der Trennung beachten?

WENN SICH DER EHEMANN DEM AUSZUG WIDERSETZT BEISPIEL

Frau Busch möchte sich von ihrem Ehemann trennen, weil er sie und die Kinder in angetrunkenem Zustand schon des Öfteren geschlagen hat. Sie will, dass ihr Mann aus der gemeinsamen Wohnung auszieht, damit für die Kinder kein Schulwechsel notwendig wird. Ihr Mann widersetzt sich einem Auszug und meint, sie könne ja die Wohnung verlassen, mitnehmen dürfe sie dann allerdings nichts.

Wie ist Getrenntleben definiert?

Die Ehegatten leben getrennt, wenn zwischen ihnen keine häusliche Gemeinschaft mehr besteht und ein Ehegatte sie erkennbar nicht mehr herstellen will, weil er die eheliche Lebensgemeinschaft ablehnt. Die häusliche Lebensgemeinschaft besteht auch dann nicht mehr, wenn die Ehegatten innerhalb der ehelichen Wohnung getrennt leben (§ 1567 Abs. 1 BGB).

Beendigung der häuslichen Lebensgemeinschaft

Trennung heißt bewusste Beendigung der häuslichen Lebensgemeinschaft, also Trennung von Tisch und Bett. Das bedeutet aber nicht, dass Sie und Ihr Ehemann in zwei verschiedenen Wohnungen leben müssen. Es ist auch möglich, innerhalb der Ehewohnung getrennt zu leben. In diesem Fall dürfen Sie und Ihr Ehemann nicht mehr in einem Bett schlafen und sich nicht mehr gegenseitig versorgen. Darin ist eingeschlossen, dass Sie nicht mehr für Ihren Ehemann waschen, kochen, putzen, bügeln und einkaufen. Es darf ab dem Zeitpunkt der Trennung außerdem kein regelmäßiger Geschlechtsverkehr stattfinden.

Trennungsentschluss

Neben der Beendigung der häuslichen Lebensgemeinschaft ist Ihr Entschluss zur Trennung wichtig. Es muss auch für einen Außenstehenden klar werden, dass Sie „in ehefeindlicher Absicht“ nicht mehr mit Ihrem Ehemann wie „Mann und Frau“ zusammenleben wollen. Dieser Entschluss ist vor allem bedeutsam, wenn Sie und Ihr Ehemann aus anderen Gründen (beruflich, krankheitsbedingte Abwesenheit oder Verbüßen einer Haftstrafe) ohnehin schon länger verschiedene Haushalte führen.

ACHTUNG **AUSNAHMEN: SO WIRD DAS GETRENNTLEBEN NICHT AUFGEHOBEN**

Die Trennung wird nicht aufgehoben, wenn Sie Ihren Ehemann bei Krankheit oder in Notsituationen versorgen oder wenn Sie Versorgungsleistungen ausschließlich wegen der Kinder erbringen, zum Beispiel ein gemeinsames Sonntagsessen vorbereiten. Sie können auch trotz Trennung weiterhin im Betrieb Ihres Ehemanns bzw. im gemeinsamen Betrieb arbeiten.

Frau Busch sollte als Erstes ihrem Ehemann mitteilen, dass sie ihn ab sofort nicht mehr versorgt, das bedeutet, dass sie nicht mehr für ihn wäscht, kocht, putzt etc. Sie sollte ein Zimmer in der Wohnung als ihren Lebensbereich auswählen und ihren Trennungsentschluss in schriftlicher Form dokumentieren.

Wer hilft mir bei der Trennung?

Zu einer Trennung müssen Sie sich selbst entschließen. Diese Entscheidung kann Ihnen niemand abnehmen. Wenn Sie im Zuge der Trennung eine neue Wohnung suchen, dann gilt der erste Blick meist dem örtlichen Wohnungsmarkt in der Zeitung. In vielen Fällen ist es jedoch so, dass die Ehefrauen selbst nicht genug verdienen, um sich eine eigene Wohnung leisten zu können, vor allem wenn sie noch nicht wissen, wie viel Unterhalt sie von ihrem Ehemann bekommen. Sie sollten dann zum Wohnungsamt Ihrer Stadt gehen und dort einen Wohnberechtigungsschein für eine Sozialwohnung beantragen. Damit das Wohnungsamt prüfen kann, ob Sie Anspruch auf einen Wohnberechtigungsschein haben, müssen Sie folgende Unterlagen vorlegen.

HABE ICH ALLE UNTERLAGEN FÜR DAS WOHNUNGSAMT? CHECK

	ja	nein
Personalausweis	☐	☐
Geburtsurkunden (Ihre eigene und die der Kinder)	☐	☐
Gehaltsbelege Ihres Ehemanns	☐	☐
Eigene Einkommensnachweise	☐	☐
Mietvertrag der bisherigen Ehewohnung	☐	☐
Aufstellung und Belege über laufende Kosten (Heizung, Strom, Gas)	☐	☐
Aufstellung über monatliche Kosten (Kindergarten, Kreditraten etc.)	☐	☐
Aufforderungsschreiben an Ihren Ehemann, dass Sie Unterhalt beanspruchen	☐	☐

Das Wohnungsamt verlangt zudem einen Nachweis der Trennung. Wenn das Scheidungsverfahren schon läuft, nehmen Sie am besten den Scheidungsantrag mit. Ansonsten genügt Ihre Anwaltskorrespondenz oder die genaue Schilderung, seit wann und wie Sie getrennt leben. Wollen Sie mit Ihren Kindern zusammen in eine Sozialwohnung ziehen, verlangt das Wohnungsamt den Nachweis, dass die Kinder dauerhaft bei Ihnen leben werden. Ist Ihr Ehemann mit dieser Tatsache einverstanden, sollten Sie beide eine entsprechende Einverständniserklärung unterschreiben. Ein Muster für eine solche Einverständniserklärung finden Sie auf der CD-ROM.

Wenn Ihr Ehemann damit nicht einverstanden ist, dann sollten Sie zunächst über das Jugendamt versuchen, eine Stellungnahme zu erhalten. Wenn diese wegen der ablehnenden Haltung Ihres Ehemanns nicht erfolgt, bleibt Ihnen nur der Antrag beim Familiengericht auf Übertragung des Aufenthaltsbestimmungsrechts für Ihre Kinder. Diesen Antrag kann Ihr Rechtsanwalt bei Gericht einreichen.

Neben den rechtlichen Aspekten dürfen und sollen Sie Ihre psychische Situation nicht vernachlässigen. Ihren Trennungsentschluss haben Sie bestimmt nicht von heute auf morgen getroffen. Ihm ging sicher eine längere Entscheidungsphase voraus. Dies alles kann eine nicht unerhebliche psychische Belastung für Sie bedeuten. Scheuen Sie sich in dieser Situation nicht, sich Hilfe von Fachleuten zu holen. Gerade bei Gewalterfahrungen in der Ehe ist fachkundige psychologische Betreuung anzuraten. Es gibt inzwischen in den meisten Städten Beratungsstellen (Kontaktstellen siehe Anhang), die sich auf die Probleme im Zusammenhang mit Trennung und Scheidung spezialisiert haben. Dort werden Sie ein offenes Ohr für Ihre Sorgen und Probleme finden. Meist haben Sie dort auch die Gelegenheit, Frauen in ähnlichen Situationen kennenzulernen. Diese Gemeinsamkeit macht stärker, als Sie vielleicht jetzt – ohne es erlebt zu haben – glauben wollen.

Welche Beweise muss ich erbringen?

Wenn Ihr Ehemann die Trennung bzw. den Trennungszeitpunkt bestreitet, so ist es vor allem beim Getrenntleben innerhalb einer Wohnung oftmals schwierig, Beweise dafür zu erbringen. Wichtig ist, dem Richter glaubhaft zu machen, dass es ab dem Tag der Trennung kein gemeinsames Leben mehr gab.

Sie können als Zeugen natürlich Verwandte oder Freunde anführen, diese Personen können aber immer nur Momentaufnahmen bezeugen. Wenn Sie sich für eine Trennung innerhalb der ehelichen Wohnung entscheiden, sollten Sie deshalb Ihrem Mann Ihren Entschluss schriftlich mitteilen. Ein Muster für eine derartige Mitteilung finden Sie auf der CD-ROM. Sie können es direkt in Ihre Textverarbeitung übernehmen und bearbeiten.

Ein solcher Brief lässt sich im Streitfall zwar nicht als Beweis nutzen, auf jeden Fall aber stellt er ein Indiz dar. Sie können Ihrem Mann dieses Schreiben durch Ihren Rechtsanwalt zustellen lassen oder direkt an ihn schreiben. Sie sollten sich aber unbedingt eine Kopie aufbewahren. Ob Ihr Ehemann mit der Trennung einverstanden ist, spielt keine Rolle.

Wenn Sie oder Ihr Ehemann ausziehen, Sie die Trennung also auch räumlich vollziehen, ist der Beweis der Trennung in der Regel einfach. Dann gibt es kaum noch Gemeinsamkeiten im täglichen Leben, die zu Unklarheiten führen könnten. Der Tag des Auszugs oder der Ummeldung lässt sich unschwer mit Zeugen oder der Meldung beim Einwohnermeldeamt beweisen.

ACHTUNG: BEWEISNOT BEI TRENNUNG IN STREITIGEN FÄLLEN

Bei einer Trennung in streitigen Fällen kann es zu einer Beweisnot kommen. Der Ehepartner, der die Scheidung will, muss den Beweis über die Trennung erbringen. Bei der Trennung innerhalb einer Wohnung kann dies im Streitfall sehr schwierig sein. Hier liegt ein Kostenrisiko, da der Scheidungsantrag zurückgewiesen werden kann, wenn Sie den Beweis für die Trennung nicht erbringen können. Sie müssen in einem solchen Fall die gesamten Kosten des Scheidungsverfahrens tragen, auch die Ihres Ehemanns.

Darf ich ausziehen?

Sie dürfen – wenn Sie keine minderjährigen Kinder haben – jederzeit ausziehen. Ihr Ehemann kann Sie nicht daran hindern. Wenn Sie allerdings minderjährige Kinder haben, die Sie bei Ihrem Auszug mitnehmen wollen, müssen Sie vorsichtig sein. Nehmen Sie sie gegen den Willen Ihres Ehemanns mit, dann laufen Sie Gefahr, dass Sie des Straftatbestands der Kindesentführung bzw. -entziehung nach § 235 Strafgesetzbuch (StGB) bezichtigt werden.

Wenn Sie die Absicht haben, ins Ausland zu ziehen, dann sollte Ihr Ehemann in jedem Fall damit einverstanden sein. Sonst kann er mithilfe der Gerichte und des Haager Kindesentführungsabkommens die Kinder nach Deutschland zurückholen. Außerdem können Sie durch eine eigenmächtige Mitnahme Ihrer Kinder Ihren eigenen Unterhaltsanspruch gefährden. Unter solchen Umständen kann ein Fall der Verwirkung gemäß § 1579 Nr. 8 BGB vorliegen.

Sie sollten aus diesem Grund versuchen, eine schriftliche Einverständniserklärung Ihres Ehemanns zu erhalten, in der er dem Auszug der minderjährigen Kinder zustimmt. Wenn er Ihnen diese Erklärung nicht erteilt und Sie wissen, dass er Schwierigkeiten macht, müssen Sie unbedingt anwaltliche Hilfe in Anspruch nehmen, um das Sorgerecht bzw. das Aufenthaltsbestimmungsrecht für die Kinder bei Gericht zu beantragen.

Ziehen Sie ohne das Einverständnis Ihres Ehemanns mit den Kindern weg, kann er beim Familiengericht selbst einen Sorgerechtsantrag stellen und beantragen, dass die Kinder sofort zu ihm zurückgebracht werden müssen. Die Handhabung des eigenmächtigen Umzugs mit Kindern durch die Gerichte ist sehr unterschiedlich. Manche Gerichte reagieren sofort und verfügen die Verpflichtung, dass die Kinder zurückzubringen sind. Manche Gerichte lassen sich sehr viel Zeit mit der Entscheidung, sodass die Kinder bisweilen an ihrem neuen Wohnort ein neues Zuhause gefunden haben. Es hängt immer vom Einzelfall ab, auf jeden Fall sind Sie besser beraten, sich vor dem Umzug um das Einverständnis Ihres Ehemanns zu kümmern oder einen Antrag bei Gericht zu stellen.

ACHTUNG

LASSEN SIE DAS AUFENTHALTSBESTIMMUNGSRECHT KLÄREN

Um den Vorwurf der Kindesentführung zu vermeiden, sollten Sie bei fehlendem Einverständnis Ihres Ehemanns, dass die Kinder mit Ihnen ausziehen dürfen, das Aufenthaltsbestimmungsrecht unbedingt gerichtlich klären lassen.

Kann ich erreichen, dass mein Mann aus der Wohnung auszieht?

Am besten ist es natürlich auch hier, sich gütlich zu einigen. Wenn das nicht funktioniert, gibt es verschiedene Möglichkeiten, den Auszug des Ehemanns trotzdem zu erreichen.

Trennungszeit/vorläufige Wohnungszuweisung

Wenn Ihr Ehemann nicht freiwillig aus der gemeinsamen Wohnung auszieht, dann haben Sie die Möglichkeit – am besten über Ihren Anwalt –, beim Familiengericht einen Antrag auf vorläufige Zuweisung der Ehewohnung zum Zwecke des Getrenntlebens zu stellen (§ 1361 b BGB). Die erste Voraussetzung für einen derartigen Wohnungszuteilungsantrag ist, dass Ihr Ehemann Ihren Trennungsentschluss nicht respektiert und sich vor allem nicht an die getrennten Lebensbereiche innerhalb der Wohnung hält. Die zweite Voraussetzung ist, dass durch diese Missachtung das gemeinsame Wohnen für Sie eine unbillige Härte darstellt bzw. eine solche in absehbarer Zukunft vermieden werden soll.

Bis zum 31.12.2001 war hierfür eine schwere unzumutbare Härte erforderlich. Durch das Gewaltschutzgesetz (GewSchG) sind die Voraussetzungen für die Wohnungszuteilung abgewandelt worden – gerade bei Gewalttaten in der Ehe. Hintergrund war das Ergebnis einer Studie der Bundesregierung, wonach in jeder dritten Partnerschaft Gewalt an Frauen verübt wird. 40.000 Frauen suchen jährlich aus diesem Grund Zuflucht in einem der aktuell 360 Frauenhäuser in Deutschland. Die zwei wichtigsten Fälle, die eine unbillige Härte begründen, sind:

- die Anwendung von Gewalt (§ 1361 b II BGB) und
- die Beeinträchtigung des Kindeswohls (§ 1361 b I 1 BGB).

Mit der Gesetzesänderung muss es sich nicht um eine schwere körperliche Misshandlung handeln. Jegliche Form der Gewalt kann als unbillige Härte eingestuft werden, auch psychische Gewalt. Davor reichte eine einmalige, auch schwere Bedrohung nicht für eine Wohnungszuteilung aus. Seit 01.01.2002 bestimmt § 1361 b II 1 BGB, dass ein Ehegatte, der den anderen mit der Verletzung des Lebens, des Körpers, der Gesundheit oder der Freiheit droht, die Wohnung verlassen muss. Entscheidend ist dabei, ob die Androhung von Gewalttaten durch einen Ehepartner – subjektiv – eine so große Belastung darstellt, dass die Fortsetzung der häuslichen Gemeinschaft – objektiv – dem anderen nicht mehr zugemutet werden kann.

Ebenso kann seit 01.01.2002 die Beeinträchtigung der Kinder durch Gewalt in der Ehe ausreichen, um einen Wohnungszuteilungsantrag zu begründen. Ein Mann, der seiner Frau gegenüber gewalttätig wird oder sie erniedrigt, verletzt dadurch auch die Kinder. Nicht nur Tätlichkeiten führen zu gesundheitlichen oder seelischen Störungen, auch andauernde Spannungen zwischen den Eltern gefährden die Entwicklung eines Kindes. Entscheidend ist, ob ein erträgliches Auskommen der Familie unter einem Dach noch möglich ist oder nicht. Falls nicht, ist es den Kindern nicht zuzumuten, ihr vertrautes Heim und ihre Freunde zu verlassen oder die Schule zu wechseln. Die Kinder bleiben mit dem Elternteil, der besser für sie sorgen kann, in der Wohnung. Seit dem 01.09.2009 soll gemäß § 205 FamFG das Jugendamt vom Gericht angehört werden, wenn Kinder im Haushalt leben.

ACHTUNG

WAS FÄLLT UNTER ALKOHOLBEDINGTE STÖRUNGEN?

Alkoholmissbrauch alleine kann nie eine Wohnungszuweisung rechtfertigen. Hinzukommen müssen konkrete Ausfallerscheinungen oder sonstige Störungen der ehelichen Lebensgemeinschaft. Als alkoholbedingte Störungen kommen die folgenden Verhaltensweisen in Betracht:

- Aggressives Verhalten (Tätlichkeiten, Beleidigungen, Zerstörungen, Randalieren und Lärmen, besonders zur Nachtzeit)
- Entwenden von Geld oder Wertsachen
- Mangelnde Hygiene
- Selbstzerstörungstendenzen (Suizidversuche/ständige Ankündigungen)

Seit dem 01.01.2002 muss der gewalttätige/drohende Ehegatte auch nach einmaliger Tat beweisen, dass von ihm keine weiteren Verletzungen zu erwarten sind. Hier werden hohe Anforderungen gestellt. Selbst wenn dieser Beweis gelingt, kann die Wohnung trotzdem erfolgreich zugewiesen werden. Dazu muss das weitere Zusammenleben unzumutbar sein (§ 1361 b II Satz 2 letzter HS). Sie müssen jedoch ganz genau wissen, wann was passiert ist.

SICHERN SIE BEWEISE FÜR DAS VERHALTEN IHRES MANNES

ACHTUNG

Sobald Sie an eine Trennung denken, sollten Sie über jede Auseinandersetzung Tagebuch führen, um Ihren Rechtsanwalt genau über die Vorfälle informieren zu können. Zögern Sie nicht zu lange, bis Sie zum Rechtsanwalt gehen. Denn je länger die Misshandlungen zurückliegen, umso weniger können Sie damit den Wohnungszuteilungsantrag begründen.

Sie sollten zudem nach jedem körperlichen Angriff den Arzt aufsuchen und Anzeige bei der Polizei erstatten. Dies ist zwar kein leichter Schritt, aber er ist erforderlich, um Beweise zu sichern. In vielen Städten gibt es Kommissariate, die eigens auf Gewalt in Ehe und Familie spezialisiert sind. Dort nimmt man Ihr Anliegen in jedem Fall ernst. Achten Sie bei einer Strafanzeige darauf, dass Sie gleichzeitig einen Strafantrag stellen, damit Polizei und Staatsanwaltschaft sofort tätig werden. Strafantrag können Sie immer nur innerhalb von drei Monaten nach dem Vorfall stellen. Falls möglich, sollten Sie auch Nachbarn zu Hilfe rufen.

Es muss Ihnen klar sein, dass das Gericht überprüft, ob es Ihrem Ehemann zumutbar ist, die Wohnung zu verlassen. Das heißt, ob er finanziell in der Lage ist, sich eine Ersatzwohnung anzumieten, ob es Freunde oder Verwandte gibt, bei denen er wohnen kann. Einen Arbeitslosen ohne Verwandte und Bekannte bekommt man schwerer aus der Wohnung als einen Ehemann, der über regelmäßiges Einkommen verfügt. Ebenso kann berücksichtigt werden, wem die Wohnung gehört. Es ist aber nicht ausgeschlossen, dass der Nichteigentümer die Wohnung weiter bewohnen darf. Möglicherweise darf er nur für einen bestimmten Zeitraum in der Wohnung bleiben, bis er etwas anderes gefunden hat. Verfügen Sie über ein ausreichendes Einkommen und haben die Familie bisher ernährt, so wird das Gericht sicherlich darüber nachdenken, ob es Ihnen nicht doch zuzumuten ist, selbst auszuziehen. Sollte dies bei Ihnen der Fall sein, ergreifen Sie lieber selbst die Initiative und machen Ihrem Ehemann, eventuell mit anwaltlicher Hilfe, Lösungsvorschläge für eine räumliche Trennung.

Frau Busch kann, durch ihren Rechtsanwalt, bei Gericht einen Wohnungszuteilungsantrag stellen. Ihr wurde alkoholbedingt mehrfach Gewalt angetan und auch das Wohl der Kinder wurde dadurch beeinträchtigt. Der Anwalt muss darauf achten, dass Herr Busch vom Gericht verpflichtet wird, die Wohnung zu räumen. Tut er es nicht, kann die Räumung durch den Gerichtsvollzieher erfolgen. Die Räumungsanordnung darf sich nur auf die Person des Herrn Busch beziehen, damit der Gerichtsvollzieher die Möbel nicht ebenfalls „räumt".

Das Gericht kann dem Ehemann von Frau Busch darüber hinaus untersagen, die Wohnung wieder zu betreten (§ 1361 b III Satz 1 BGB). Es kann alle Maßnahmen nach § 1 GewSchG als Schutzmaßnahmen anordnen (siehe Aufzählung unten). Wenn Herr Busch dagegen verstößt, macht er sich strafbar (§ 4 GewSchG). Allerdings muss dies ebenfalls durch den Rechtsanwalt beantragt werden. Wenn Sie zur Miete wohnen, dann hat Ihr Vermieter mit dem vorläufigen Wohnungszuteilungsverfahren nichts zu tun, der Beschluss daraus gilt lediglich für die Trennungszeit. Wer nach der Scheidung in der Wohnung bleibt, darüber wird – falls erforderlich – erst später entschieden.

Wie schütze ich mich vor meinem Mann?

Oft reicht die Zuweisung der Wohnung alleine nicht aus. Sie fühlen sich ständig von Ihrem Ehemann bedroht. Er lauert Ihnen vor der Wohnung auf, ruft nachts an, schickt beleidigende SMS-Nachrichten. Wenn Sie die Polizei rufen, kann ein Platzverweis gegen Ihren Ehemann ausgesprochen werden. Dieser darf jedoch höchstens zehn Tage Gültigkeit haben. Diese Zeit sollten Sie nutzen, um mithilfe eines Rechtsanwalts weitere Schutzmaßnahmen zu erwirken. Das seit dem 01.01.2002 gültige GewSchG bietet verheirateten sowie nicht verheirateten Paaren mehr Möglichkeiten, um dem täglichen Terror zu begegnen. Seit 01.09.2009 ist das Jugendamt – soweit Kinder vorhanden sind – einzuschalten. Bei folgendem Verhalten bietet das GewSchG Schutz (alternativ):

- Vorsätzliche Verletzung des Körpers, der Gesundheit oder der Freiheit (§ 1 I GewSchG)
- Widerrechtliche Drohungen mit einer Verletzung des Lebens, des Körpers, der Gesundheit oder der Freiheit (§ 1 II Nr. 1 GewSchG)

- Widerrechtliches Eindringen in die Wohnung (§ 1 II Nr. 2 a GewSchG)
- Unzumutbare Belästigung, die sich für das Opfer als schwerwiegende Belastung seiner Privatsphäre darstellt, „Stalking“ genannt, etwa durch wiederholtes Nachstellen gegen den ausdrücklich erklärten Willen oder Verfolgung mit Fernkommunikationsmitteln

Auf Antrag kann das Gericht folgende Maßnahmen treffen:

- Wohnungsbetretungsverbot
- Verbot, sich in einem bestimmten Umkreis der Wohnung der verletzten Person aufzuhalten („Bannmeile“)
- Verbot, zu bestimmende andere Orte aufzusuchen, an denen sich die verletzte Person regelmäßig aufhält (Aufenthaltsverbot)
- Verbot, auf irgendeine Art und Weise Kontakt zur verletzten Person aufzunehmen, auch nicht unter Verwendung von Fernkommunikationsmitteln (Kontaktaufnahmeverbot)
- Verbot, ein Zusammentreffen mit der verletzten Person herbeizuführen (Auflauerungsverbot)

Diese Maßnahmen sollen vom Gericht befristet ausgesprochen werden. Der Täter kann sich nicht auf eine angebliche Unzurechnungsfähigkeit berufen. Seit 01.09.2009 ist für alle Verfahren das Familiengericht zuständig.

Der Anwalt kann auch einen Eilantrag stellen, damit möglichst bald etwas für den Schutz der Frau geschieht und sie nicht ins Frauenhaus muss. Das Gericht erlässt dann eine sogenannte einstweilige Anordnung. Seit dem 01.09.2009 kann dieser Eilantrag auch ohne einen Hauptantrag gestellt werden. Es ist dann ein „dringendes Bedürfnis für ein sofortiges Tätigwerden des Gerichts“ (§ 214 Abs. 1 Satz 2 FamFG) erforderlich. Damit ist gemeint, dass die Tat bereits begangen worden sein muss oder konkret mit der Begehung zu rechnen ist. Der Richter kann dann alle Maßnahmen der

§§ 1 oder 2 GewSchG anordnen. Verstößt der Täter gegen die gerichtlichen Verbote, macht er sich strafbar. Er muss mit einer Freiheitsstrafe bis zu einem Jahr oder Geldstrafen rechnen.

ACHTUNG **AB WANN DARF ICH DAS WOHNUNGSSCHLOSS AUSTAUSCHEN?**

Eine Trennung kann nicht herbeigeführt werden, indem Sie das Wohnungsschloss austauschen. Das Schloss dürfen Sie erst auswechseln, wenn Ihr Ehemann von sich aus die Wohnung verlassen und seine persönlichen Sachen mitgenommen hat. Ihr Ehemann muss „den Besitz an der Wohnung" aufgegeben haben. Wenn Sie das Schloss dennoch austauschen, kann Ihr Ehemann beim Amtsgericht eine einstweilige Verfügung beantragen, um wieder in die Wohnung zu gelangen. Ob er es tatsächlich tut, bleibt dahingestellt. Wichtig ist jedoch, dass Sie sich der Rechtslage bewusst sind, wenn Sie zu diesem Mittel greifen.

Sind seit Auszug Ihres Mannes mehr als sechs Monate vergangen und hat er eine Rückkehrabsicht nicht geltend gemacht, wird vom Gesetz (§ 1361 b Abs. 4 BGB) unwiderlegbar vermutet, dass er die Wohnung als Ehewohnung aufgegeben hat.

Zufluchtsort Frauenhaus

Wenn Sie es nicht mehr zu Hause aushalten, weil Ihr Ehemann Gewalt gegen Sie ausübt und Sie bei niemandem sonst unterkommen können, bis das Gericht eines der zuvor dargestellten Verbote ausgesprochen hat, bleibt häufig nur der Weg ins Frauenhaus. Hier finden Sie Schutz und eine Unterkunft. Und man hilft Ihnen dort, Ansprechpartner für die dringendsten Fragen zu Unterhalt, Wohnung, Schule, Kindergarten und andere Unterstützung zu finden.

In Deutschland gibt es rund 360 Frauenhäuser, die Anzahl ist seit Einführung des Gewaltschutzgesetzes zurückgegangen. Die Adressen werden geheim gehalten, um die Frauen vor Nachstellungen zu schützen. Die Telefonnummern erfahren Sie bei der Auskunft, im Internet oder den Frauen- bzw. Gleichstellungsbeauftragten Ihrer Stadt oder Ihres Landkreises. Auch die Kirchen, Jugendämter, Erziehungsberatungs- und Familienfürsorgestellen können Ihnen weiterhelfen. Wenn Sie telefonisch Kontakt aufgenommen haben, werden Sie im Normfall schnell aufgenommen. Dazu wird ein neutraler Treffpunkt vereinbart.

ICH WILL IN EIN FRAUENHAUS – HABE ICH ALLES VORBEREITET? CHECK

	ja	nein
Heiratsurkunde	☐	☐
Geburtsurkunden	☐	☐
Personalausweis	☐	☐
Kinderausweise	☐	☐
Verdienstnachweise, eigene und die des Ehemanns	☐	☐
Arbeitspapiere, Zeugnisse, Lohnsteuerkarte	☐	☐
Schulsachen der Kinder	☐	☐
Kleidung	☐	☐

Endgültige Wohnungszuweisung

Der Wohnungszuteilungsantrag nach § 1361 b BGB betrifft nur die Zeit des Getrenntlebens. Besteht bei Scheidung immer noch Streit über die Nutzung der Wohnung, müssen Sie, über Ihren Rechtsanwalt, die endgültige Zuweisung der Ehewohnung ab Rechtskraft der Scheidung beantragen. Dies kann in einem eigenen Verfahren geschehen oder als Folgesache im Rahmen des Ehescheidungsverfahrens. Dieses Verfahren richtet sich seit 01.09.2009 nach § 1568 a BGB, die HausratsVO wurde abgeschafft. Beide Anträge können nur längstens bis ein Jahr nach rechtskräftiger Scheidung gestellt werden (§ 1568 a Abs. 6 BGB).

Wenn es so weit kommt, muss auch Ihr Vermieter am Verfahren beteiligt werden. Zwar ist bei der Entscheidung über die endgültige Wohnungszuteilung vor allem das Wohl Ihrer Kinder ausschlaggebend, dennoch werden dabei die folgenden Kriterien berücksichtigt:

- Welcher der Ehegatten ist aufgrund der finanziellen Verhältnisse auf die Wohnung angewiesen?
- Alter und Gesundheit der Ehegatten
- Eigenleistungen eines Ehegatten für diese Wohnung
- Hat ein Ehegatte die Wohnung schon vor der Heirat bewohnt?
- Wie lange wird der Ehegatte auf die Wohnung angewiesen sein (neue Partnerschaft, neue Ehe)?
- Handelt es sich um eine Dienst- oder Werkswohnung?

Wenn bisher nur Ihr Ehemann Mieter der Wohnung war, kann der Familienrichter festlegen, dass der Vermieter den Mietvertrag mit Ihnen fortsetzen muss. Doch nur wenn seit der Scheidung mehr als ein Jahr vergangen ist, muss der Vermieter der Entscheidung zustimmen. Gehört die Ehewohnung Ihrem Ehemann allein, das heißt, steht nur er als Eigentümer im Grundbuch, wird der Scheidungsrichter Ihnen die Nutzung der Wohnung für die Zeit nach der Scheidung nicht zusprechen. Das Eigentumsrecht Ihres Ehemanns hat in diesem Fall Vorrang.

Seit 01.09.2009 können die Eheleute das Mietverhältnis auch einvernehmlich umgestalten. Ist bisher zum Beispiel nur Ihr Mann Mieter der Wohnung oder Sie beide, können Sie gemeinsam dem Vermieter mitteilen, dass Ihnen nun die Wohnung alleine überlassen wird. Ab dann sind Sie alleiniger Mieter der Wohnung (§ 1568 a Abs. 3 Nr. 1 BGB). Diese Folge tritt auch ein, wenn der Richter Ihnen die Wohnung per Beschluss überlässt (§ 1568 a

Abs. 3 Nr. 2 BGB). Hinweis: Ihr Vermieter hat in beiden Fällen ein besonderes Kündigungsrecht nach § 563 Abs. 4 BGB.

Gehört die Wohnung Ihrem Mann alleine (Alleineigentum) oder Ihnen beiden zusammen (Miteigentum), kann der Richter gemäß § 1568 a Abs. 5 BGB beschließen, dass Sie einen ortsüblichen Mietvertrag erhalten. Der Vertrag kann zeitlich befristet sein. Damit sind sie bei einer Versteigerung der Wohnung geschützt - ohne Mietvertrag müssten Sie in diesem Fall ausziehen.

Was darf ich/er beim Auszug mitnehmen?

Sie dürfen beim Auszug grundsätzlich alle persönlichen Dinge wie Kleidung, Dokumente, Familienfotos, erhaltene Geschenke und Familienandenken mitnehmen. Ebenso dürfen Sie alle Sachen mitnehmen, die Sie für Ihren Beruf benötigen. Hinsichtlich der Haushaltsgegenstände sollten Sie sich mit Ihrem Ehemann einigen. Ist dies nicht möglich, müssen Sie auch hier gerichtliche Hilfe in Anspruch nehmen.

Wovon soll ich leben?

Wenn Sie über kein oder ein zu geringes eigenes Einkommen verfügen, sollten Sie sich vor der Trennung rechtzeitig der Hilfe von Familie oder Freunden versichern. Wenn Sie minderjährige Kinder betreuen und Ihr Ehemann ein eigenes Einkommen hat, steht Ihnen Unterhalt für sich und Ihre Kinder zu. Bis zu einer vorläufigen bzw. endgültigen Klärung der Unterhaltsfrage haben Sie, wenn Ihre eigenen Einkünfte nicht ausreichen, seit 01.01.2005 nach dem SGB II Anspruch auf die Grundsicherung für Arbeitssuchende (Arbeitslosengeld II bzw. Sozialgeld) oder auf Sozialhilfe nach dem SGB XII. Dadurch wurden die Arbeitslosenhilfe und auch weitgehend die Sozialhilfe ersetzt. Das Geld erhalten Sie erst ab Antragstellung, niemals rückwirkend. Stellen Sie deshalb die entsprechenden Anträge möglichst schnell. Wenn Ihr Ehemann später Unterhalt für diese Zeit nachzahlt, müssen Sie die erhaltenen Leistungen an das Sozialamt zurückzahlen. Sind Ihre Kinder noch keine zwölf Jahre alt und Ihr Ehemann zahlt keinen Unterhalt? Dann können Sie beim Jugendamt Unterhaltsvorschuss beantragen. Stellen Sie gleichzeitig einen Antrag bei der Kindergeldkasse, dass Sie zukünftig das Kindergeld beziehen.

Wenn Ihr Ehemann seine Unterhaltspflicht gegenüber Ihnen und Ihren minderjährigen Kindern verletzt, also nicht zahlt, besteht noch die Möglichkeit, dass Teile seines Arbeitslosengeldes, seines Krankengeldes oder seiner Rente an Sie ausgezahlt werden. Man spricht in diesem Fall von einer Abzweigung (§ 48 Sozialgesetzbuch [SGB] I). Hierfür brauchen Sie keine gerichtliche Entscheidung, ein Antrag bei den ARGE der Bundesanstalt für Arbeit, der Krankenkasse oder der Rentenversicherung reicht aus. Fragen Sie Ihren Rechtsanwalt danach.

Wie wird der Unterhalt für die Kinder berechnet?

DER EHEMANN WILL SEIN EINKOMMEN GEHEIM HALTEN BEISPIEL

Frau Müller ist mit den zwei Kindern aus der gemeinsamen Wohnung ausgezogen. Ihr Mann weigert sich, ihr zu verraten, wie viel er verdient. Er will ihr für jedes der Kinder 125 Euro bezahlen und das Kindergeld mit ihr teilen.

Bekommen unsere Kinder Unterhalt?

Ihre Kinder haben, solange sie sich nicht selbst versorgen können, einen Unterhaltsanspruch gegen Sie und ihren Vater. Betreuen Sie die Kinder, erbringen Sie Ihre Unterhaltspflicht durch Naturalleistungen wie Verpflegung, Kochen, Waschen, Putzen und Unterkunft (§ 1606 Abs. 3 BGB). Ihr Ehemann muss dann Barunterhalt leisten. Dies kann umgekehrt sein, wenn die Kinder bei ihrem Vater leben. Diese Pflichten bestehen unabhängig davon, ob das gemeinsame oder ein alleiniges Sorgerecht vorliegt.

Wenn Sie als der betreuende Elternteil wesentlich mehr verdienen als Ihr Ehemann, müssen Sie neben der Kinderbetreuung Unterhalt durch Geldzahlungen erbringen. Umgekehrt gilt das genauso. Wenn Ihr minderjähriges Kind einen eigenen Haushalt führt, von Dritten betreut wird oder ein Internat besucht, sind beide Eltern verpflichtet, Unterhalt in Geld zu leisten.

Die Höhe des Unterhalts, den Sie für die Kinder bekommen können bzw. selbst zahlen müssen, hängt von folgenden Punkten ab:

- Höhe des Einkommens
- Alter der Kinder
- Anzahl der Personen, denen Unterhalt zusteht
- Der eigene Bedarf des Unterhaltspflichtigen (Selbstbehalt)

- Höhe und Bezug des Kindergeldes
- Eigene Einkünfte der Kinder

Diese Punkte sind in der Düsseldorfer Tabelle zusammengefasst.

TABELLE

DÜSSELDORFER TABELLE (STAND 01.01.2011)

CD-ROM

	Netto-einkommen in Euro	Alter des Kindes				Prozent-satz	Bedarfs-kontroll-betrag
		0–5	6–11	12–17	ab 18		
1	bis 1.500	317	364	426	488	100	770/950
2	1.501–1.900	333	383	448	513	105	1050
3	1.901–2.300	349	401	469	537	110	1150
4	2.301–2.700	365	419	490	562	115	1250
5	2.701–3.100	381	437	512	586	120	1350
6	3.101–3.500	406	466	546	625	128	1450
7	3.501–3.900	432	496	580	664	136	1550
8	3.901–4.300	457	525	614	703	144	1650
9	4.301–4.700	482	554	648	742	152	1750
10	4.701–5.100	508	583	682	781	160	1850

Die Höhe des Kindesunterhalts wird nach dieser Tabelle berechnet. Die Düsseldorfer Tabelle mit Anmerkungen finden Sie auf der CD-ROM. Sie können darin die wichtigsten Informationen zum Unterhalt nachlesen.

Die in der Düsseldorfer Tabelle ausgewiesenen Beträge bezeichnet man als Tabellenbeträge, das Kindergeld ist hier noch nicht verrechnet. Sie beziehen sich auf die Kosten des normalen Lebens, nicht auf Extraausgaben (Sonderbedarf einmalig und außergewöhnlich hoch oder regelmäßiger Mehrbedarf). Dazu zählen unter anderem kieferorthopädische Behandlungen, Erstausstattung für Säuglinge, ein Behindertenfahrzeug, Konfirmation oder Kommunion (von den Gerichten nicht immer anerkannt), Studiengebühren (von den Gerichten unterschiedlich behandelt) und Nachhilfekosten. Diese Sonder- und Mehrbedarfskosten müssen sich die Eltern teilen.

Auch die Krankenversicherungskosten der selbst versicherten Kinder müssen extra bezahlt werden. War Ihr Kind vor der Trennung privat krankenversichert und sind die Kosten dieser Versicherung nicht unverhältnismäßig hoch im Vergleich zur gesetzlichen Familienversicherung zuzüglich einer privaten Zusatzkrankenversicherung, hat Ihr Kind auch nach der Scheidung Anspruch auf die private Versicherung (OLG Koblenz, Urteil vom 19.10.2010, 11 UF 620/09).

Unterhaltsrelevantes Nettoeinkommen

Ihr Ehemann bzw. Sie sind dazu verpflichtet, über Ihr Einkommen Auskunft zu erteilen (§ 1605 BGB). Zum Nettoeinkommen gehören folgende Einnahmen:

- Alle Einkünfte, zum Beispiel aus nichtselbstständiger Arbeit wie Gehalt und Lohn von Angestellten, Arbeitern und Beamten
- Alle Einkünfte aus gewerblicher Tätigkeit, zum Beispiel die Einkünfte eines selbstständigen Unternehmers oder Handwerkers
- Alle Einkünfte aus freiberuflicher Tätigkeit eines Rechtsanwalts, Arztes oder Steuerberaters
- Alle Einkünfte aus Kapitalvermögen, zum Beispiel Zinsen, Dividenden, Aktiengewinne
- Alle Einkünfte aus Vermietung und Verpachtung
- Alle Renten
- Arbeitslosengeld I (§ 117 SGB III), Arbeitslosengeld II (nach SGB II)
- Elterngeld
- Krankengeld, Weihnachts- und Urlaubsgeld, Jubiläumszahlungen, Tantiemen, Abfindungen, Entgelt für Überstunden
- Nutzungsvorteile wie Firmenfahrzeuge
- Naturalvergütungen wie Personalrabatt

Unselbstständige Tätigkeit

Ihr Ehemann muss, wenn er angestellt ist, alle Gehaltsabrechnungen der letzten zwölf Monate sowie die letzte Steuererklärung und den letzten Steuerbescheid vorlegen. Zum Einkommen zählt nicht nur das normale Monatsgehalt, sondern auch alle Sonderleistungen. Wenn Ihrem Ehemann vom Arbeitgeber ein Pkw zur Verfügung gestellt wird, ist auch dieser Vorteil ein Bestandteil seines Einkommens. Die ersparten Aufwendungen werden geschätzt. Erhält Ihr Ehemann Spesen, wird hiervon in der Regel nur ein Drittel dem Einkommen hinzugerechnet. Abgezogen werden Steuern und die Beiträge zur Renten-, Arbeitslosen-, Kranken- und Pflegeversicherung. Das so ermittelte Jahreseinkommen wird durch zwölf geteilt. Dies ist dann das durchschnittliche monatliche Nettoeinkommen Ihres Ehemanns.

BEISPIEL

WIE VIEL UNTERHALTSRELEVANTES NETTOEINKOMMEN ERGIBT SICH?

Ihr Ehemann hat in zehn Monaten jeweils ein Nettoeinkommen von 2.100 Euro erhalten, im Juni 2.500 Euro mit Urlaubsgeld und im November 3.500 Euro inklusive Weihnachtsgeld. In zwölf Monaten ergibt dies 27.000 Euro, also monatlich durchschnittlich 2.250 Euro. Ihr Ehemann darf davon seine berufsbedingten Aufwendungen abziehen. In den meisten OLG-Bezirken werden hierfür pauschal fünf Prozent angerechnet, mindestens 50 Euro, maximal jedoch 150 Euro. Hat er höhere Aufwendungen, muss er diese genau aufschlüsseln und belegen. In unserem Beispiel würden von den 2.250 Euro 112 Euro abgezogen. Es verbleibt ein unterhaltsrelevantes Nettoeinkommen von 2.138 Euro.

Selbstständige Tätigkeit

Wenn Ihr Ehemann selbstständig ist, muss er seine Bilanzen, das bedeutet die Gewinn-und-Verlust-Rechnungen sowie die Einnahmen-Überschuss-Rechnungen der letzten drei Jahre vorlegen. Bei Selbstständigen gibt es oft Probleme mit der Auskunft. Häufig liegen die Jahresabschlüsse der letzten drei Jahre noch nicht vor oder werden wegen der Trennung verzögert. Grundsätzlich verlangen die Gerichte, dass spätestens zum 30.06. des nachfolgenden Jahres der Jahresabschluss vorliegt.

Von den Gewinnen werden ebenfalls die Aufwendungen für Krankenkasse, Altersvorsorge und Steuern abgezogen. Pauschale berufsbedingte Aufwendungen werden nicht abgezogen, weil sie regelmäßig in den Betriebsausgaben enthalten sind. In vielen Fällen sind bei den Betriebsausgaben Positionen berücksichtigt, die Sie sich bei der Berechnung des Unterhalts nicht entgegenhalten lassen müssen. Darunter fallen zum Beispiel verdeckte Privatentnahmen, Abschreibungen auf Anlagevermögen, Rückstellungen oder Bewirtungskosten.

VORSICHT – BILANZEN KÖNNTEN NICHT STIMMEN ACHTUNG

Oft weisen Bilanzen aus steuerlicher Sicht keinen oder lediglich einen geringen Gewinn aus. Dies sagt über die tatsächliche Höhe des Einkommens jedoch noch nichts aus. Es müssen zunächst die für den Unterhalt nicht relevanten Positionen bereinigt werden. Holen Sie sich in einem solchen Fall unbedingt Rat von Ihrem Rechtsanwalt.

Kapitaleinkünfte und Einkünfte aus Vermietung und Verpachtung

Hat Ihr Ehemann Einkünfte aus Vermietung, muss er neben den Steuererklärungen der letzten drei Jahre die entsprechende Anlagen V vorlegen. Darüber hinaus müssen die jeweiligen Jahresbescheinigungen der Banken über die Kapitaleinkünfte eingereicht werden. Dies ist seit Einführung der pauschalen Kapitalertragssteuer besonders wichtig, da die Kapitaleinkünfte normalerweise in der Einkommensteuererklärung nicht mehr auftauchen.

Steuererstattungen und -nachzahlungen

Steuererstattungen oder -nachzahlungen zählen ebenfalls zum Einkommen, wenn es sich nicht um eine einmalige Erstattung handelt.

Rente/Arbeitslosengeld/Krankengeld

Wenn Ihr Ehemann Rente, Arbeitslosen- oder Krankengeld bezieht, dann reicht die Vorlage der entsprechenden Bescheide für die letzten zwölf Monate aus.

Abfindungen

Wenn Ihr Ehemann seine Arbeit verloren und eine Abfindung erhalten hat, muss er den entsprechenden Vertrag und die Abrechnung über die Abfindung vorlegen. Er muss auch Auskunft darüber erteilen, wie hoch sein vorheriges Gehalt war. Die Abfindung hat er nämlich erhalten, um seinen bisherigen Lebensstandard aufrechterhalten zu können. Die Summe wird dann über mehrere Jahre hinweg, bis das Geld verbraucht ist, zum jetzigen, niedrigeren Arbeitslosengeld dazugerechnet. Er wird also genauso behandelt, als würde er noch so viel verdienen wie früher.

Findet Ihr Ehemann wieder eine neue Stelle und verdient dort weniger, ist für die Unterhaltsberechnung nur noch das neue, geringere Einkommen maßgebend. Die Abfindung wird dann nicht mehr zum Aufstocken herangezogen (BGH, Urteil vom 29.01.2003, XII ZR 92/01). Viele Gerichte weichen jedoch von dieser Rechtsprechung ab und ziehen die Abfindung zur Aufstockung des neuen, niedrigeren Einkommens heran.

Schulden

Wenn Sie und Ihr Ehemann während des Zusammenlebens Kredite abbezahlt haben, dann müssen Sie diese Raten vom Nettoeinkommen abziehen. Bis zum Beginn des Scheidungsverfahrens sind die Zins- und Tilgungsraten in voller Höhe zu berücksichtigen. Hat das Scheidungsverfahren begonnen, sind die Zinsen weiterhin in Abzug zu bringen (BGH, Urteil vom 28.03.2007, XII ZR 21/05). Das gilt für die Tilgungsanteile grundsätzlich nicht mehr, es sei denn, sie dienen indirekt der Altersvorsorge. Wenn das Einkommen nicht sehr hoch ist, sollten Sie die vorhandenen Kredite möglicherweise umschulden, damit die monatlichen Raten geringer werden. Hat Ihr Ehemann nach der Trennung/Scheidung weitere Kredite aufgenommen, kann er die Raten dafür von seinem Einkommen abziehen, es sei denn, die Anschaffung war völlig unnötig oder die Raten stehen in keinerlei Verhältnis zu seinem Einkommen.

Vermögensbildung und Altersvorsorge

Wenn Sie während der Ehe regelmäßig gespart oder in eine Lebensversicherung einbezahlt haben, müssen die Prämien hierfür vom Einkommen abgezogen werden. Jeder Ehegatte hat das Recht, 24 Prozent seines Bruttoeinkommens für die private Altersvorsorge einzusetzen. Die Arbeitgeber- und Arbeitnehmerbeiträge zur gesetzlichen Rentenversicherung sind in diese Quote einzurechnen. Liegt das Bruttoeinkommen unter der Beitragsbemessungsgrenze (2011: West 66.000 Euro, Ost 57.600 Euro) für die gesetzliche Rentenversicherung, kann man die Berechnung auch einfacher gestalten, dann sind es nämlich automatisch vier Prozent des Bruttoeinkommens. Nur dann, wenn das Einkommen höher ist, ist es wichtig mit der 24-Prozent-Quote zu arbeiten, weil dann für jeden Euro, der darüber liegt, nicht nur vier Prozent anfallen, sondern eben 24 Prozent.

BERECHNUNG MIT VIER UND MIT 24 PROZENT BEISPIEL

Beispiel 1: Bruttojahreseinkommen 50.000 Euro

Vier Prozent hiervon sind 2.000 Euro, das macht monatlich (: 12) rund 167 Euro für die private Altersvorsorge.

Beispiel 2: Bruttojahreseinkommen 80.000 Euro, das heißt, es liegt über der Beitragsbemessungsgrenze.

24 Prozent hiervon sind 19.200 Euro. Der Arbeitgeberanteil zur gesetzlichen Rentenversicherung beträgt 9,95 Prozent (aus 66.000 Euro Höchstbetrag): 6.567 Euro. Der Arbeitnehmeranteil zur gesetzlichen Rentenversicherung liegt bei 9,95 Prozent (aus 66.000 Euro Höchstbetrag) : 6.567 Euro. Es verbleiben (19.200 – 2 x 6.567) 6.066 Euro, das macht monatlich (: 12) rund 505 Euro für die private Altersvorsorge.

Dieses Geld kann zur Bezahlung von Versicherungsprämien, Bausparverträgen, aber auch für die Rückzahlung von Immobiliendarlehen verwendet werden.

Ist der Ehegatte selbstständig berufstätig, darf er ebenfalls 24 Prozent seines jährlichen Einkommens für die Altersvorsorge einsetzen. Diese Grenzen gelten sowohl für den Unterhaltsverpflichteten als auch für den Unterhaltsberechtigten. Wurden während der gemeinsamen Zeit mehr als diese Beträge für die Altersvorsorge oder Vermögensbildung „weggelegt“, braucht sich der Unterhaltsberechtigte dies in der Regel nicht mehr entgegenhalten zu lassen. Vermögensbildung zu Lasten der Unterhaltsansprüche ist grundsätzlich nicht zulässig. Eine Ausnahme kann gelten, wenn das Einkommen sehr hoch ist und auch nach Abzug dieser weiteren Vermögensbildung noch ausreichend Geld verbleibt, um einen angemessenen Unterhalt bezahlen zu können.

ACHTUNG

LEGEN SIE DAS GELD FÜR DIE ALTERSVORSORGE ZURÜCK

Wenn Sie Ihren Unterhalt vor Gericht erstreiten müssen, können Sie während des Verfahrens den Betrag, den Ihr Anwalt bei der Berechnung für Ihre Altersvorsorge wegen der Vier- bzw. 24-Prozent-Regel geltend macht, dadurch sichern, dass Sie dieses Geld auf einem Sparbuch zurücklegen, bis der Prozess entschieden ist. Auf diese Weise können Sie den Abzug einerseits rechtfertigen, andererseits können Sie, wenn das Urteil gesprochen ist, die Beträge, die der Richter nicht anerkannt hat, wieder anderweitig verbrauchen (BGH, Urteil vom 22.11.2006, XII ZR 24/04).

Wohnen im eigenen Haus oder in der eigenen Wohnung

Wenn der Unterhaltsschuldner in der eigenen Wohnung oder im eigenen Haus wohnt, ist die gesparte Miete Bestandteil seines Einkommens. Bei der Berechnung des Kindesunterhalts wird dann normalerweise die objektive Marktmiete zugrunde gelegt. Von dieser werden Kreditraten für das Eigenheim abgezogen, ebenso Instandhaltungskosten und alle Nebenkosten, die auf einen Mieter nicht gemäß § 27 Abs. 1 der 2. BerechnungsVO umgelegt werden können (BGH, Urteil vom 27.05.2009, XII ZR 78/08). Ist der sich dabei ergebende Betrag niedriger als eine vergleichbare Mietzahlung, wird die Differenz als Einkommen angerechnet. Auch eine Eigenheimzulage zählt zum Einkommen.

Einkommensgruppen

Wenn Sie das anrechenbare Nettoeinkommen berechnet haben, ermitteln Sie die entsprechende Einkommensgruppe aus der Düsseldorfer Tabelle. Bei dieser Tabelle wird angenommen, dass Ihr Ehemann für zwei Personen Unterhalt zahlen muss (bis zur Düsseldorfer Tabelle Stand 01.01.2009 waren es drei Personen). Es ist egal, welchen Rang diese Unterhaltsberechtigten haben, allein die Anzahl ist maßgebend. Ist nur für eine Personen Unterhalt zu zahlen, dürfen Sie in der Einkommensgruppe in der Regel um eine Gruppe nach oben gehen, bei drei oder mehr Personen müssen Sie um mindestens eine Gruppe nach unten gehen.

BEACHTEN SIE DIE LEITLINIEN DER OBERLANDESGERICHTE ACHTUNG

Wie viele Einkommensgruppen Sie bei einer Abweichung vom Normalfall nach oben oder unten gehen dürfen bzw. müssen, ist je nach Gericht verschieden. Das OLG Düsseldorf hat etwa entschieden, dass bei nur einem unterhaltsberechtigten Kind eine Höhergruppierung um bis zu drei Gruppen in Betracht kommen kann (Beschluss vom 16.09.1999 mit folgendem Aktenzeichen: 6 WF 135/99). Allerdings waren damals die Einkommensabstände der einzelnen Gruppen viel geringer als heute, sodass eine Höherstufung um mehr als zwei Gruppen wohl selten ist.

Im Beispiel gibt es zwei Kinder und eine Ehefrau, also drei Unterhaltsberechtigte. Der Ehegatte und Vater ist bei einem Einkommen von 2.138 Euro in die Einkommensgruppe zwei (1.501 – 1.900 Euro) herabzustufen.

Altersstufe des Kindes

Zusätzlich müssen Sie die Altersstufe Ihres Kindes berücksichtigen. Hier gilt folgende Unterteilung:

0 bis 5 Jahre	6 bis 11 Jahre	12 bis 17 Jahre	ab 18 Jahre

Die beiden Kinder in unserem Beispiel sind vier und zwölf Jahre alt. Für das vierjährige Kind beträgt der Unterhaltsbetrag 333 Euro, für das zwölfjährige Kind 448 Euro. Der höhere Unterhalt aus einer anderen Altersstufe wird immer ab dem Ersten des Erhöhungsmonats geschuldet, nicht erst ab dem Geburtstag des Kindes.

Existenzminimum

Zum 01.01.2008 wurde durch die Neufassung von § 1612 a Abs. 1 BGB der Mindestunterhalt wieder im Gesetz festgeschrieben. Gleichzeitig erfolgte eine Gleichstellung mit dem steuerlichen sächlichen Existenzminimum gemäß § 32 Abs. 6 Satz 1 Einkommensteuergesetz (EStG). Die Regelbetragsverordnung wurde wieder abgeschafft. Der neue Mindestunterhalt gilt einheitlich für alle Bundesländer.

Das steuerliche sächliche Existenzminimum beträgt jährlich 4.368 Euro (2 x 2.184 Euro, Stand Januar 2011). Der Mindestunterhalt in der ersten Altersstufe beträgt 317 Euro in der zweiten Altersstufe 364 Euro und in der dritten Altersstufe 426 Euro. Das Kindergeld beträgt seit 01.01.2010 für das erste und zweite Kind je 184 Euro, für das dritte Kind 190 Euro und ab dem vierten Kind 215 Euro.

Die Kindergeldverrechnung wurde ebenfalls zum 01.01.2008 wieder geändert. Das Kindergeld ist bedarfsmindernd in Abzug zu bringen. Da das Kindergeld beiden Eltern jeweils zur Hälfte zusteht, ist von den Tabellenbeträgen immer die Hälfte des Kindergeldes abzuziehen. Bei mehreren Kindern kommt es dabei auf die Höhe des Kindergeldes für das jeweilige Kind an. Bei volljährigen Kindern ist es in voller Höhe vom Tabellenbetrag abzuziehen.

Von den sogenannten Tabellenbeträgen der Düsseldorfer Tabelle ist das hälftige Kindergeld dann in Abzug zu bringen, wenn das Kindergeld an den betreuenden Elternteil ausgezahlt wird. Wenn es an den Unterhaltspflichtigen ausgezahlt wird, so muss das halbe Kindergeld hinzugerechnet werden. Eine Unterscheidung zwischen den neuen und alten Bundesländern gibt es nicht mehr, sodass sich in den neuen Bundesländern die Beträge automatisch erhöhen.

Wird das Kindergeld an Sie ausgezahlt, müssen Sie von dem ermittelten Tabellenbetrag die Hälfte des Kindergeldes abziehen. Im Beispiel:

333 Euro - 92 Euro = 241 Euro
448 Euro - 92 Euro = 356 Euro

Wird das Kindergeld noch an Ihren Ehemann überwiesen, müssen Sie die Hälfte des Kindergeldes dazuzählen.

Unterhaltsvorschuss

Auch das Unterhaltsvorschussgesetz (UVG) ist zum 01.01.2008 geändert worden. Alle Berechtigten haben Anspruch auf den Mindestunterhalt abzüglich des vollen Kindergeldes. Die Berechnung sieht dann wie folgt aus:

Altersklasse 1 (0–5 Jahre)
317 Euro – 184 Euro Kindergeld = 133 Euro

Altersklasse 2 (6–11 Jahre)
364 Euro – 184 Euro Kindergeld = 180 Euro

Die UVG-Zahlungen liegen beim ersten und zweiten Kind immer 92 Euro unter dem Mindestunterhalt, weil das Kindergeld in voller Höhe in Abzug gebracht wird. Beim dritten Kind sind es dann 95 Euro und ab dem vierten Kind 107,50 Euro. Sie haben die Möglichkeit, diese „verlorenen" Beträge gegen Ihren Ehemann bei Gericht einzufordern.

Wie mache ich den Kindesunterhalt geltend?

Sie müssen den Kindesunterhalt zuallererst von Ihrem Ehemann verlangen. Es reicht aus, wenn Sie ihn auffordern, über sein Einkommen Auskunft zu geben, damit Sie den Unterhalt berechnen können. Sie sollten das Schreiben hierzu aus Beweiszwecken mit Einschreiben/Rückschein schicken oder im Beisein von Zeugen an Ihren Ehemann übergeben und es zudem kopieren. Sie erhalten Unterhalt vom Ersten des Monats an, in dem Sie den Unterhalt von Ihrem Ehemann verlangt bzw. ihn dazu aufgefordert haben, die entsprechenden Auskünfte zu erteilen.

Schreiben Sie Ihren Ehemann sofort an, wenn er den Unterhalt nicht rechtzeitig zahlt. Nur so wahren Sie Ihre Rechte. Jeder Monat, der verstreicht, ohne dass Sie nachweisen können, dass Sie Unterhalt oder Auskunft verlangt haben, geht Ihnen verloren. Einen Musterbrief, um den Unterhalt geltend zu machen, finden Sie auf der CD-ROM. Den Auskunftsanspruch können Sie alle zwei Jahre geltend machen, es sei denn, es ergeben sich früher Anhaltspunkte für wesentliche Einkommensveränderungen. Wenn Ihr Ehemann trotz Aufforderung nicht zahlt oder keine Auskunft erteilt, haben Sie drei Möglichkeiten, die im Folgenden beschrieben werden.

Antrag auf Unterhalt oder auf Auskunft und Unterhalt

Sie können den Auskunftsanspruch (§ 1605 BGB) und den Unterhalt für Ihre Kinder vor Gericht in einem Verfahren geltend machen. Seit 01.09.2009 können diese Anträge – mit Ausnahme einer einstweiligen Anordnung – nur noch von einem Anwalt gestellt werden. Dieser beantragt erst einmal, dass Ihr Ehemann vom Gericht dazu verpflichtet wird, über seine Einkommensverhältnisse Auskunft zu erteilen.

Seit 01.09.2009 hat das Gericht weiterreichende Möglichkeiten als bisher, um von Ihrem Mann oder von Dritten Auskünfte zu verlangen (§§ 235, 236 FamFG). Das Gericht kann nämlich anordnen (§ 235 FamFG), dass die Auskunft über das Einkommen, das Vermögen sowie die persönlichen und wirtschaftlichen Verhältnisse erteilt wird und gleichzeitig bestimmte Belege vorzulegen sind. Wenn das Gericht Zweifel an der Richtigkeit oder Vollständigkeit der Auskunft hat, kann es eine schriftliche Versicherung über die Vollständigkeit und Richtigkeit verlangen. Neu ist auch, dass Sie bzw. Ihr Anwalt dieses Vorgehen des Gerichts einfordern können. Voraussetzung dazu ist, dass Ihr Mann vor Beginn des Verfahrens die Auskunft trotz entsprechender Aufforderung nicht erteilt hat. Mit der Gesetzesänderung sollen langwierige Auskunftsverfahren vermieden werden.

Kommt Ihr Mann den Auflagen des Gerichts nicht nach, kann das Gericht (§ 236 FamFG) Auskünfte über das Einkommen und fehlende Belege beim Arbeitgeber, bei Versicherungen oder dem Finanzamt auch direkt anfordern. Die Auskunft darf sich aber nicht auf das Vermögen oder die persönlichen und wirtschaftlichen Verhältnisse beziehen, es geht hier nur um das Einkommen. Das Gericht muss dies tun, wenn Ihr Anwalt den entsprechenden Antrag stellt.

Wenn die Auskunft vorliegt, berechnet der Anwalt den Unterhalt und stellt dann bei Gericht einen Antrag. Man spricht hier von einem Stufenantrag. Diese Auskunftsverfahren sind häufig sehr langwierig. Liegen alle notwendigen Unterlagen zu den Einkommensverhältnissen vor (siehe Kapitel „Wie lasse ich mich scheiden?“), kann Ihr Rechtsanwalt schneller handeln und das Gericht wird zügiger entscheiden.

Seit 01.09.2009 kann die einstweilige Anordnung nicht nur parallel zur Auskunft verlangt werden. Es ist nicht mehr erforderlich, dass es ein Hauptverfahren (früher etwa den Stufenantrag) gibt. Die einstweilige Anordnung kann für sich verlangt werden (§ 49 FamFG), die beiden Verfahren können auch nebeneinander geführt werden. Dazu benötigen Sie im Gegensatz zu anderen Unterhaltsverfahren keinen Anwalt, sondern können den Antrag selbst stellen. Voraussetzung für die einstweilige Anordnung ist Regelungsbedürfnis (§ 246 FamFG) für ein sofortiges Tätigwerden des Gerichts. Sie müssen dem Gericht darlegen, dass Ihr Mann nichts bezahlt und Sie auf den Unterhalt angewiesen sind. Parallel sollten Sie beim Jugendamt einen Antrag auf Unterhaltsvorschuss stellen, damit Sie finanziell unterstützt werden.

VORSICHT MIT FALSCHEN AUSKÜNFTEN ACHTUNG

Wenn Sie eine Auskunft bei Gericht beantragt haben, einen Auskunftsbeschluss in Händen halten und Ihr Ehegatte daraufhin falsche Angaben macht, werden Sie, wenn Sie nicht das Gegenteil beweisen können, daran gehindert, neue Auskunft zu verlangen. Dann besteht nur noch die Möglichkeit, bei Gericht zu beantragen, dass er die Richtigkeit und Vollständigkeit seiner Angaben an Eides statt versichert.

Vereinfachtes Verfahren

Seit dem 01.07.1998 können Sie den Kindesunterhalt auch im vereinfachten Verfahren (§§ 249ff. FamFG) geltend machen. Dabei können Sie maximal das 1,2-Fache des Mindestunterhalts als Kindesunterhalt gegen Ihren Ehemann festsetzen lassen. Dieser Betrag errechnet sich vor Berücksichtigung des Kindergeldes. Sie müssen in diesem Verfahren nicht darlegen, wie hoch das Einkommen Ihres Ehemanns ist.

Ist er mit diesem Antrag nicht einverstanden, liegt es an ihm, detailliert darzulegen und zu beweisen, dass er weniger verdient. Kommt Ihr Ehemann dieser Verpflichtung nicht nach, wird der Kindesunterhalt festgelegt, wie Sie ihn beantragt haben. Das vereinfachte Verfahren ist kostengünstiger und sollte auch schneller als das Klageverfahren sein. Aber die Erfahrung hat gezeigt, dass die zuständigen Rechtspfleger oft so überlastet sind, dass sich auch diese Verfahren über eine längere Zeit hinziehen können.

Wer bekommt das Kindergeld?

Das Kindergeld steht den Eltern jeweils zur Hälfte zu. Die Verrechnung erfolgt mit der Zahlung des Kindesunterhalts. Es wird in voller Höhe an denjenigen ausgezahlt, in dessen Haushalt das Kind lebt. Wenn es weder bei Ihnen noch bei Ihrem Ehemann lebt, erhält derjenige das Kindergeld, der den höheren Unterhalt zahlt. Man spricht hier vom Obhutsprinzip.

TABELLE

HÖHE DES KINDERGELDES (SEIT 01.01.2010)

1. Kind	184 Euro
2. Kind	184 Euro
3. Kind	190 Euro
Ab 4. Kind	215 Euro

Wenn Ihr Kind zu Ihrem Ehemann zieht, müssen Sie das der Familienkasse mitteilen. Ansonsten riskieren Sie, dass Sie das Kindergeld zurückzahlen müssen. Wenn Ihr Ehemann auszieht oder Sie mit den Kindern ausziehen, verliert er den Auszahlungsanspruch auf das Kindergeld. Um Missverständnisse zu vermeiden, sollten Sie daher gleich nach erfolgter Trennung bei der Kindergeldkasse bzw. der Familienkasse beantragen, dass das Kindergeld zukünftig an Sie ausgezahlt wird. Die Adresse der für Sie zuständigen Kindergeldkasse erfahren Sie beim Arbeitsamt Ihrer Stadt.

Kindergeld bekommen Sie für jedes Kind bis zur Vollendung seines 18. Lebensjahres. Dabei ist es egal, ob Ihr Kind eigenes Einkommen hat oder nicht. Wenn Ihr Kind arbeitslos ist, bekommen Sie sogar Kindergeld bis zum 21. Lebensjahr. Ist Ihr Kind in Ausbildung, dann erhalten Sie das Kindergeld maximal bis zur Vollendung des 25. Lebensjahres (seit 2009). Seine Ausbildung sollten Sie bei der Familienkasse so schnell wie möglich angeben. Vor allem dann, wenn Ihr Kind schon vor Vollendung des 18. Lebensjahres in Ausbildung ist, damit Sie das Kindergeld lückenlos weiter erhalten.

Die kindbedingten Steuervergünstigungen (Kindergeld, Freibeträge für Kinder, Kinderzulage bei der Eigenheimzulage) können für volljährige Kinder in Anspruch genommen werden, wenn deren eigene Einkünfte und Bezüge nicht mehr als 8.004 Euro (seit 2010) betragen. Das BVerfG hat im Januar 2005 (Beschluss vom 11.01.2005, 2 BvR 167/02) entschieden, dass die Sozialversicherungsbeiträge vom Bruttoeinkommen abzuziehen sind, wodurch sich oft ein unterhalb der Grenze liegendes Einkommen ergibt. Wurde Ihnen bzw. Ihrem volljährigen Kind erst kürzlich das Kindergeld wegen zu hohen

Einkommens verwehrt, dann sollten Sie prüfen, ob ein Einspruch möglich ist. Ist Ihr Einkommensteuerbescheid für das betreffende Jahr noch nicht rechtskräftig, lohnt sich auch ein Einspruch dagegen. Wenn Sie kein Kindergeld bezogen haben, aber Ihnen keine offizielle Ablehnung vorliegt, können Sie das Kindergeld für die vergangenen vier Jahre rückwirkend beantragen. Lassen Sie sich beraten. Ist sowohl der Ablehnungsbescheid als auch der Einkommensteuerbescheid rechtskräftig, kommen Sie nur noch in Zukunft in den Genuss des neuen Urteils.

BEI VOLLJÄHRIGKEIT WIRD DAS KINDERGELD ANGERECHNET ACHTUNG

Besteht für das volljährige Kind noch ein Anspruch auf Kindergeld – sind also Altersgrenze oder Einkommensgrenze nicht überschritten –, wird der entsprechende Betrag in voller Höhe auf den Unterhaltsbedarf angerechnet.

Der Älteste beginnt eine Ausbildung – bekommt er noch Unterhalt?

Die Ausbildungsvergütung Ihres Kindes wird auf den Unterhaltsanspruch angerechnet. Von seinem Nettoeinkommen werden zunächst die berufsbedingten Aufwendungen abgezogen – normalerweise 90 Euro. Können Sie höhere berufsbedingte Kosten Ihres Kindes belegen, dürfen Sie diese abziehen. Solange das Kind minderjährig ist, wird vom Restbetrag die Hälfte auf den Unterhaltsanspruch angerechnet.

UNTERHALT FÜR MINDERJÄHRIGE KINDER IN AUSBILDUNG BEISPIEL

Der Unterhalt nach der dritten DT-Einkommensgruppe für ein 16-jähriges Kind beträgt 469 Euro. Es verdient in der Ausbildung monatlich 350 Euro netto. Davon werden 90 Euro abgezogen, von den verbleibenden 260 Euro werden 130 Euro auf den Tabellenbetrag angerechnet. Ihr Ehemann muss noch 339 Euro zahlen – abzüglich 92 Euro Kindergeldanteil –, also 247 Euro im Monat.

Unser Kind ist volljährig – hat es noch einen Unterhaltsanspruch?

Auch Ihrem volljährigen Kind steht ein Unterhaltsanspruch zu, solange es zur Schule geht, in Ausbildung ist, studiert oder trotz nachhaltiger Bemühungen keinen Arbeitsplatz findet. Es steht aber, wenn das Einkommen des Ehemanns nicht für alle reicht, hinter den minderjährigen Kindern zurück, es sei denn, es geht noch zur Schule, lebt bei den Eltern und ist noch nicht 21 Jahre alt (sogenannte privilegierte Volljährige). Der volljährige Auszubildende muss sich sein gesamtes Ausbildungsgehalt (abzüglich der berufsbedingten Aufwendungen von pauschal 90 Euro) auf den Unterhaltsanspruch anrechnen lassen.

Für Ihr volljähriges Kind sind auch Sie – die bisher den Unterhalt durch die Betreuung erbracht hat – barunterhaltspflichtig. Sie müssen sich also den „Geldanspruch“ mit Ihrem Ehemann teilen. Dabei spielt es keine Rolle, ob Ihr volljähriges Kind noch bei Ihnen wohnt oder nicht. Allerdings kann Ihr Kind, das noch bei Ihnen wohnt, nicht ohne Weiteres den auf Sie entfallenden Anteil in Geld verlangen. Sie haben das Recht, diesen Betrag mit den von Ihnen verauslagten Aufwendungen für „Kost und Logis“, Taschengeld, Kleidung etc. zu verrechnen. Ab der Volljährigkeit Ihres Kindes berechnet sich der Unterhaltsanspruch aus dem zusammengerechneten Einkommen beider Elternteile. Jetzt sind auch Sie auskunftspflichtig. Bei der Berechnung ist zu beachten, dass beiden Elternteilen jeweils ein Selbstbehalt in Höhe von 1.150 Euro zusteht. Darin ist eine Warmmiete bis 450 Euro enthalten.

BEISPIEL

UNTERHALTSBERECHNUNG FÜR EIN VOLLJÄHRIGES KIND

Einkommen Mann – bereinigt: 2.100 Euro

Einkommen Frau – bereinigt: 1.400 Euro

Ergibt zusammen 3.500 Euro.

Nach Einkommensgruppe 6/Altersklasse ab 18 Jahre beträgt der Unterhaltsanspruch 625 Euro. Hiervon wird das Kindergeld in Höhe von 184 Euro abgezogen.

Den Restbetrag von 441 Euro müssen Sie sich anteilig, entsprechend Ihrer Einkünfte, teilen:

Gesamteinkommen 3.500 Euro

Verteilungsfähig:

1.400 Euro – 1.150 Euro = 250 Euro bei der Frau

2.100 Euro – 1.150 Euro = 950 Euro beim Mann

Insgesamt 1.200 Euro

Haftungsanteil Frau: (250 Euro von 1.200 Euro) 21 Prozent = 93 Euro

Haftungsanteil Mann: (950 Euro von 1.200 Euro) 79 Prozent = 348 Euro

Den Unterhalt muss Ihr Kind ab Volljährigkeit selbst geltend machen. Wohnt es nicht mehr zu Hause, liegt sein Bedarf immer bei 670 Euro, worin 280 Euro für Wohnkosten enthalten sind.

VERPFLICHTUNG ZUR NEBENTÄTIGKEIT DURCH NEUE EHE ACHTUNG

Haben Sie wieder geheiratet und führen in der neuen Ehe den Haushalt, sind Sie, so lange ihr volljähriges Kind - für das Sie Unterhalt bezahlen sollen - noch die Schule besucht, verpflichtet, eine Nebentätigkeit aufzunehmen. Der Selbstbehalt von 1.150 Euro gilt dann nicht.

Unser Kind will nach einer Lehre studieren – müssen wir Eltern das bezahlen?

Grundsätzlich schulden Sie Ihrem Kind eine optimale begabungsbezogene Berufsausbildung. Aber Sie sind nur zur Finanzierung einer Ausbildung verpflichtet. Hat Ihr Kind allerdings Abitur gemacht und war von Anfang an klar, dass die anschließende Lehre nur eine Vorbereitung oder Ergänzung des Studiums sein sollte, dann sind Sie auch noch für die Studienzeit unterhaltspflichtig.

Wenn Ihr Kind erst über den zweiten Bildungsweg zu einem Studium kommt, ist es verpflichtet, Ihnen – und auch Ihrem Ehemann – diese Absicht bereits bei Beginn der ersten Ausbildung mitzuteilen. Tut Ihr Kind das nicht und sind Sie später völlig überrascht von einem weiteren Studium, so müssen Sie für diese Zeit auch keinen Unterhalt mehr zahlen.

Ausnahmen: Ihr Kind ist oder wird krank oder die erste Ausbildung entsprach überhaupt nicht seinen Fähigkeiten und Neigungen. Sie brauchen sich aber nicht damit abzufinden, dass Ihr Kind zum Dauerstudenten wird. Als Maßstab gelten hier die Regelstudienzeiten wie bei BAföG-Zahlungen. Wenn es der Studiengang erfordert, dass Ihr Kind danach noch promoviert, müssen Sie unter Umständen auch für diese Zeit Unterhalt zahlen.

Der Masterstudiengang nach Ablegen des Bachelors zählt nicht als eine Zweitausbildung, sondern als Erstausbildung (OLG Celle, Beschluss vom 02.02.2010, 15 WF 17/10).

Ist ein Verzicht auf Kindesunterhalt wirksam?

Auf Kindesunterhalt kann für die Zukunft nicht verzichtet werden (§ 1614 BGB), auch nicht teilweise. Ein Teilverzicht wäre es, wenn die Tabellenbeträge der Düsseldorfer Tabelle um mehr als ein Drittel unterschritten würden. Auf Rückstände aus der Vergangenheit kann verzichtet werden. Es ist aber möglich, dass Sie oder Ihr Ehemann den jeweils anderen von der Kindesunterhaltszahlung freistellen. Es handelt sich nicht um einen verbotenen Verzicht, weil diese Freistellungsvereinbarung nur zwischen den Eltern wirkt. Gegenüber dem Kind kann man sich darauf nicht berufen. Einen Musterbrief zum Verzicht finden Sie auf der CD-ROM.

Was ist, wenn es nicht für alle reicht?

Gerade wenn nur Ihr Ehemann gearbeitet hat, kann es sein, dass sein Einkommen nicht ausreicht, um jedem den vollen Unterhalt zu zahlen. Ihrem Ehemann steht, wie bereits erwähnt, auch ein bestimmter Betrag zu, den er für seinen Lebensunterhalt mindestens benötigt. Dieser wird Selbstbehalt genannt. Die Höhe des Selbstbehalts hängt davon ab, um welchen Unterhaltsanspruch es geht.

- Gegenüber minderjährigen Kindern oder volljährigen Schülern bis zum 21. Lebensjahr beträgt er 950 Euro, wenn Ihr Ehemann arbeitet. Wenn er nicht arbeitet, stehen ihm nur 770 Euro zu – darin sind Wohnkosten von 360 Euro enthalten.
- Gegenüber volljährigen Kindern beträgt der Selbstbehalt 1.150 Euro, worin Wohnkosten von 450 Euro enthalten sind.
- Gegenüber Ehegatten beläuft sich der Selbstbehalt auf einen Betrag zwischen dem notwendigen Selbstbehalt in Höhe von 950 Euro bzw. 770 Euro (§ 1603 Abs. 2 BGB) und dem angemessenen Selbstbehalt (nach Düsseldorfer Tabelle 1.050 Euro). Zahlt Ihr Ehemann mehr Miete, kann auch der Selbstbehalt steigen.
- Umgekehrt steht auch dem Unterhaltsberechtigten ein Existenzminimum zu (zum Kindesmindestunterhalt siehe Seite 51f.). Das Existenzminimum des Ehegatten, der nicht arbeitet, beträgt 770 Euro, das des berufstätigen 950 Euro.
- Lebt der Unterhaltspflichtige mit einem neuen Partner zusammen, so kann der Selbstbehalt wegen der ersparten Kosten reduziert werden. Der BGH (Urteil vom 28.07.2010, XII ZR 140/07) bemisst diesen Vorteil analog § 20 Abs. 3 SGB II mit fünf Prozent pro Person.

Mit der Unterhaltsreform zum 01.01.2008 wurde die Rangfolge der Unterhaltsberechtigten neu geregelt. Die Kinder stehen hierbei im Vordergrund. § 1609 BGB bestimmt die Rangfolge für den Fall, dass es mehrere Berechtigte gibt, der Verpflichtete aber nicht über ein ausreichendes Einkommen verfügt.

- Erste Stufe: minderjährige und volljährige Kinder, die sich noch in der Schulausbildung befinden, sogenannte privilegierte Volljährige

- Zweite Stufe: Elternteile, die Anspruch auf Betreuungsunterhalt haben, und Ehegatten, deren Ehe von langer Dauer war, wobei weitere Aspekte wie „ehebedingte Nachteile“ wertend heranzuziehen sind
- Dritte Stufe: Ehegatten, die nicht unter die zweite Stufe fallen
- Vierte Stufe: volljährige Kinder, die nicht unter die erste Stufe fallen
- Fünfte Stufe: Enkelkinder und weitere Abkömmlinge

In die Praxis umgesetzt heißt das: Wenn nach Berücksichtigung des Selbstbehalts Ihres Mannes Geld vorhanden ist, um Unterhalt zu bezahlen, kommen zunächst die Kinder an die Reihe. Nur der Rest steht für die Ehegatten zur Verfügung, dabei ist aber auf das Rangverhältnis zu achten. Zudem werden durch die zweite Stufe neben Ehegatten, die Anspruch auf Betreuungsunterhalt haben, auch diejenigen geschützt, die sich für ein „traditionelles“ Ehemodell entschieden haben und dadurch – egal ob mit oder ohne Kinderbetreuung – ehebedingte Nachteile erlitten haben.

BEISPIEL

WENN DAS EINKOMMEN NICHT AUSREICHT

Ihr Ehemann verdient 1.500 Euro netto. Sie arbeiten nicht. Sie haben drei Kinder im Alter von vier, sechs und acht Jahren. Ihr Ehemann schuldet für die Kinder nach Einkommensgruppe 1 der Düsseldorfer Tabelle 317, 364 und 364 Euro Kindesunterhalt. Hiervon ist jeweils das hälftige Kindergeld mit 92 bzw. 95 Euro abzuziehen, das heißt, er müsste 225, 272 plus 269 Euro bezahlen, das sind zusammen 766 Euro. Ihm bleiben dann noch 734 Euro.

Ihr rechnerischer Unterhaltsanspruch macht 315 Euro (3/7) bzw. 330 (4,5/10) Euro aus. Insgesamt sind es demnach 1.081 Euro bzw. 1.096 Euro. Wenn Ihr Ehemann dies zahlen müsste, blieben ihm noch 419 Euro bzw. 404 Euro. Ihrem Ehemann selbst stehen allerdings mindestens 950 Euro zu, sodass 500 Euro zu verteilen sind. Diese 550 Euro werden zunächst für den Kindesunterhalt eingesetzt, weil die Kinder vorrangig behandelt werden. Der Gesamtunterhaltsanspruch der Kinder beträgt 766 Euro und wird wie folgt anteilig erfüllt:

K1: 225 x 550 : 766 = 162 Euro

K2: 272 x 550 : 766 = 195 Euro

K3: 269 x 550 : 766 = 193 Euro

Ehegattenunterhalt wird nicht geschuldet.

KINDESUNTERHALT FÜR MINDERJÄHRIGE TABELLE

Einkommen meines Ehemanns	_____ Euro
Einordnung in Einkommensgruppe der DT	_____ Euro (Tabellenbetrag)
Wenn Ihr Kind eigenes Einkommen hat	abzüglich halbes eigenes Einkommen (abzüglich Ausbildungsfreibetrag 90 Euro)
Wenn Sie das Kindergeld bekommen	die Hälfte des Kindergeldes abziehen
Wenn er das Kindergeld bekommt	die Hälfte des Kindergeldes dazuzählen
Ergibt	_____ Euro Zahlbetrag

Wie werden bestehende Kindesunterhaltstitel an die Unterhaltsreform angepasst?

Wenn es schon einen Unterhaltstitel über den Kindesunterhalt gibt, wissen Sie, dass in diesem meist von Prozentsätzen und einem „Regelbetrag" die Rede ist. Der Regelbetrag wurde zum 01.01.2008 abgeschafft. Zudem listet die Düsseldorfer Tabelle seit dem 01.01.2008 nur noch zehn und nicht mehr 13 Einkommensgruppen auf.

Wenn Sie einen solchen „alten" Titel haben, dann werden dessen Prozentsätze jetzt umgerechnet, wobei auf den neuen Mindestunterhalt Bezug genommen wird. Dies ist in § 36 Nr. 3 EGZPO vorgesehen.

BEISPIEL

WIE WIRD DER UNTERHALT UMGERECHNET?

Ihr Kind ist am 01.03.2001 geboren. Sie haben einen Unterhaltstitel über Kindesunterhalt in Höhe von 114 Prozent des Regelbetrags der zweiten Altersstufe. Bis Ende 2007 waren daher monatlich 254 Euro (280 Euro – 26 Euro Kindergeldanteil – das restliche Kindergeld bis zu 77 Euro wurde nicht berücksichtigt) zu bezahlen. Die Umrechnung erfolgt so:

Mindestunterhalt aktuell für die zweite Altersstufe: 364 Euro

Prozentsatz: (245 x 114 % - 26 + 77) / 322 x 100 = 102,6

In Zukunft schuldet Ihr Ehemann Kindesunterhalt in Höhe von 102,6 Prozent des Mindestunterhalts.

364 x 102,6 = 373 Euro

373 Euro – 92 Euro Kindergeldanteil ergibt einen Zahlbetrag von 281 Euro.

Diese Umrechnung benötigen Sie vor allem dann, wenn Ihr Kind in eine andere Altersklasse einzuordnen ist als vorher.

Wie viel und wie lange bekomme ich Ehegattenunterhalt?

KINDERERZIEHUNG STATT AUSBILDUNG BEISPIEL

Frau Schröder hat auf Wunsch ihres Ehemanns nach der Hochzeit vor neun Jahren ihre Ausbildung als Journalistin abgebrochen und die jetzt sechs und acht Jahre alten gemeinsamen Kinder erzogen. Seit der jüngere Sohn in der Schule ist, arbeitet sie halbtags in einer Agentur und verdient dort 1.000 Euro netto. Herr Schröder, der monatlich 2.000 Euro netto verdient, will seiner Frau zwar Unterhalt für die Kinder zahlen, nicht aber für sie.

Habe ich überhaupt Anspruch auf Unterhalt?

Dieses Kapitel kann keinen Anspruch auf Vollständigkeit erheben; das Unterhaltsrecht ist so komplex, dass es den Rahmen dieses Ratgebers sprengen würde. Es ist grundsätzlich zu empfehlen, sich hier rechtzeitig anwaltlichen Rat einzuholen. Ob Sie Anspruch auf Ehegattenunterhalt haben, hängt von mehreren Umständen ab.

Grundsätze des Unterhaltsrechts seit der Reform vom 01.01.2008

Das Unterhaltsrecht hat zum 01.01.2008 eine grundlegende Reform erfahren. Die Rangfolge der Unterhaltsberechtigten wurde zugunsten der Kinder geändert (siehe Seite 61). Außerdem wurde beim Ehegattenunterhalt der Grundsatz der Eigenverantwortung ausdrücklich Gesetzesbestandteil. Die Verpflichtung zur eigenen Berufstätigkeit nach einer Trennung steht mehr als früher im Vordergrund, auch wenn Sie Kinder betreuen oder betreut haben (siehe Seite 78ff.).

Den Unterhaltsanspruch eine gewisse Zeit nach der Scheidung der Höhe nach zu begrenzen und/oder zeitlich zu befristen, soll möglich sein (siehe

Seite 107ff.). Die Höhe des Anspruchs richtet sich außerdem nicht zwingend nach dem in der Ehe erreichten Lebensstandard, Maßstab kann auch das Einkommen sein, das Sie in Ihrem erlernten Beruf erzielen könnten. Sogenannte ehebedingte Nachteile sollen ausgeglichen werden.

Unterhaltsansprüche

Aufgrund der Tatsache, dass Sie verheiratet sind, gibt es drei Gründe, warum Sie von Ihrem Mann Unterhalt verlangen können.

Familienunterhalt (§ 1360 BGB)

Familienunterhalt steht Ihnen zu, solange Sie weder getrennt noch geschieden sind. Mit ihm wird der Bedarf der gesamten Familie einschließlich der Kinder gedeckt. Dazu zählt auch das Haushalts- und Taschengeld. Ihnen stehen normalerweise fünf Prozent von dem Nettoeinkommen Ihres Ehemanns als Taschengeld zu, wenn Sie selbst kein Einkommen haben. Ihr Ehemann ist darüber hinaus verpflichtet, Ihnen Geld zu geben, wenn Sie einen Rechtsstreit führen müssen. Das wird Prozesskostenvorschussanspruch genannt.

Trennungsunterhalt (§ 1361 BGB)

Voraussetzung für den Trennungsunterhalt ist, dass Sie von Ihrem Ehemann dauernd getrennt leben. Auch während der Trennungszeit muss er Ihnen unter Umständen die Kosten für gerichtliche Verfahren als Verfahrenskostenvorschussanspruch bezahlen (§ 1361 Abs. 4 BGB), insbesondere die für das Scheidungsverfahren und alle Verfahren, die die Folgesachen betreffen. Für den Unterhaltsprozess ist der Verfahrenskostenvorschussanspruch ausdrücklich in § 246 FamFG geregelt (wegen der genauen Voraussetzungen siehe Kapitel „Wird die Scheidung billiger, wenn wir uns einig sind?“).

Nachehelicher Unterhalt (§§ 1569ff. BGB)

Der nacheheliche Unterhalt setzt voraus, dass Sie von Ihrem Ehemann geschieden sind. Für die Zeit nach der Ehescheidung haben Sie keinen Verfahrenskostenvorschussanspruch mehr.

TRENNUNGSUNTERHALT UNGLEICH NACHEHELICHER UNTERHALT ACHTUNG

Trennungs- und nachehelicher Unterhalt sind nicht dasselbe. Ein Trennungsunterhaltsurteil hat ab Rechtskraft der Scheidung für die Zukunft keine Gültigkeit mehr. Auch einstweilige Anordnungen über Trennungsunterhaltsansprüche gelten nach der Scheidung nicht mehr. Ihr Anwalt muss dafür sorgen, dass Sie für den nachehelichen Unterhalt einen neuen Titel bekommen.

Unterhaltshöhe

Die Höhe Ihres Unterhalts (§§ 1360 a, 1361, 1578 BGB) richtet sich zunächst nach den sogenannten ehelichen Lebensverhältnissen, das heißt, nach dem Lebensstandard, der sich aus dem gemeinsamen Einkommen der beiden Ehegatten ableitet. Der Unterhalt, egal ob Trennungsunterhalt oder nachehelicher Unterhalt, umfasst immer den gesamten regelmäßigen Lebensbedarf, also Aufwendungen für Wohnen, Verpflegung, Kleidung, Freizeit, Erholung, persönliche und gesellschaftliche Bedürfnisse. Den Betrag, den Sie benötigen, um die damit verbundenen Kosten zu decken, bezeichnet man als Elementarunterhalt. Der Betrag, den Sie für Ihre Altersvorsorge aufwenden müssen, wird als Altersvorsorgeunterhalt bezeichnet. Die Aufwendungen für Ihre eigene Krankenversicherung werden Krankenvorsorgeunterhalt genannt.

Die Höhe dieser Unterhaltsformen wird in der Praxis mithilfe von Unterhaltstabellen und Leitlinien, das heißt der Düsseldorfer Tabelle und den Leitlinien der verschiedenen OLGs, ermittelt. Man spricht hier vom sogenannten Quotenunterhalt. Hinweise hierzu finden Sie in dem Kapitel „Wie wird der Unterhalt für die Kinder berechnet?“. Die zur Berechnung notwendigen Tabellen finden Sie auf der CD-ROM.

Wann wird ein hoher Lebensstandard berücksichtigt?

Lediglich wenn Ihr Ehemann ein besonders hohes Einkommen erzielt, kommt es darauf an, was Sie für die jeweiligen einzelnen Bedürfnisse an Geld benötigen. Der BGH hat inzwischen klargestellt, dass dies immer der Fall ist, wenn das unterhaltrechtlich relevante Einkommen über der höchsten Einkommensgruppe nach der Düsseldorfer Tabelle liegt, das heißt über

5.100 Euro (BGH, Urteil vom 11.08.2010, XII ZR 102/09). Im Vergleich zum Quotenunterhalt wird hier Ihr während der Ehe entstandener hoher Lebensstandard berücksichtigt.

Damit Sie gut vorbereitet sind, sollten Sie zunächst eine Aufstellung anfertigen, in der Sie den bisherigen Geldverbrauch für einzelne Belange für die gesamte Familie auflisten. In einem zweiten Schritt folgt dann eine Aufstellung über die Beträge, die Sie aus Ihrer Sicht nach der Trennung für sich bzw. Ihre Kinder benötigen. Trennen Sie diese Bedürfnisse betragsmäßig voneinander. So können Sie ermitteln, wie viel Geld Sie benötigen, um weiter so zu leben wie bisher.

Die Rechtsprechung ist in der Regel eher „sparsam" eingestellt, das heißt für Sie: Je luxuriöser Sie bisher gelebt haben, umso eher müssen Sie sich einschränken. Die Richter kürzen regelmäßig die Ausgaben für Reisen, Kosmetik, Kleidung und Schmuck, weil sie der Auffassung sind, dass man sich hier als Erstes einschränken kann. Eigenes Einkommen, das Sie haben (Berufstätigkeit, Zinsen etc.) wird auf den ermittelten Geldbetrag angerechnet.

Bedürftigkeit und Leistungsfähigkeit

Sie müssen bedürftig sein, um gegen Ihren Ehemann einen Unterhaltsanspruch zu haben. Das ist insbesondere dann der Fall, wenn Sie kein oder ein geringeres Einkommen als Ihr Ehemann haben. Die folgenden Fälle zeigen, wann Bedürftigkeit vorliegt und wann nicht:

- Es liegt keine Bedürftigkeit vor, solange Sie über ausreichende eigene Einkünfte verfügen, mit denen Sie Ihren Unterhalt bestreiten können.
- Eine Erwerbstätigkeit ist Ihnen spätestens nach Ablauf des Trennungsjahres zumutbar, es sei denn, Sie betreuen Kinder oder sind krank. Der Umfang der Erwerbstätigkeit richtet sich nach Ihrem Alter, Ihrer Ausbildung, Ihrer bisherigen Tätigkeit sowie der Dauer der Ehe.
- Wenn Sie arbeiten müssten oder könnten, dies aber nicht tun, werden Ihnen fiktive Einkünfte in Höhe des angenommenen erzielbaren Einkommens angerechnet.

- Wenn Sie mit einem neuen Partner zusammenleben, werden Ihnen Einkünfte wegen ersparter Aufwendungen angerechnet.
- Wenn Sie mietfrei wohnen, dann wird Ihnen die ersparte Miete auch als Einkommen über den Wohnvorteil angerechnet.

Ihr Unterhaltsanspruch hängt außerdem davon ab, ob Ihr Ehemann leistungsfähig ist, das heißt, er muss in der Lage sein, Ihren Unterhaltsbedarf zu bezahlen (§§ 1603, 1581 BGB). Einkommensgrundlage bei der Festlegung sind alle Einkünfte, die auch bei der Berechnung des Kindesunterhalts zugrunde gelegt werden.

Bei dem Wohnwert für mietfreies Wohnen gibt es allerdings eine Einschränkung. Für die Trennungszeit wird lediglich der ersparte Mietzins angerechnet, den man sich für eine angemessene kleinere Wohnung hätte leisten können. Ab dem Beginn des Scheidungsverfahrens - oder wenn Sie die vermögensrechtlichen Folgen Ihrer Ehe bereits abschließend geregelt haben - und beim nachehelichen Unterhalt wird dann die tatsächliche objektive Marktmiete angesetzt (BGH, Urteil vom 05.03.2008, XII ZR 22/06).

KEINE VERMÖGENSBILDUNG ZU LASTEN DES ANDEREN ACHTUNG

Beim Abzug von Schulden ist zu beachten, dass ab Zustellung des Scheidungsantrags der Tilgungsanteil nicht berücksichtigt werden kann. Es können nur die Zinsen abgezogen werden. Ihr Ehemann bzw. Sie dürfen nämlich nicht mehr zu Lasten des anderen Vermögen bilden. Allerdings können die Tilgungsanteile, zum Beispiel wenn es sich um ein Darlehen für ein Haus oder eine Wohnung handelt, als Altersvorsorge anerkannt werden.

Von den Einkünften aus Berufstätigkeit werden pauschal fünf Prozent berufsbedingte Aufwendungen abgezogen, mindestens 50 Euro, maximal 150 Euro. Nur bei einem konkreten Nachweis ist ein höherer Abzug möglich. Jedem berufstätigen Ehegatten steht ein Erwerbstätigenbonus in Höhe von 1/7 (in Süddeutschland 1/10) des Einkommens aus Arbeit zu. Der verbleibende Rest, die „Verteilungsmasse“, wird dann dazu verwendet, Ihre Unterhaltsansprüche und die Ansprüche Ihrer Kinder zu decken.

Beiden Eheleuten steht auch hier ein Selbstbehalt zu. Ist er nicht gewahrt, spricht man von einem Mangelfall. Das vorhandene Einkommen wird dann zunächst für den Kindesunterhalt eingesetzt. Wenn noch etwas übrig ist, sind Sie mit Ihrem Unterhalt an der Reihe. Reicht es nicht für alle, ist der Kindesunterhalt aber in jedem Fall nur mit dem Mindestunterhalt zu bezahlen – erste Einkommensgruppe –, auch wenn Ihr Mann an sich in eine höhere Einkommensgruppe fällt.

Wenn ein Mangelfall vorliegt, weil Sie und Ihr Mann so hohe Schulden abzahlen müssen, und hat Ihr Mann schon eine eidesstattliche Versicherung abgegeben, ist er verpflichtet, die Möglichkeit eines Antrags auf Privatinsolvenz zu prüfen. Dadurch wird mindestens für die nächsten sechs Jahre durch die Differenz zwischen dem normalen Pfändungsfreibetrag und selbigem für Unterhaltsansprüche ein Teil seines Einkommens für Sie und die Kinder gewährleistet. Da der Kindesunterhalt vorgeht, wird für Sie als Ehefrau wohl regelmäßig nichts übrig bleiben. Sechs Jahre nach Eröffnung des Verfahrens werden die Restschulden meist erlassen, und Ihr Mann kann wieder mehr Unterhalt bezahlen.

Auskunft und Verzug

Wie auch beim Kindesunterhalt bekommen Sie selbst nur dann Unterhalt, wenn Sie ihn verlangen. Sie müssen Ihren Ehemann „in Verzug“ setzen. Seit dem 01.01.2008 reicht es für alle Arten von Unterhalt aus, dass Sie Ihren Ehemann zunächst auffordern, Auskunft zu erteilen. Sie erhalten den Unterhalt dann rückwirkend ab dem Ersten des Monats, in dem das Schreiben Ihrem Ehemann zugegangen ist. Einen Musterbrief, mit dem Sie Ihren Ehemann zur Auskunft auffordern können, finden Sie auf der beiliegenden CD-ROM.

Da es sich bei Trennungs- und nachehelichem Unterhalt um zwei verschiedene Ansprüche handelt, reicht das Schreiben an Ihren Mann, dass er Auskunft zur Berechnung des Trennungsunterhalts geben soll, nicht aus, um ihn später auch mit dem nachehelichen Unterhalt „in Verzug“ zu setzen. Hierfür muss es ein zweites Schreiben geben.

In der Praxis ist es eher selten, dass Sie sich selbst um den nachehelichen Unterhalt kümmern müssen. Da ja ein Scheidungsverfahren läuft, sind Sie normalerweise anwaltlich vertreten. Ihr Rechtsanwalt muss dann dafür sorgen, dass Ihr Unterhalt auch für die Zeit nach der Scheidung geregelt ist – entweder durch eine Scheidungsfolgenvereinbarung oder einen Antrag bei Gericht. Einen Auskunftsanspruch gegenüber Ihrem Ehemann haben Sie in derartigen Fällen grundsätzlich ebenfalls nur alle zwei Jahre (gemäß § 1605 Abs. 2 BGB). Seit 01.09.2009 hat das Gericht weitreichende Möglichkeiten, Auskünfte zu verlangen (siehe Seite 53).

TRENNUNGSUNTERHALT UND NACHEHELICHER UNTERHALT

ACHTUNG

Trennungs- und nachehelicher Unterhalt sind nicht das Gleiche. Ihnen steht zur Berechnung daher immer ein eigener Auskunftsanspruch zu. Die Zweijahresfrist gilt dann also nicht. Sobald mit der Scheidung gerechnet werden kann, muss Ihr Ehemann nochmals sein Einkommen angeben, auch wenn er dies erst ein paar Monate zuvor getan hat.

Zahlt Ihr Ehemann nicht, sollten Sie über Ihren Rechtsanwalt Trennungsunterhalt beim Familiengericht einfordern. Ihr Rechtsanwalt kann dies – wenn Ihr Ehemann keine Auskunft erteilt – in Form eines Stufenantrags tun. Das heißt, er kann die Auskunft einfordern und, wenn sie erteilt ist, Ihre Unterhaltsansprüche betragsmäßig einfordern. Seit 01.09.2009 kann er aber auch einfach eine einstweilige Anordnung (§ 246 FamFG) beantragen, mit der Ihr Unterhalt festgelegt wird. Der nacheheliche Unterhalt wird im Scheidungsverfahren mit einem Folgesachenantrag geltend gemacht oder nach der Scheidung mit einem isolierten Verfahren.

Unterhalt, egal ob Trennungs- oder nachehelicher Unterhalt, ist monatlich im Voraus zu bezahlen (§ 1361 Abs. 4 Satz 1 und 2 BGB). Sie müssen sich also nicht darauf einlassen, dass Ihr Ehemann Ihnen das Geld willkürlich, wann er gerade will, überweist. Wenn die Zahlungen immer nur sehr unregelmäßig kommen, sollten Sie mit Ihrem Rechtsanwalt besprechen, ob eine Pfändung des Gehalts Ihres Ehemannes nicht mehr Sicherheit und Regelmäßigkeit für Sie bringt.

Ehen in den neuen Bundesländern

Wenn die Ehe vor dem 03.10.1990 geschieden wurde und einer der Ehegatten zu diesem Zeitpunkt in den neuen Bundesländern wohnte, so richten sich die Fragen des Ehegattenunterhalts nach dem Familiengesetzbuch der DDR. Für alle anderen Ehen gilt seit dem 03.10.1990 das BGB.

Ist der Unterhaltsverzicht im Ehevertrag wirksam?

Trennungsunterhalt

Auf Trennungsunterhalt können Sie nur dann verzichten, wenn es um Trennungsunterhalt aus der Vergangenheit geht. Ein Verzicht für die Zukunft ist nicht möglich (§ 1614 Abs. 1 BGB). Ein solcher Verzicht für die Zukunft wäre nach § 134 BGB (gesetzliches Verbot) unwirksam. Das heißt, dass Sie für die Zeit des Getrenntlebens trotz Ehevertrag in der Regel einen Unterhaltsanspruch haben.

Es ist allerdings zulässig, in Eheverträgen Vereinbarungen bezüglich der Höhe des Trennungsunterhalts zu treffen. Es ist damit auch möglich, einen Trennungsunterhalt zu vereinbaren, der unter dem errechneten Betrag liegt. Als Faustregel gilt, dass Reduzierungen des rechnerisch gesetzlichen Unterhaltsanspruchs um 20 bis 30 Prozent zulässig sind. Die Entscheidung hängt jeweils vom Einzelfall ab.

Nachehelicher Unterhalt

Auf den nachehelichen Unterhalt kann man verzichten (§ 1585 c BGB). Durch die Entscheidung des BVerfG vom 06.02.2001 (Az. 1 BvR 12/92) sind die Anforderungen hier allerdings strenger geworden (siehe auch Seite 19ff.). Dies gilt vor allem für den Unterhaltsverzicht im Rahmen von Eheverträgen. Selbst wenn Sie auf nachehelichen Unterhaltsanspruch verzichten, heißt das nicht, dass dies so bleiben muss. Durch die Entscheidung des BVerfG ist die Vertragsfreiheit und Privatautonomie stark eingeschränkt.

Verträge, die zu Lasten der öffentlichen Träger gehen, sind meist sittenwidrig, es sei denn, Sie haben schon vor der Heirat Leistungen der öffentlichen Hand (Sozialhilfe) in Anspruch genommen. Denn dann kann es sein, dass die Belastung der öffentlichen Träger nicht durch den Unterhaltsverzicht im Ehevertrag eintritt, sondern aufgrund Ihrer eigenen beruflichen Situation bzw. Ihrer Lebensumstände. Es kommt aber immer auf den Einzelfall an, vor allem auch darauf, wie lang Ihre Ehe gedauert hat, ob es Kinder gibt und wie die Rollen verteilt waren. Auch solche Verträge, die die Entwicklung der gemeinsamen Kinder gefährden, sind angreifbar. Vor der Entscheidung des BVerfG war es einem Ehemann wegen des Grundsatzes von Treu und Glauben (§ 242 BGB) verwehrt, sich in solchen Fällen gänzlich auf einen Verzicht zu berufen, den Frauen stand, jedenfalls solange die Kinder durch den Verzicht belastet waren, ein Mindestunterhalt zu.

Nach neuer Rechtslage ist der vereinbarte Unterhaltsverzicht in zweierlei Hinsicht angreifbar. Der entsprechende Ehevertrag kann schon bei Abschluss unwirksam gewesen sein. Haben sich die Vorstellungen der Eheleute seit Abschluss des Ehevertrags wesentlich geändert, so ist der Unterhaltsverzicht dahingehend zu überprüfen, ob er trotz dieser Veränderungen noch angemessen ist. Falls nicht, ist er den neuen Verhältnissen anzupassen. Sie können dann den vollen Unterhaltsanspruch verlangen oder zumindest für eine gewisse Zeit oder in einer gewissen Höhe. Es kommt immer auf den Einzelfall an, Sie sollten sich daher anwaltlich beraten lassen.

WIE GEHE ICH VOR, WENN ICH AUF UNTERHALT VERZICHTEN WILL? ACHTUNG

Ein Unterhaltsverzicht muss seit dem 01.01.2008 – wenn er vor der Scheidung vereinbart wird – notariell abgeschlossen werden oder im Rahmen eines gerichtlichen Verfahrens als Vereinbarung vor dem Richter. Eine privatschriftliche Vereinbarung reicht nur noch aus, wenn Ihre Ehe schon rechtskräftig geschieden ist.

Formulierungsbeispiel: Wir verzichten für den Fall der Scheidung unserer Ehe gegenseitig auf jegliche gesetzlichen Unterhaltsansprüche, gleich aus welchem Rechtsgrund und auch für den Fall der Not. Wir nehmen diesen Verzicht wechselseitig an. Dieser Verzicht soll auch im Fall einer Änderung der Rechtsprechung oder Gesetzesänderung Gültigkeit haben. Wir sind uns der Bedeutung dieses Verzichts bewusst, insbesondere darüber, dass keiner von uns vom anderen Unterhalt zu erwarten hat, gerade wenn er sich nicht mehr selbst versorgen kann.

Alternativ: Wir verzichten für den Fall der Scheidung unserer Ehe gegenseitig auf jegliche gesetzlichen Unterhaltsansprüche, wenn aus unserer Ehe keine Kinder hervorgegangen sein sollten. Dieser Verzicht soll auch für den Fall der Not und den Fall einer Veränderung der Rechtsprechung oder Gesetzesänderung gelten. Wir nehmen diesen Verzicht wechselseitig an. Sollten aus unserer Ehe Kinder hervorgegangen sein, dann soll sich die Unterhaltspflicht nach den gesetzlichen Vorschriften richten.

Sie sollten nicht auf Unterhalt verzichten, wenn Sie

- krank sind oder an einer Krankheit leiden, die sich in den nächsten Jahren verschlimmern kann oder wird,
- arbeitslos sind,
- damit rechnen, arbeitslos zu werden, oder Sie nicht sicher sind, ob Sie auf Dauer einen gesicherten Arbeitsplatz haben,
- Arbeitslosengeld II, Sozialgeld oder Grundsicherungsleistungen beziehen,
- Kinder betreuen,
- während der Ehe Hausfrau waren und erst nach der Trennung oder kurz davor angefangen haben zu arbeiten.

ACHTUNG

HOLEN SIE SICH VOR DEM UNTERSCHREIBEN RAT BEIM ANWALT

Unterschreiben Sie eine Verzichtsvereinbarung nie, ohne sich vorher anwaltlichen Rat einzuholen. So etwas lässt sich kaum wieder rückgängig machen. Durch die seit 01.01.2008 vorgeschriebene notarielle oder gerichtliche Form sollen Sie vor voreiligen und nicht durchdachten Entscheidungen geschützt werden.

Was ist der Unterschied zwischen Trennungs- und nachehelichem Unterhalt?

Wie Sie ja bereits erfahren haben, ist zwischen den folgenden zwei Unterhaltsarten zu unterscheiden.

Trennungsunterhalt

Mit der Trennung der Ehegatten steht dem wirtschaftlich Schwächeren ein Anspruch auf Unterhalt zu, wenn er sich nicht mit eigenen Mitteln angemessen versorgen kann. Grundvoraussetzung hierbei ist, dass für Sie keine eigene Erwerbstätigkeit möglich und zumutbar ist oder dass zur Erhaltung des bisherigen Lebensstandards Ihre eigenen Einkünfte nicht ausreichen. Der Trennungsunterhaltsanspruch ist stark von der ehelichen Solidarität geprägt. Der sozial Schwächere, meist die Frau, soll durch den Trennungsunterhalt davor geschützt werden, dass sich die bisherigen Lebensverhältnisse abrupt ändern.

Auch wenn Sie vor der Trennung nicht gearbeitet haben, sind Sie verpflichtet, Ihren Unterhalt durch eigene Erwerbstätigkeit ganz oder teilweise zu bestreiten (§ 1361 Abs. 2 BGB). Die Berufstätigkeit muss aber nach Ihren persönlichen und wirtschaftlichen Verhältnissen, zum Beispiel früherer Beruf, Dauer der Ehe, Kinderbetreuung, Krankheiten etc., zumutbar sein.

Gerade wenn Sie nicht berufstätig waren, sollen Sie nicht gezwungen sein, vorschnell nach einer Trennung eine Berufstätigkeit aufzunehmen. Ihnen steht in der Regel immer das erste Trennungsjahr als Bedenkzeit zu (BGH, Urteil vom 05.03.2008, XII ZR 22/06). Wegen des Grundsatzes der Eigenverantwortung sollten Sie sich aber rechtzeitig im ersten Trennungsjahr auf dem Arbeitsmarkt orientieren. Waren Sie lange Hausfrau, ist es unter Umständen ratsam, beim Arbeitsamt oder über andere Angebote Fortbildungsmaßnahmen wahrzunehmen, um sich so auf den Stand der aktuellen Entwicklung zu bringen. Waren Sie nur kurz verheiratet (weniger als fünf Jahre), sind die finanziellen Verhältnisse beengt und betreuen Sie kein Kind, müssen Sie schon vor Ablauf des Trennungsjahres nach einer Arbeit suchen (BGH, Urteil vom 29.11.2000, XII ZR 212/98).

ACHTUNG

SIE KÖNNEN AUCH SOFORT NACH DER TRENNUNG WIEDER ARBEITEN

Das ist allerdings nicht falsch zu verstehen. Kein Mensch hindert Sie daran, sich gleich nach der Trennung um eine Arbeit zu kümmern oder Ihre bisherige Arbeit auszuweiten. In vielen Fällen führt die Berufstätigkeit sogar zu einer Entspannung der Trennungssituation. Die Arbeit gibt Ihnen eine Aufgabe und damit häufig auch Befriedigung und Selbstwertgefühl. Zudem ist es für Ihren Ehemann sehr viel schwerer, Sie zu schikanieren, wenn Sie finanziell nicht so abhängig von ihm sind. (Bei Trennungsunterhalt gibt es nur eine Anspruchsgrundlage: § 1361 BGB.)

Nachehelicher Unterhalt

Der nacheheliche Unterhalt steht unter dem Grundsatz der Eigenverantwortung. Die Unterhaltsreform, die seit 01.01.2008 gilt, betont dies ausdrücklich. § 1569 Satz 1 BGB wurde neu gefasst und lautet jetzt wie folgt: „Nach der Scheidung obliegt es jedem Ehegatten, selbst für seinen Unterhalt zu sorgen."

Allerdings wirkt auch hier die persönliche Verantwortung der Ehegatten füreinander fort. Ob Sie nach der Scheidung einen Unterhaltsanspruch gegen Ihren Ehemann haben, richtet sich danach, ob einer der Unterhaltstatbestände auf Sie zutrifft. Es gibt sieben verschiedene nacheheliche Unterhaltstatbestände:

- Betreuungsunterhalt (§ 1570 BGB)
- Unterhalt wegen Alters (§ 1571 BGB)
- Unterhalt wegen Krankheit oder Gebrechen (§ 1572 BGB)
- Erwerbslosenunterhalt (§ 1573 Abs. 1 BGB)
- Aufstockungsunterhalt (§ 1573 Abs. 2 BGB)
- Ausbildungsunterhalt (§ 1575 BGB)
- Billigkeitsunterhalt (§ 1576 BGB)

Einer dieser Unterhaltstatbestände muss zum Zeitpunkt der Rechtskraft Ihrer Ehescheidung bestehen, dann können sich diese Unterhaltsansprüche auch aneinanderreihen (Unterhaltskette).

SO KÖNNTE EINE UNTERHALTSKETTE AUSSEHEN BEISPIEL

Nach der Scheidung können Sie nicht arbeiten, weil Sie krank sind. Sie haben Anspruch auf Krankheitsunterhalt. Wenn Sie danach keine Arbeit finden, steht Ihnen Erwerbslosenunterhalt zu. Irgendwann haben Sie ein Alter erreicht, in dem von Ihnen keine berufliche Tätigkeit mehr erwartet werden kann. Nun haben Sie Anspruch auf Altersunterhalt. Wenn bei Rechtskraft der Ehescheidung kein Unterhaltstatbestand erfüllt ist, ist Ihr Unterhaltsanspruch grundsätzlich erloschen.

Es gibt allerdings einige Ausnahmefälle, in denen Ihnen auch dann ein nachehelicher Unterhalt zusteht, wenn die Unterhaltskette nicht erfüllt ist:

- Wenn Ihr Kind erneut betreuungsbedürftig wird und die Voraussetzungen für den Betreuungsunterhalt nach § 1570 BGB noch gegeben sind, haben Sie wieder Anspruch auf Betreuungsunterhalt.
- Wenn Sie nur scheinbar wirtschaftlich unabhängig waren, weil beispielsweise eine schon vorhandene Krankheit erst kurz nach Rechtskraft der Scheidung ausbricht.
- Wenn Ihr Einkommen aus einer Berufstätigkeit nicht nachhaltig gesichert war (§ 1587 Abs. 4 Satz 1 BGB).
- Wenn Ihr Betreuungsunterhaltsanspruch (§ 1570 BGB) nach Auflösung Ihrer zweiten Ehe wieder auflebt (§ 1586 a Abs. 1 BGB).

Das bedeutet jedoch nicht, dass Sie nie mehr einen Unterhaltsanspruch haben, wenn bei der Scheidung Ihr Ehemann ohne Einkommen war oder Sie nicht bedürftig waren (OLG München, Entscheidung vom 28.09.1992, 12 WF 991/92), weil Sie eigenes Einkommen hatten. Es kommt nicht auf die damalige Bedürftigkeit bzw. Leistungsfähigkeit an, sondern darauf, ob die Voraussetzungen der Unterhaltstatbestände an sich erfüllt waren.

ACHTUNG

MACHEN SIE IHREN UNTERHALTSANSPRUCH GELTEND

Wenn Ihr Ehemann keinen oder zu wenig Unterhalt zahlt, dürfen Sie auf keinen Fall zu lange damit warten, Ihre nachehelichen Unterhaltsansprüche gerichtlich geltend zu machen. Denn für die Zeit, die länger als ein Jahr vor Klageeinreichung zurückliegt, können Sie Unterhalt nur dann bekommen, wenn sich Ihr Ehemann seinen Unterhaltsverpflichtungen absichtlich entzogen hat (§ 1585 b Abs. 3 BGB).

Ich betreue unsere Kinder – ab wann muss ich arbeiten?

Wenn Sie Kinder betreuen, geht es um die Frage, ob Ihnen Betreuungsunterhalt (§ 1570 BGB) zusteht. Dieser wurde durch die Unterhaltsreform zum 01.01.2008 völlig neu geregelt. Das BVerfG hatte im Februar 2007 entschieden, dass jeder Mutter – egal ob verheiratet oder nicht – für eine gleich lange Zeit Betreuungsunterhalt zustehen muss. Umgekehrt gilt auch, dass jedes Kind in den ersten drei Lebensjahren Anspruch darauf hat, von seiner Mutter betreut zu werden. Beim Betreuungsunterhalt steht das Kindeswohl im Vordergrund, der Grundsatz der Eigenverantwortung tritt zurück. Bei der Neuregelung werden drei aufeinander aufbauende Phasen auf Betreuungsunterhalt unterschieden:

- Der Basisunterhalt für die ersten drei Lebensjahre
- Der verlängerte Basisunterhalt wegen „kindbezogener Belange“
- Der ausgeweitete Basisunterhalt wegen ehelicher Solidarität

Der Basisunterhalt (§ 1570 Abs. 1 Satz 1 BGB) wird für die ersten drei Lebensjahre des Kindes geschuldet. In dieser Zeit kann niemand von Ihnen verlangen, dass Sie arbeiten. Er kann verlängert werden (§ 1570 Abs. 1 Satz 2 und 3 BGB), wenn es der Billigkeit entspricht. Bei der Beurteilung kommt es auf die Belange des Kindes, aber auch auf die konkreten Betreuungsmöglichkeiten an. Die Gesamtentwicklung des Kindes bis zu seiner Volljährigkeit ist zu beachten. Kein Billigkeitsgrund ist, wenn Sie persönlich den Wunsch haben, die Kinder länger als die ersten drei Jahre selbst zu betreuen. Der Vorrang der persönlichen Betreuung durch Sie wurde mit der Unterhaltsreform für Kinder, die älter als drei Jahre sind, aufgegeben (BGH, Urteil vom 15.09.2010, XII ZR 20/09). Es ist immer zu prüfen, welche anderen Betreuungseinrichtungen zur Verfügung stehen. Als Betreuungsmöglichkeiten gelten:

- Kindergärten
- Kinderhorte
- Schulen
- Tagespflege
- Private Betreuungseinrichtungen

DER BETREUUNGSUNTERHALT DIENT DEM KIND ACHTUNG

Auf die Betreuung durch Großeltern oder Angehörige können Sie nur verwiesen werden, wenn diese Personen während der Ehe auch schon an der Betreuung beteiligt waren. Ihr Mann kann Sie nicht einfach zu mehr Arbeit „zwingen", indem er Ihnen anbietet, das Kind könne von ihm selbst, seinen Eltern oder anderen Angehörigen betreut werden. Es muss geprüft werden, ob dies eine adäquate Betreuungsmöglichkeit für das Kind ist; es kommt hierbei nicht zuletzt auf das Verhältnis zu den Großeltern an und inwieweit diese den Erziehungsstil der Mutter respektieren. Ihr Mann darf dieses Angebot insbesondere nicht mit dem Ziel machen, weniger Ehegattenunterhalt bezahlen zu wollen (BGH, Urteil vom 15.09.2010, XII ZR 20/09).

Das Gesetz gibt keine ausdrücklichen Altersgrenzen vor, ab wann Sie verpflichtet sind, ganz oder teilweise in den Beruf zurückzukehren. Billigkeitsgründe, die zu einer eingeschränkten Arbeitsverpflichtung und einem verlängerten Betreuungsunterhalt führen, können zum Beispiel die folgenden sein:

- Die Betreuung mehrerer Kinder
- Erkrankungen der Kinder
- Betreuungsbedürftigkeit wegen schwieriger Trennungssituation
- Fremdbetreuung, die dem Kindeswohl nicht entspricht
- Unpassendes zeitliches Angebot des Kindergartens
- Größere Entfernung zur Betreuungseinrichtung
- Erhöhte Anforderungen im Zusammenhang mit dem Schulübertritt
- Beanspruchung des Kindes in der höheren Schule
- Freizeitgestaltung der Kinder
- Wahrnehmung von Arztterminen

Wichtiges Argument kann auch die Entscheidung über den Umfang der Fremdbetreuung der Kinder (Kindergarten, Hort, Mittagsbetreuung) vor der Trennung sein oder das von Ihnen aufgrund der ehelichen Rollenwahl gebildete Vertrauen in die Entwicklung Ihrer eigenen Berufstätigkeit (BGH, Urteil vom 18.03.2009, XII ZR 74/08). Haben Sie sich gemeinsam gegen diese Möglichkeiten entschieden, können Sie nach der Trennung nicht sofort zur Inanspruchnahme derselben gezwungen werden. Die gemeinsame Entscheidung wirkt fort. Diese Umstände sind zu berücksichtigen, wenn es um die Bemessung der zumutbaren Arbeitszeit eines alleinbetreuenden Elternteils geht. Ihnen muss nach der Arbeit noch ausreichend Kraft bleiben, um den Belangen des Kindes nachkommen zu können. Ebenso dürfen Beruf und Kinderbetreuung nicht dazu führen, dass der Elternteil persönlich keine Freizeit mehr hat (OLG Düsseldorf, Beschluss vom 16.10.2008, 7 UF 119/08; BGH, Urteil vom 16.07.2008, XII ZR 109/05; BGH, Urteil vom 18.03.2009, XII ZR 74/08).

Die Darlegungs- und Beweislast für die Umstände, die eine Verlängerung des Betreuungsunterhalts rechtfertigen, müssen vom Unterhaltsbedürftigen, das heißt von Ihnen, dargelegt und bewiesen werden (BGH, Urteil vom 15.09.2010, XII ZR 20/09).

Die gesetzliche Neuregelung besagt nicht, dass Sie von heute auf morgen wieder zu einer Vollzeittätigkeit verpflichtet sind (BT-DS 16/6980 S. 9). Wie bisher wird ein gestufter Übergang im Interesse der Kinder möglich sein. Wenn Sie allerdings schon während der ersten drei Lebensjahre Ihres Kindes gearbeitet haben, dann wird von Ihnen sicher eher eine Ausdehnung der Berufstätigkeit erwartet werden.

Seit dem 01.01.2008 sind eine Vielzahl von Entscheidungen zu der Frage ergangen, ab wann und in welchem Umfang eine Berufstätigkeit aufzunehmen ist. Es handelt sich dabei immer um Einzelfallentscheidungen.

Wichtig ist, dass der pauschale Verweis auf das Alter des Kindes nicht genügt, um eine Vollzeittätigkeit abzuwehren. Ihr Anwalt muss im Verfahren etwas zu den konkreten Betreuungsbedürfnissen Ihres Kindes vortragen. Ebenso ist es zweckmäßig, dass er Ihre Doppelbelastung (Kinderbetreuung/Berufstätigkeit) genau schildert.

BEREITEN SIE DAS GESPRÄCH MIT DEM RECHTSANWALT GUT VOR ACHTUNG

Damit Ihr Rechtsanwalt gut für Sie argumentieren kann, sollten Sie sich genau über die Betreuungsmöglichkeiten in Ihrer Umgebung erkundigen. Bringen Sie zum Gespräch mit ihm die verschiedenen Unterlagen der Betreuungsstellen mit, aus denen Öffnungszeiten und Kosten hervorgehen. Fahren Sie auch die Strecke zwischen Wohnung, Betreuungsstätte und Arbeitsplatz ab, damit Sie wissen, welcher zeitliche Aufwand damit verbunden ist. Holen Sie im Kindergarten/Hort, aber auch bei der Schule genaue Auskünfte über Mittagsbetreuung etc. ein. Erstellen Sie außerdem eine Art Stundenplan (Montag bis Freitag), der Ihren Tagesablauf sowie die Verpflichtungen der Kinder an jedem einzelnen Tag aufzeigt.

Der Betreuungsunterhalt kann für geschiedene Ehegatten zudem aus Billigkeitsgründen (§ 1570 Abs. 2 BGB) noch länger bestehen als die Ansprüche nach § 1570 Abs. 1 BGB. Dabei geht es nicht um „kindbezogene“ Aspekte, sondern um Gründe, die sich für Sie persönlich aus der ehelichen Solidarität ergeben. Haben Sie sich auf die Rollenverteilung verlassen und sind deshalb nicht in Ihren Beruf zurückgekehrt, dann kann Ihnen für eine längere Zeit Betreuungsunterhalt zustehen - auch wenn Ihre Kinder schon älter sind. Ob der Anspruch verlängert wird, hängt zum Beispiel von folgenden Kriterien ab:

- Dauer der Ehe
- Rollenverteilung
- Art und Umfang der Berufstätigkeit
- Gestaltung der Kinderbetreuung

Für den Trennungsunterhalt ist es egal, ob die Kinder, die Sie betreuen, von Ihrem Ehemann stammen oder nicht. Nachehelichen Betreuungsunterhalt schuldet Ihr Ehemann aber nur für die Betreuung gemeinsamer Kinder. Gebären Sie nach der Trennung ein Kind von einem anderen Mann, haben Sie gegen den Vater auch einen Unterhaltsanspruch (§ 1615 l BGB) - mindestens für die ersten drei Jahre. Die beiden Väter müssen sich Ihren Unterhaltsanspruch dann teilen. In welchem Verhältnis, hängt davon ab, wie alt die Kinder sind. Leben Sie mit dem anderen Mann zusammen, kann es auch sein, dass Ihr früherer Ehemann gar keinen oder nur einen sehr geringen Anteil des Unterhalts bezahlen muss, weil der Unterhaltsanspruch gemäß § 1579 BGB verwirkt ist.

Wenn Sie arbeiten, werden von Ihrem Einkommen die Kosten abgezogen, die durch die Kinderbetreuung entstanden sind. Haben Sie keine Kosten, weil die Kinder zum Beispiel von Ihren Eltern betreut werden, kann das dazu führen, dass die so ersparten Kosten fiktiv von Ihrem Einkommen abgezogen werden. Ihr Mann soll durch diese freiwilligen Leistungen nicht beim Unterhalt entlastet werden (OLG München, Urteil vom 04.06.2008, 12 UF 1125/07). Wie viel vom Einkommen in die Unterhaltsberechnung einfließt, hängt damit zusammen, ob die Berufstätigkeit Ihnen trotz der Kinderbetreuung einen besonders hohen Einsatz abverlangt. Dies würde durch den Abzug eines Betreuungsbonus honoriert. Auch das Alter Ihrer Kinder spielt eine Rolle. Durch die Neugestaltung des Betreuungsunterhalts sind die Gerichte aber bei der Höhe des Bonus eher zurückhaltend, weil sie ja früher verpflichtet sind, in den Beruf zurückzukehren.

Für den Betreuungsbonus ist der im Detail nicht messbare Mehraufwand durch die Doppelbelastung anzusetzen. Versuchen Sie dennoch zu argumentieren. Die Berufstätigkeit neben der Kinderbetreuung war und ist eine Doppelbelastung. Auch nach den Gesetzesmaterialien sind die Betreuungskosten in Abzug zu bringen. Für die persönliche Doppelbelastung kann der Betreuungsbonus verlangt werden, ähnlich dem 1/7- bzw. 1/10-Erwerbstätigenbonus als Arbeitsanreiz. Hier wird die Argumentation Ihres Anwalts gefragt sein.

Ich finde keine Arbeit, was passiert?

Ihnen steht so lange ein Anspruch auf Unterhalt zu, bis Sie eine angemessene Erwerbstätigkeit gefunden haben (§ 1573 Abs. 1 BGB). Seit der Unterhaltsreform vom 01.01.2008 wurden die Kriterien für eine „angemessene Erwerbstätigkeit“ (§ 1574 BGB) neu gefasst. Der Gesetzgeber stellt den Grundsatz der Eigenverantwortung an die erste Stelle, zudem wurden die Anforderungen, nach der Scheidung wieder zu arbeiten, verschärft. Die Verpflichtung zu arbeiten trifft jeden Ehegatten, auch wenn er dies während der Ehe nicht getan hat. Die Art der Arbeit muss aber angemessen sein, dabei sind folgende Kriterien maßgebend:

- Ausbildung
- Frühere Art der Arbeit
- Fähigkeiten
- Alter
- Gesundheitszustand

Neu ist seit 01.01.2008 das Kriterium „frühere Erwerbstätigkeit“. Die Tätigkeit, die Sie vor der Ehe oder vor Betreuung der Kinder ausgeübt haben, wird von Ihnen deshalb immer verlangt werden können, sie ist stets als angemessen anzusehen. Umgekehrt heißt das: Nur weil Sie eine höhere Berufsqualifikation haben, können Sie es nicht ablehnen, eine geringer qualifizierte Tätigkeit auszuüben, wenn Sie dies früher bereits getan haben (BGH, Urteil vom 06.10.2004, XII ZR 319/01).

Das früher ebenfalls maßgebliche Kriterium „eheliche Lebensverhältnisse“ ist ganz gestrichen worden. Sie können nicht allein deshalb, weil Ihr Ehemann eine gehobene Position ausgeübt hat, eine Berufstätigkeit ablehnen. Gegen eine verfügbare Arbeit lässt sich nun nur noch „einwenden“, dass sie Ihnen nicht zugemutet werden kann. Sie müssen dazu darlegen und beweisen, dass der damit verbundene soziale Abstieg für Sie aufgrund der tatsächlichen Lebensgestaltung während der Ehe nicht hinzunehmen ist. Auch hier spielt die Ehedauer, das Einkommensniveau oder eine starke wirtschaftliche Abhängigkeit eine Rolle.

Die Obliegenheit zur Berufstätigkeit kann ausnahmsweise bei langer Ehe oder guten wirtschaftlichen Verhältnissen eingeschränkt bestehen. Waren Sie lange nicht berufstätig, dann besteht die Obliegenheit zur Umschulung oder Fortbildung (§ 1574 Abs. 3 BGB). Die Kosten können Sie von Ihrem Mann verlangen (§ 1578 Abs. 2 BGB). Es muss für Sie natürlich eine reale Beschäftigungschance auf dem Arbeitsmarkt geben. Im Übrigen trägt der Ehepartner nur dann das Arbeitsplatzrisiko, wenn es in direktem Zusammenhang mit der Ehe (den Ehefolgen) steht, die Voraussetzungen dafür also in der Ehe entstanden sind.

Sie müssen sich nachhaltig um eine Arbeit bemühen. Dabei werden recht hohe Anforderungen an Sie gestellt. Es genügt nicht, sich beim Arbeitsamt zu melden. Sie müssen Ihre ganze Kraft für Bewerbungen einsetzen, dafür müssen Sie übrigens auch Nachweise erbringen. Heben Sie daher alle Anzeigen auf und machen Sie sich von Ihren Bewerbungen Kopien. Nur wenn Sie die nötigen Unterlagen beisammen haben, können Sie im Streitfall belegen, dass Sie alles getan haben, um eine Arbeit zu finden. Die Bewerbungen müssen ernsthaft sein. Es kann auch die Verpflichtung bestehen, in eine andere Stadt zu ziehen, wenn dort die Lage auf dem Arbeitsmarkt besser ist.

Wenn Sie sich nicht nachweislich um Arbeit bemühen, dann werden Sie bei der Berechnung des Unterhalts so behandelt, als würden Sie ein Ihrer Ausbildung und Ihrem Alter entsprechendes Einkommen erzielen. Dieses Einkommen muss also eine reale Grundlage haben und sich an Ihren objektiven und subjektiven Möglichkeiten orientieren (BVerfG, Beschluss vom 18.03.2008, 1 BvR 125/06; Beschluss vom 16.04.2008, 1 BvR 2253/07). Man spricht vom fiktiven Einkommen. Ihr Unterhaltsanspruch kann zeitlich begrenzt oder der Höhe nach reduziert werden (siehe Seite 107ff.).

Was ist, wenn ich auf Wunsch meines Mannes meine Ausbildung abgebrochen habe?

In einem solchen Fall können Sie einen Anspruch auf Ausbildungsunterhalt (§ 1575 BGB) haben. Mit diesem Unterhaltsanspruch sollen ehebedingte Nachteile ausgeglichen werden. Dazu müssen Sie Ihre Schul- oder Berufsausbildung in unmittelbarem Zusammenhang mit der Heirat oder in der Ehe abgebrochen haben (zum Beispiel Geburt eines Kindes, Ortswechsel, Auslandsaufenthalt etc.).

Sie haben dann die Wahl, ob Sie die abgebrochene Ausbildung fortsetzen oder eine neue – allerdings gleichwertige – Ausbildung beginnen. Sie dürfen mit dem Beginn der Ausbildung auf keinen Fall zögern. Wenn Sie jedoch Kinder betreuen, sind Sie erst dann, wenn die Kinder alt genug sind, verpflichtet, die gewählte Ausbildung aufzunehmen. Das Gleiche gilt für den Fall, dass Sie krank sind.

WANN BEKOMME ICH AUSBILDUNGSUNTERHALT? ! ACHTUNG

Haben Sie erst nach der Trennung eine Ausbildung begonnen und abgebrochen, steht Ihnen kein Ausbildungsunterhalt zu (BGH, Urteil vom 08.02.1984, IV b ZR 54/82).

Haben Sie durch die Ehe den Anschluss in Ihrem Beruf verloren, steht Ihnen ein Fortbildungs- bzw. Umschulungsanspruch zu, für dessen Dauer Ihr

Ehemann unterhaltspflichtig ist. Von Ihnen wird dann erwartet, dass Sie die Ausbildung erfolgreich abschließen und damit auch ein entsprechendes, dauerhaftes Einkommen erzielen können. Sie müssen sich deshalb bereits während der Umschulung bzw. Ausbildung um einen sich daran anschließenden Arbeitsplatz bemühen. Der Ausbildungsunterhaltsanspruch kann auch auf den Betreuungsunterhalt folgen.

Wenn Sie allerdings während der Ehe – auch ohne dass Sie eine Ausbildung beendet haben – berufstätig waren und aus dieser Tätigkeit ein angemessenes und sicheres Einkommen erzielen, haben Sie keinen Anspruch darauf, eine „Wunschausbildung“ nachzuholen. Frau Schröder hätte zum Beispiel keinen Anspruch darauf, ihre Ausbildung als Journalistin nachzuholen, weil sie mit ihrer Tätigkeit in der Agentur ein angemessenes Einkommen erzielt.

ACHTUNG

KEIN ANSPRUCH AUF ZWEITAUSBILDUNG

Sie haben nur Anspruch auf eine Erstausbildung, nicht auf eine Zweitausbildung (BGH, Urteil vom 24.04.1985, IV b ZR 9/84). Ebenso kann der Anspruch zeitlich begrenzt oder der Höhe nach reduziert werden.

Ich bin schon 55 Jahre, muss ich trotzdem noch arbeiten?

Sie haben dann Unterhaltsanspruch (§ 1571 BGB), wenn von Ihnen wegen Ihres Alters keine Berufstätigkeit mehr erwartet werden kann. Allerdings gibt es keine festen Altersgrenzen. Es kommt hier sowohl auf Ihren bisherigen Beruf als auch auf die Dauer der Ehe, Dauer der Kinderbetreuung und die berufliche Stellung Ihres Ehemanns an (und natürlich immer auf den Einzelfall). Unter Umständen kommt für Sie auch eine Teilzeitbeschäftigung in Betracht.

Auch wenn Sie schon vor Vollendung des 65. Lebensjahres Rente beziehen, heißt das nicht, dass Sie nicht mehr nebenher arbeiten müssten. Auch dies richtet sich nach dem konkreten Einzelfall. Gerade beim vorzeitigen Ruhestand kann es sein, dass es Ihnen im Rahmen der Hinzuverdienstgrenze zuzumuten ist, eine Nebentätigkeit anzunehmen (BGH, Urteil vom 03.02.1999, XII ZR 146/97). Lediglich wenn erwartungsgemäß in Ihrem Alter in der in Betracht kommenden Berufssparte keine Arbeit gefunden werden kann, dann haben Sie Anspruch auf Altersunterhalt (BGH, Urteil vom 17.03.1999, XII ZR 139/97). Der Altersunterhaltsanspruch kann sich je nach Umstand im Einzelfall an den Betreuungsunterhalt, den Krankheitsunterhalt oder an den Erwerbslosenunterhalt anschließen. Auch dieser Anspruch kann zeitlich begrenzt oder der Höhe nach reduziert werden (siehe Seite 107ff.).

Die Ehe hat mich krank gemacht – ist das ein Grund, Unterhalt zu bekommen?

Wenn Sie durch eine Krankheit an einer Arbeit gehindert sind, haben Sie Anspruch auf Krankheitsunterhalt (§ 1572 BGB). Es spielt keine Rolle, ob die Krankheit durch die Ehe verursacht wurde. Der BGH hat klargestellt, dass eine Krankheit regelmäßig nicht ehebedingt und damit kein ehebedingter Nachteil sein kann (BGH, Urteil vom 30.07.2010, XII ZR 9709). Kranksein alleine reicht aus. Die Krankheit kann durchaus schon bei der Heirat bestanden haben. Krankheiten, die erst nach der Scheidung entstehen, begründen jedoch keinen Unterhaltsanspruch. Der Krankheitsunterhaltsanspruch kann sich an einen Unterhaltsanspruch wegen Kinderbetreuung, Ausbildung und Erwerbslosigkeit anschließen.

ERFÜLLUNG DER UNTERHALTSKETTE ACHTUNG

Wenn Ihr Ehemann bisher aufgrund der Kinderbetreuung Unterhalt bezahlt und Sie deshalb keine Arbeit suchen und dann krank werden, kann die Unterhaltskette dennoch erfüllt sein. Dies wird damit begründet, dass in einem solchen Fall kein Anlass für Erwerbsbemühungen besteht (BGH, Urteil vom 18.10.1989, IV b 89/88; Urteil vom 31.01.1990, XII ZR 36/98).

Kurzfristige Krankheiten reichen nicht aus, um einen Krankheitsunterhaltsanspruch zu begründen. Sie sind immer verpflichtet, alles zu tun, um sich behandeln zu lassen. Zudem müssen Sie ggf. Berufs- oder Erwerbsunfähigkeitsrente beantragen.

Wenn Sie trotz einer bestehenden Krankheit arbeiten, können Sie sich nicht darauf berufen, dass Sie ja an sich gar nicht arbeiten müssten. Haben Sie bei Scheidung eine latente Krankheit, begründet diese nur dann einen Unterhaltsanspruch wegen Krankheit, wenn sie in nahem zeitlichen Zusammenhang (zum Beispiel nach 23 Monaten) mit der Scheidung ausgebrochen ist und zur Erwerbsunfähigkeit geführt hat (BGH, Urteil vom 27.06.2001, XII ZR 135/99).

Wenn Sie meinen, wegen einer Krankheit nicht arbeiten zu können, müssen Sie dies beweisen. Dann muss Ihr Rechtsanwalt bei Gericht im Prozess die verschiedenen Diagnosen der Erkrankung, unter Umständen auch deren genaue zeitliche Entwicklung beschreiben. Es reicht nicht aus, einfach Atteste vorzulegen oder sich generell auf ein Gutachten zu beziehen. Bereiten Sie deshalb in solchen Fällen eine genaue Aufstellung des Krankheitsverlaufs und der verschiedenen Erkrankungen vor – so können Sie Ihren Rechtsanwalt unterstützen.

Im Streitfall wird ein Sachverständigengutachten eingeholt. Wenn der Sachverständige zu dem Ergebnis kommt, dass Sie nicht krank genug sind, werden Sie behandelt, als hätten Sie eine angemessene Arbeit. Voraussetzung ist aber wieder, dass Sie aufgrund Ihres Alters, Ihrer Ausbildung und der Arbeitsmarktlage überhaupt vermittelbar sind. Man spricht auch hier vom fiktiven Einkommen. Selbst wenn Sie krank sind, kann im Einzelfall Ihr Anspruch zeitlich begrenzt oder der Höhe nach reduziert werden (siehe Seite 107ff.).

Mein Mann verdient doppelt so viel wie ich – bekomme ich davon etwas ab?

Wenn Ihr Ehemann mehr verdient als Sie, steht Ihnen Aufstockungsunterhalt zu (§ 1573 Abs. 2 BGB). Dieser Unterhaltsanspruch kommt aber nur in

Betracht, wenn Ihnen kein Unterhalt wegen Alter oder Krankheit zusteht. Der Aufstockungsunterhalt kann den Betreuungsunterhalt ablösen oder ergänzen, wenn Sie zwar Kinder betreuen, diese aber schon so alt sind, dass Sie auch (zeitweise) arbeiten müssten. Mit dem Aufstockungsunterhalt soll es Ihnen ermöglicht werden, Ihren bisherigen Lebensstandard aufrechtzuerhalten (Lebensstandardgarantie). Außerdem soll der Nachteil ausgeglichen werden, der sich für Sie durch eine schlechter bezahlte Arbeitsstelle unter Umständen ergibt.

Seit der Unterhaltsreform zum 01.01.2008 haben sich wegen des Grundsatzes der Eigenverantwortung und der Obliegenheit zur Berufstätigkeit allerdings die Kriterien, welche Arbeit Sie aufnehmen müssen, verschärft. Auch besteht nicht in allen Fällen ein dauerhafter Anspruch auf den bisherigen Lebensstandard; dieser Anspruch kann zeitlich begrenzt oder der Höhe nach reduziert werden (siehe Seite 107ff.). Eine sofortige Reduzierung des Aufstockungsunterhalts ab Rechtskraft der Scheidung bzw. der sofortige Wegfall ist vom Gesetz her nicht vorgesehen.

Billigkeitsunterhalt, was ist das?

Wenn keiner der zuvor besprochenen sechs Unterhaltstatbestände auf Sie zutrifft, ist es möglich, dass Sie aus „Billigkeitserwägungen" dennoch einen Unterhaltsanspruch haben (§ 1576 BGB). Das kann vor allem dann sein, wenn Sie während der Ehedauer besondere Leistungen erbracht haben (zum Beispiel große Vermögensopfer für Ihren Ehemann, Pflege naher Angehöriger Ihres Ehemanns) oder wenn Sie im Interesse Ihres Ehemanns mehrfach umgezogen sind und deshalb Ihre Arbeit aufgeben mussten.

Dies gilt ebenfalls in Fällen, in denen Sie die Kinder Ihres Ehemanns aus erster Ehe oder Pflegekinder großgezogen haben. Es würde gegen das Gerechtigkeitsempfinden verstoßen, wenn Sie trotz dieser Gründe keinen Unterhalt bekämen. Auch dieser Unterhaltsanspruch wird durch den Grundsatz der Eigenverantwortung geprägt, das bedeutet, Sie müssen zunächst nachweisen, dass Sie Ihre Verpflichtung zur Berufstätigkeit nicht erfüllen können. Ebenso kann dieser Anspruch zeitlich begrenzt oder der Höhe nach reduziert werden (siehe Seite 107ff.).

Was passiert, wenn mein Mann aufhört zu arbeiten oder weniger verdient?

So wie Sie verpflichtet sind, Ihre ganze Arbeitskraft nach Ihren Möglichkeiten auszuschöpfen, so ist auch Ihr Ehemann dazu verpflichtet. Oft ist es aber gerade bei Selbstständigen schwer zu beweisen, dass ein Ehemann nur deshalb weniger verdient, damit er weniger an seine Frau bezahlen muss.

Arbeitsplatzverlust

Wenn Ihr Ehemann seinen Arbeitsplatz verliert, kommt es auf den Grund an. Hat er seinen Arbeitsplatz mutwillig aufgegeben, um keinen Unterhalt mehr zahlen zu müssen, wird er weiter so behandelt, als hätte er noch sein früheres Einkommen (fiktives Einkommen) (BGH, Urteil vom 06.02.2008, XII ZR 14/06). Er muss dabei in Hinblick auf seine Unterhaltsverpflichtung verantwortungslos oder zumindest leichtfertig gehandelt haben. Die mutwillige Arbeitsplatzaufgabe ist in der Praxis nur äußerst schwer zu beweisen.

ACHTUNG

DAS FIKTIVE EINKOMMEN MUSS REALE GRUNDLAGEN HABEN

Sie können nur dann fiktiv vom früheren Einkommen Ihres Ehemanns ausgehen, wenn es bei der Ehescheidung dafür Anknüpfungspunkte in der Vergangenheit gab. Es reicht also nicht aus, dass er eigentlich mehr verdienen könnte, wenn er voll arbeiten würde. Er muss das fiktive Einkommen während der Ehezeit über einen längeren Zeitraum tatsächlich verdient haben. Das bedeutet, dass die Familie von einem solchen höheren Einkommen einmal gelebt haben muss.

Grund für diese Einschränkung ist wieder der Grundsatz, dass nur das Einkommen verteilt werden kann, das während des ehelichen Zusammenlebens zur Verfügung stand.

Hausmann

Ihr Ehemann kann mit der Begründung, er habe jetzt eine neue Familie und seine neue Frau gehe eben arbeiten, nicht einfach seinen Arbeitsplatz aufgeben. Er darf einen solchen Entschluss nicht zu Lasten seiner ersten Familie treffen. Dann wird er so behandelt, als würde er weiterhin über das alte Einkommen verfügen. War der Rollentausch gerechtfertigt, zum Beispiel weil der neue Ehegatte wesentlich besser verdient, dann besteht dennoch die Pflicht, eine Nebentätigkeit aufzunehmen und die eigenen Hausmannstätigkeit einzuschränken, damit der Betreffende den Unterhalt der minderjährigen Kinder und ggf. Ihren Unterhalt sichern kann. Sein gesamtes Einkommen muss in diesem Fall für den Unterhalt eingesetzt werden, wenn durch das Einkommen des neuen Ehegatten der eigene Selbstbehalt gesichert ist (BGH, Urteil vom 12.04.2006, XII ZR 31/04).

Auch der Anspruch auf Taschengeld muss für den Unterhalt eingesetzt werden. Bezieht der Ehegatte wegen der Betreuung eines neuen Kindes Elterngeld, muss er damit – soweit es mehr als das Mindestelterngeld von 300 Euro bzw. bei Verlängerung des Bezugszeitraums von 150 Euro ausmacht – auch den Unterhalt finanzieren. Zu einer weiteren Nebentätigkeit ist er in diesem Fall nicht verpflichtet. Ist das Elterngeld höher – maximal 1.800 Euro –, so ist der überschießende Betrag bei der Ermittlung der Leistungsfähigkeit als Einkommen zu berücksichtigen. Seit dem 01.01.2008 gilt bei den Unterhaltsberechtigten eine geänderte Reihenfolge. Ein solcher Rollenwechsel Ihres Mannes führt in der Praxis häufig dazu, dass er nur noch Kindesunterhalt für Ihre gemeinsamen Kinder bezahlen kann und nicht mehr für Sie.

Wie berechnet sich der Unterhalt?

Die Höhe Ihres Unterhalts richtet sich nach den ehelichen Lebensverhältnissen. Egal ob es um den Trennungs- oder nachehelichen Unterhalt geht, es wird das Geld verteilt, das während des Zusammenlebens zur Verfügung stand. Dieses Einkommen wird, wenn der Kindesunterhalt abgezogen ist, zwischen Ihnen und Ihrem Mann geteilt. Dabei wird der Halbteilungsgrundsatz befolgt.

Bei der Ermittlung dieser ehelichen Lebensverhältnisse wird für den Trennungsunterhalt zunächst der Zeitpunkt der Trennung und für den nachehelichen Unterhalt der Zeitpunkt der Scheidung berücksichtigt. Allerdings können auch Veränderungen nach der Scheidung – positive oder negative – Einfluss auf die ehelichen Lebensverhältnisse haben, sie sind nach der Rechtsprechung des BGH „wandelbar". Das gilt zum Beispiel für neue Unterhaltsverpflichtungen gegenüber weiteren Kindern einschließlich adoptierter, neuer Ehefrauen oder Partnerinnen oder neuer Verbindlichkeiten. Letztere spielen nur dann keine Rolle, wenn sie unterhaltsrechtlich leichtfertig eingegangen werden.

Prägendes Einkommen

Anders als beim Kindesunterhalt wird der Ehegattenunterhalt nicht unbedingt nach sämtlichen Einkünften der Ehegatten berechnet. Hier kann nur das prägende Einkommen herangezogen werden. Dazu zählt all das, was Ihnen während des Zusammenlebens zur Verfügung stand bzw. für die Zukunft zu erwarten war.

Macht Ihr Ehemann nach der Scheidung plötzlich einen unerwarteten Karrieresprung, haben Sie keinen Anspruch auf höheren Unterhalt (zuletzt BGH, Urteil vom 28.02.2007, XII ZR 37/05; Urteil vom 23.05.2007, XII ZR 245/04). Wenn es sich um eine normale Beförderung handelt, haben Sie auf jeden Fall daran teil. Das Gleiche gilt für übliche Gehaltserhöhungen oder -minderungen.

Wenn Kreditraten oder Kindesunterhalt nach der Scheidung wegfallen, erhöht dies Ihren Unterhaltsanspruch, weil dadurch die Verteilungsmasse größer wird.

Heiratet Ihr Mann noch einmal und hat wieder Steuerklasse 3, dann kann dieser Steuervorteil nach der neuen Rechtsprechung für Ihren Unterhalt herangezogen werden (BGH, Urteil vom 30.07.2008, XII ZR 177/06; Urteil vom 17.09.2008, XII ZR 72/06), wenn durch die Dreiteilung bei der Unterhaltsberechnung Ihr Anspruch sinkt.

Mit dem 13.06.2001 hat sich die Rechtsprechung des BGH (Urteil vom 13.06.2001, XII ZR 343/99) zum Unterhalt grundlegend geändert. Im Gegensatz zu der Zeit davor spielt es jetzt keine Rolle mehr, ob eine Frau vor oder nach der Trennung bzw. Scheidung eine Berufstätigkeit aufgenommen hat. Diese Tätigkeit wird als „Surrogat" für die frühere Kinderbetreuung oder Haushaltsführung angesehen.

Nach der alten Anrechnungsmethode wurde das von der Frau nach Trennung oder Scheidung erzielte Einkommen zugunsten ihres Mannes einfach vom Unterhalt abgezogen. Es war „nichtprägend“, weil es während des Zusammenlebens noch nicht zur Verfügung gestanden hat. Die Männer hatten plötzlich mehr Geld für sich zur Verfügung als während der Ehe. Um dieses Missverhältnis zu vermeiden, wird Ihr Einkommen – egal ob „neu“ oder „alt“ – über die Anwendung der Differenzmethode (die auch Additionsmethode genannt wird) bei der Unterhaltsberechnung berücksichtigt.

Durch diese Berechnung wurde der Unterhaltsanspruch – vor allem dann, wenn Sie über mehr eigenes Einkommen verfügten, höher als früher. Das führte dazu, dass für die Zweitfamilie oft sehr viel weniger Geld zur Verfügung stand. Aus dem Grund wurde das Unterhaltsrecht zum 01.01.2008 reformiert.

Was gehört zum eheprägenden Einkommen?

- Haushaltsführung in der Ehe
- Aufnahme oder Ausweitung einer Erwerbstätigkeit nach der Trennung bzw. Scheidung bei Haushaltsführung in der Ehe
- Übliche Einkommenserhöhung nach Trennung und Scheidung
- Übliche Einkommensreduzierung nach Trennung und Scheidung, zum Beispiel durch unverschuldete Arbeitslosigkeit, Verrentung
- Regelbeförderung oder üblicher beruflicher Aufstieg nach Trennung und Scheidung
- Renteneinkommen, auch wenn es auf Versorgungsausgleich beruht
- Fiktive Einkommen des Ehemanns und der Ehefrau bei Verletzung der Verpflichtung zur Erwerbstätigkeit
- Haushaltsführung für einen neuen Partner

- Steuerklassenänderung, Änderung der Vorsorgeaufwendungen und berufsbedingten Aufwendungen
- Unterhaltspflichten gegenüber Kindern
- Verbindlichkeiten sowie vermögensbildende Aufwendungen in angemessener Höhe
- Wegfall von Verbindlichkeiten und Kindesunterhalt
- Wohnwert nach Abzug von Zins und Tilgung, an deren Stelle tretende Zinseinkünfte nach Verkauf der Immobilie
- Zinsen aus der Zugewinnausgleichszahlung

Überobligatorische Tätigkeit

Wenn Sie bereits während der Ehe gearbeitet haben, obwohl Sie wegen des Alters Ihrer Kinder dazu nicht verpflichtet waren, oder nach der Trennung aus Not eine Berufstätigkeit angenommen haben, spricht man von überobligatorischer Tätigkeit. Bisher war es so, dass ein Einkommen daraus nicht immer vollständig in die Unterhaltsberechnung eingegangen ist. Vor allem wenn eine Frau Kinder betreut und daneben arbeitet, haben viele Gerichte einen Teil des Einkommens als „Betreuungsbonus" nicht berücksichtigt.

Mit der Unterhaltsreform vom 01.01.2008 wurde dies neu geregelt. Danach ist jede Mutter grundsätzlich dazu verpflichtet, ab dem dritten Geburtstag des Kindes – unter Berücksichtigung der vorhandenen Betreuungsmöglichkeiten – wieder zu arbeiten. Konkrete Betreuungskosten sind von Ihrem Einkommen abzuziehen. Wenn die Doppelbelastung Beruf/Kinderbetreuung genau dargelegt wird, bleibt ein Teil Ihres Einkommens als Betreuungsbonus unberücksichtigt (siehe Seite 83). Wenn Ihr Kind allerdings noch nicht drei Jahre alt ist, wird nach wie vor nur ein Teil Ihres Einkommens berücksichtigt.

Denken Sie bei Ihrer Zusammenstellung der anfallenden Betreuungskosten auch an die Fahrtkosten, die in den meisten Fällen unweigerlich entstehen, weil Sie ja nicht nur zur Arbeit fahren müssen. Sie bringen darüber hinaus Ihr Kind zum Beispiel zum Kindergarten, in den Hort oder zur Tagesmutter.

BEISPIELRECHNUNG FÜR DEN UNTERHALT BEISPIEL

Ihr Mann hat nach Abzug des Kindesunterhalts ein Nettoeinkommen von 1.500 Euro, Sie verdienen aus einer Teilzeittätigkeit 700 Euro und betreuen das zweijährige gemeinsame Kind. Von Ihrem Einkommen wird nur ein Teil, zum Beispiel 50 Prozent berücksichtigt. Übrig bleiben dann 350 Euro.

Nach DT mit 1/7

3/7 (1.500 Euro – 350 Euro) = 493 Euro Unterhalt

Nach Süddeutschen Leitlinien mit 1/2

1/2 (9/10 1.500 Euro + 9/10 350 Euro) = 833 Euro Unterhaltsbedarf

833 Euro – 9/10 von 350 Euro (eigenes Einkommen) = 518 Euro Unterhalt

Wenn die Kinder beim Mann leben, wird ihm – je nach Alter der Kinder – auch ein solcher Betreuungsbonus vom Einkommen abgezogen, bevor der Unterhaltsanspruch für die Frau berechnet wird. Wie hoch dieser Bonus ist, hängt von den Umständen im Einzelfall ab.

Nichtprägendes Einkommen

Die Fälle, in denen man von nichtprägendem Einkommen spricht, sind durch die neue Rechtsprechung sehr selten geworden. Dies kann zum Beispiel der Fall sein, wenn Sie oder Ihr Mann nach der Trennung erben, eine größere Schenkung erhalten oder im Lotto gewinnen und aus dem neuen Vermögen Einkommen erhalten, etwa Zinsen oder Mieteinnahmen. Sie können sich dann nicht darauf berufen, dass Sie dieses Vermögen, das Sie von dritter Seite bekommen haben, ganz für sich behalten wollen. Es wird von Ihrem Unterhaltsanspruch im Wege der Anrechnungsmethode abgezogen.

ACHTUNG

SIE MÜSSEN IHR VERMÖGEN GEWINNBRINGEND ANLEGEN

Sie sind verpflichtet, Ihr Vermögen so gewinnbringend wie möglich anzulegen. Überlegen Sie daher genau, was Sie mit neuem Vermögen machen.

Berechnungsmethoden

Ihr Unterhaltsanspruch nach den ehelichen Lebensverhältnissen wird heute meist mithilfe der Düsseldorfer Tabelle und der Leitlinien der Oberlandesgerichte berechnet. Das Ergebnis ist der sogenannte Quotenunterhalt. Nachdem das maßgebliche Einkommen ermittelt ist (siehe Seite 45ff.) und die berufsbedingten Aufwendungen berücksichtigt sind, wird beim nichtbetreuenden Elternteil der Kindesunterhalt abgezogen. Anschließend wird jedem Ehegatten bezüglich des Einkommens aus seiner Berufstätigkeit ein Erwerbstätigenbonus zugestanden. Dieser beträgt nach der DT 1/7, in Süddeutschland hingegen nur 1/10.

Bei allen anderen Einkünften, darunter zum Beispiel Kapitalvermögen, Mieteinnahmen, Renten oder mietfreies Wohnen, erfolgt dieser 1/7- bzw. 1/10-Abzug nicht. Für diese Einkünfte gilt der Halbteilungsgrundsatz fünfzig zu fünfzig. Für den Fall, dass Sie nicht arbeiten, stehen Ihnen daher 3/7 bzw. 9/20 des bereinigten Arbeitseinkommens und darüber hinaus die Hälfte des übrigen Einkommens Ihres Ehemanns als Unterhalt zu.

Unterhaltsberechnung bei der Alleinverdienerehe

Anrechenbares Nettoeinkommen Ehemann (wie ermittelt)	_____ Euro
Abzüglich Kindesunterhalt (Zahlbetrag)	_____ Euro
= bereinigtes Nettoeinkommen	_____ Euro
Davon 3/7 = Unterhaltsanspruch	_____ Euro

Nach den Süddeutschen Leitlinien gilt Folgendes:

Anrechenbares Nettoeinkommen Ehemann (wie ermittelt)	_____ Euro
Abzüglich Kindesunterhalt	_____ Euro
= bereinigtes Nettoeinkommen	_____ Euro
Davon 9/20 = Unterhaltsanspruch	_____ Euro

Beachten Sie: Der Erwerbstätigenbonus von 1/7 bzw. 1/10 bezieht sich nur auf das Arbeitseinkommen. Hat Ihr Ehemann noch weitere Einkünfte, steht Ihnen die Hälfte davon zu.

Differenz- bzw. Additionsmethode

Diese Methode wird für alle prägenden Einkünfte angewendet. Der Unterhaltsbedarf wird aus dem Einkommen beider Ehegatten ermittelt.

BEISPIEL FÜR EINE UNTERHALTSBERECHNUNG BEISPIEL

Ihr Ehemann hat nach Abzug der berufsbedingten Aufwendungen und des Kindesunterhalts ein Einkommen in Höhe von 2.000 Euro. Sie betreuen den achtjährigen Sohn (dritte Klasse), arbeiten wie vor der Trennung Teilzeit und verdienen 1.053 Euro im Monat.

Einkommen Ehemann	2.000 Euro	
Einkommen Ehefrau		
Aus Arbeit		1.053 Euro
Abzüglich 5 % berufsbedingte Aufwendungen		– 53 Euro
Ergibt		1.000 Euro

Nach DT mit 1/7 Erwerbstätigenbonus und Differenzmethode

3/7 x (2.000 Euro – 1.000 Euro) = 429 Euro Ehegattenunterhalt

Nach Süddeutschen Leitlinien mit 1/10 und Additionsmethode

1. Stufe (Bedarf): 1/2 x (9/10 x 2.000 Euro + 9/10 x 1.000 Euro) = 1.350 Euro

2. Stufe (Höhe des Unterhalts): 1.350 Euro – 9/10 x 1.000 Euro = 450 Euro Ehegattenunterhalt

Wenn Sie später mehr arbeiten, wird auch das neue Einkommen auf diese Art und Weise in die Rechnung eingehen.

Unterhaltsberechnung nach Differenz- bzw. Additionsmethode

Anrechenbares Nettoeinkommen Ehemann (wie ermittelt)	_____ Euro
Abzüglich Kindesunterhalt (Zahlbetrag)	_____ Euro
= bereinigtes Nettoeinkommen	_____ Euro
Abzüglich anrechenbares Nettoeinkommen Ehefrau	_____ Euro
Ergibt eine Differenz von	_____ Euro
Davon 3/7 = Unterhaltsanspruch	_____ Euro

Nach den Süddeutschen Leitlinien

Anrechenbares Nettoeinkommen Ehemann (wie ermittelt)	_____ Euro
Abzüglich Kindesunterhalt	_____ Euro
= bereinigtes Nettoeinkommen Ehemann	_____ Euro
Anrechenbares Nettoeinkommen Ehefrau (wie ermittelt)	_____ Euro

1. Bedarfsberechnung

9/10 bereinigtes Nettoeinkommen Ehemann + sonstiges Einkommen Ehemann (Vermögen, Vermietung etc.)	_____ Euro
+ 9/10 bereinigtes Nettoeinkommen Ehefrau + sonstiges Einkommen Ehefrau (Vermögen, Vermietung etc.)	_____ Euro
Ergibt Zwischensumme	_____ Euro
Geteilt durch 2	: 2
= Bedarf nach den ehelichen Lebensverhältnissen	_____ Euro

2. Unterhaltshöhe

Bedarf nach den ehelichen Lebensverhältnissen	_____ Euro
Abzüglich 9/10 bereinigtes Nettoeinkommen Ehefrau + sonstiges Einkommen Ehefrau (Vermögen, Vermietung etc.)	_____ Euro
Ergibt Unterhaltsanspruch	_____ Euro

Mein Mann hat eine neue Familie – hat das Folgen für mich?

WENN DER MANN EIN ZWEITES, UNEHELICHES KIND HAT BEISPIEL

Frau Weber ist geschieden, sie betreut den siebenjährigen Sohn und verdient 1.200 Euro netto. Herr Weber hat nach der Scheidung aus einer anderen Beziehung – er ist nicht mit der Mutter verheiratet und lebt nicht mit ihr zusammen – ein weiteres Kind im Alter von zwei Jahren. Die Kindesmutter verdient nichts, vor der Geburt hat sie deutlich mehr verdient. Herr Weber hat nach Abzug des Kindesunterhalts für die beiden Kinder ein Nettoeinkommen von 2.200 Euro.

Seit dem 01.01.2008 ist die Rangfolge verschiedener Unterhaltsberechtigter neu geregelt worden. Die minderjährigen Kinder bzw. die volljährigen Schüler kommen immer an erster Stelle. An zweiter Stelle stehen jetzt alle Mütter, die einen Betreuungsunterhaltsanspruch haben, oder Ehefrauen, die lange verheiratet waren.

Bisher mussten Frauen sich die Unterhaltspflicht Ihres Ehemanns gegenüber einer neuen Partnerin nur dann entgegenhalten lassen, wenn dieser Anspruch vor der Scheidung entstanden war, das weitere Kind also während der Ehe geboren wurde. Kam das Kind nach der Scheidung auf die Welt, musste ledilgich dessen Unterhaltsanspruch bei der Berechnung des Ehegattenanspruchs berücksichtigt werden, nicht jedoch der Anspruch der Kindesmutter.

Nachdem beide Mütter jetzt sozusagen auf derselben Stufe stehen, hat der BGH (Urteil vom 30.07.2008, XII ZR 177/06) entschieden, dass der Unterhalt so berechnet wird, dass sich die Höhe des Unterhaltsanspruchs aus allen drei Einkommen ermittelt. Dabei erfolgt eine Dreiteilung. Der sogenannte Halbteilungsgrundsatz wird in derartigen Fällen also zum „Dreiteilungsgrundsatz“.

BEISPIEL

SO BERECHNET SICH DER ANSPRUCH VON FRAU WEBER

Vor dem 01.01.2008 hätte sich der Anspruch von Frau Weber so berechnet:

Nach DT mit 1/7

3/7 (2.200 Euro – 1.200 Euro) = 429 Euro Unterhalt

Nach Süddeutschen Leitlinien mit 1/2

1/2 (9/10 2.200 Euro + 9/10 1.200 Euro) = 1.530 Euro Unterhaltsbedarf

1.530 Euro – 9/10 von 1.200 Euro (eigenes Einkommen) = 450 Euro Unterhalt

Seit dem 01.01.2008 berechnet sich der Anspruch wie folgt:

1/3 (9/10 2.200 Euro + 9/10 1.200 Euro) = 1.020 Euro Unterhaltsbedarf

Unterhaltsanspruch Frau Weber: 1.020 Euro – 9/10 von 1.200 Euro (1.080 Euro eigenes Einkommen) = kein Unterhalt

Unterhaltsanspruch Kindesmutter: 1.020 Euro Unterhalt

Mit der folgenden Rechenformel wird in Fällen, in denen es um gleichrangige Mütter geht, der Bedarf beider Frauen berechnet.

1/3 (9/10 Einkommen M + 9/10 Einkommen F 1 + 9/10 bereinigtes Einkommen F2)

Höhe des Anspruchs für F1: Bedarf – 9/10 Einkommen F1

Höhe des Anspruchs für F2: Bedarf – 9/10 Einkommen F2

Leistungsfähigkeit: Einkommen M – Selbstbehalt (derzeit rund 1.000 Euro)

Auf keinen Fall darf der ermittelte Unterhaltsanspruch höher sein als derjenige, der sich ergäbe, wenn Ihr Mann keiner anderen Ehefrau oder Kindesmutter Unterhalt schuldet. Hier ist eine Kontrollrechnung vorzunehmen.

Hat sich das Einkommen Ihres Mannes inzwischen wegen eines Karrieresprungs deutlich erhöht, ist er verpflichtet die Unterhaltsansprüche der neuen Familie zunächst aus diesem neuen höheren Einkommen zu bestreiten (BGH, Urteil vom 17.12.2008, XII ZR 9/07). Deshalb ist Ihr Unterhalt im Wege der Dreiteilungsmethode auf der Basis des neuen hohen Einkommens zu berechnen. Ist der so errechnete Anspruch höher als der bisherige, ist in einer zweiten Rechnung der Ehegattenunterhalt mit dem fiktiv ermittelten Einkommen Ihres Mannes – bei normaler Karriere – und ohne Abzug des Unterhalts für die später hinzugekommenen Unterhaltsberechtigten zu berechnen. Dieser Betrag ist die Obergrenze dessen, was die erste Ehefrau verlangen kann.

Gründet Ihr Mann eine neue Familie, haben Sie aber keine gemeinsamen Kinder mit ihm, stehen Sie mit der zweiten Ehefrau bzw. der Lebensgefährtin, mit der er Kinder hat, nur dann auf derselben Stufe, wenn Ihre Ehe von langer Dauer war. Es gibt keine feste zeitliche Begrenzung, wann dies so ist. Der Gesetzgeber hat in § 1609 Nr. 2 BGB aber ausdrücklich darauf hingewiesen, dass bei der Bewertung auch zu berücksichtigen ist, inwieweit ehebedingte Nachteile im Sinne von § 1578 b Abs. 1 Satz 2 und 3 BGB eingetreten sind. Daher wird auch die Rollenverteilung in der Ehe berücksichtigt.

Bei allen Berechnungen muss beachtet werden, dass der Selbstbehalt Ihres Mannes nicht unterschritten wird. Nur das, was nach Abzug des Kindesunterhalts und des Selbstbehalts übrig bleibt, kann zwischen den Müttern verteilt werden. Wie diese Aufteilung ausfällt, hängt vom Rangverhältnis der Mütter ab. Der Selbstbehalt Ihres Mannes kann ggf. gekürzt werden, wenn er mit seiner neuen Familie zusammenlebt, weil sich die Ehegatten hälftig entlasten, indem der Bedarf der Ehefrau um zehn Prozent erhöht und der Bedarf des Mannes bzw. der der zweiten Ehefrau jeweils um fünf Prozent verringert wird (BGH, Urteil vom 28.07.2010, XII ZR 140/07).

BERECHNUNG DER UNTERHALTSBEDARFE BEISPIEL

Einkommen Ehemann (4.200 Euro x 6/7), das sind 3.600 Euro

Ihr Einkommen: 0 Euro

Einkommen der neuen Ehefrau: 0 Euro

Ihr Unterhaltsbedarf: (3.600 Euro / 3) + 10 % = 1.320 Euro

Unterhaltsbedarf der neuen Ehefrau: (3.600 Euro / 3) – 5 % = 1.140 Euro

Ihrem geschiedenen Ehemann verbleiben (3.600 – 1.3200 – 1.140) 1.140 Euro

BEISPIEL

WELCHE FAKTOREN WIRKEN SICH WIE AUF DEN UNTERHALT AUS?

Die geschiedenen Eheleute Müller haben einen sechsjährigen Sohn. Herr Müller verdient nach Abzug aller Verbindlichkeiten und Aufwendungen für die Altersvorsorge 3.302 Euro. Frau Müller ist nicht berufstätig. Die zweite Ehefrau von Herrn Müller arbeitet nicht, er hat mit ihr zwei weitere Kinder: Zwillinge, die zwei Jahre alt sind.

Da Herr Müller insgesamt fünf Personen Unterhalt bezahlen muss, ist absehbar, dass es nicht für alle reicht. Der Kindesunterhalt ist daher der ersten Einkommensgruppe zu entnehmen. Für den Sohn muss er 364 Euro Kindesunterhalt abzüglich 92 Euro Kindergeld zahlen, also 272 Euro. Für die Zwillinge schuldet er jeweils 317 Euro abzüglich 92 bzw. 95 Euro Kindergeld, also 225 bzw. 222 Euro. Es bleiben ihm 2.583 Euro. Der Unterhaltsanspruch der gleichrangigen Ehefrauen liegt bei 861 Euro (2.583 Euro : 3). Herr Müller hätte für sich nur 861 Euro, das ist weniger als sein Selbstbehalt von 1.050 Euro. Nach Abzug des Selbstbehalts von 1.050 Euro stehen für die beiden Frauen 1.533 Euro zur Verfügung. Der Einsatzbetrag für Frau Müller (notwendiger Eigenbedarf) liegt nach der Düsseldorfer Tabelle bei 1.050 Euro. Der Einsatzbetrag für die neue Ehefrau (notwendiger Eigenbedarf) liegt bei 840 Euro. Der Unterhaltsanspruch von Frau Müller beträgt danach 1.050 x 1.533 : 1.890 = 852 Euro. Der Anspruch der neuen Ehefrau wäre rechnerisch 840 x 1.533 : 1.890 = 681 Euro.

Hätten die Eheleute Müller keine Kinder gehabt, wäre ihre Ehe schon nach drei Jahren geschieden worden, und würde die Ehefrau nicht arbeiten, weil sie krank ist, stünde sie im Rang nach der kinderbetreuenden Lebensgefährtin. Von dem verbleibenden Einkommen des Ehemanns wäre zunächst der Unterhaltsanspruch der zweiten Ehefrau mit 840 Euro zu erfüllen. Nur der Restbetrag von 693 Euro stünde dann der ersten Ehefrau zu.

Stehen mir Kranken- und Altersvorsorgeunterhalt zu?

Wenn Sie unterhaltsbedürftig sind, haben Sie ab dem Tag, an dem Ihnen der Scheidungsantrag zugestellt wird, Anspruch auf Altersvorsorgeunterhalt. Dieser Anspruch ist deshalb von der Zustellung des Scheidungsantrags abhängig, weil Sie ja bis dahin über den Versorgungsausgleich einen bestimmten Betrag für Ihre Altersversorgung erhalten. Der Altersvorsorgeunterhalt ist in der Unterhaltsquote nicht enthalten. Er berechnet sich nach der Bremer Tabelle. Da der Regelbeitragssatz zur gesetzlichen Rentenversicherung im Jahr 2011 ebenso wie 2010 19,9 Prozent beträgt, wird sich die Bremer Tabelle (Stand 1.1.2010) nicht ändern. Kurz gesagt steht Ihnen, bezogen auf Ihren Unterhaltsanspruch, ein Altersvorsorgeunterhalt in Höhe des gesetzlichen Rentenversicherungsbeitrags zu. Bei der Berechnung ist die Beitragsbemessungsgrenze in der gesetzlichen Rentenversicherung keine Grenze für die Höhe des Altersvorsorgeunterhalts. Das heißt: Bei hohen Unterhaltsansprüchen oder solchen Unterhaltsansprüchen, die konkret nach dem Bedarf berechnet werden, kann sich auch ein hoher Altersvorsorgeunterhalt ergeben (BGH, Urteil vom 25.10.2006, XII ZR 141/04).

Wenn Sie bzw. Ihr Rechtsanwalt von Ihrem Ehemann Trennungsunterhalt verlangt haben, dann reicht diese Inverzugsetzung auch aus, damit ab Rechtshängigkeit des Scheidungsantrags der Altersvorsorgeunterhalt verlangt werden kann. Sie müssen diesen Teil des Anspruchs nicht extra einfordern (BGH, Urteil vom 22.11.2006, XII ZR 24/04).

SO BERECHNET SICH DER ALTERSVORSORGEUNTERHALT

BEISPIEL

Ihr Ehemann hat ein Nettoeinkommen von 2.100 Euro. Ihr 3/7-Unterhalt (Elementarunterhalt) beträgt 900 Euro. Nach der Bremer Tabelle (01.01.2010) werden 15 Prozent hinzugerechnet, um gedachte Steuern und Sozialabgaben zu berücksichtigen, das sind 135 Euro, insgesamt also 1.035 Euro (Bruttobetrag). Davon 19,9 Prozent (Regelbeitragsatz für die gesetzliche Rentenversicherung 2011) sind rund 206 Euro. Ihr Ehemann schuldet Ihnen als Altersvorsorgeunterhalt 206 Euro.

Ihr Elementarunterhalt wird dann nachgerechnet: das Einkommen Ihres Ehemanns von 2.100 Euro abzüglich Altersvorsorgeunterhalt 206 Euro, damit verbleiben 1.894 Euro. Davon 3/7 Unterhaltsanspruch sind 812 Euro.

In Süddeutschland, mit der Zehntel-Methode gerechnet, sieht das Beispiel so aus: Ihr 9/20 Unterhalt (Elementarunterhalt) beträgt 945 Euro. Nach der Bremer

Tabelle (01.01.2010) werden 16 Prozent hinzugerechnet, um gedachte Steuern und Sozialabgaben zu berücksichtigen, das sind 151 Euro, insgesamt 1.096 Euro (Bruttobetrag). Davon 19,9 Prozent sind 218 Euro. Ihr Ehemann schuldet Ihnen als Altersvorsorgeunterhalt 218 Euro.

Ihr Elementarunterhalt wird nachgerechnet: Einkommen Ihres Ehemanns von 2.100 Euro abzüglich Altersvorsorgeunterhalt 218 Euro, es verbleiben 1.882 Euro. Der 9/20-Unterhaltsanspruch macht 847 Euro aus.

Das Geld, das Sie für den Altersvorsorgeunterhalt bekommen, dürfen Sie nicht verbrauchen. Sie müssen es tatsächlich zur Altersvorsorge anlegen, zum Beispiel in eine Lebensversicherung. Ihr Ehemann hat einen Anspruch auf den Nachweis der zweckentsprechenden Verwendung. Sie sollten sich hier beraten lassen, es gibt in fast jeder Stadt Finanzdienstleister, die sich auf die Bedürfnisse von Frauen spezialisiert haben. Wenn Sie dieses Geld nicht entsprechend verwenden, sondern anderweitig verbrauchen, können Sie Ihren Unterhaltsanspruch im Alter insgesamt verlieren. Der Altersvorsorgeunterhalt besteht – wenn auf Sie einer der sieben nachehelichen Unterhaltsansprüche zutrifft – bis zum allgemeinen Renteneintrittsalter von 65 Jahren. Das gilt auch dann, wenn Sie eine Erwerbsunfähigkeitsrente beziehen (BGH, Urteil vom 20.10.1999, XII ZR 297/97).

Nach der Scheidung entfällt die Mitversicherung in der Krankenversicherung Ihres Ehemanns. Wenn Sie nicht arbeiten, steht Ihnen deshalb gegen Ihren Ehemann ab Rechtskraft der Ehescheidung ein Anspruch auf Krankenvorsorgeunterhalt zu. Er muss dann die Kosten Ihrer Krankenversicherung bezahlen. Der Krankenvorsorgeunterhalt ist wie der Altersvorsorgeunterhalt nicht im Quotenunterhalt enthalten. Die Kosten werden vorab – wie der Altersvorsorgeunterhalt auch – vom Einkommen Ihres Ehemanns abgezogen, bevor Ihr Elementarunterhalt (Quotenunterhalt) berechnet wird. Hierzu zählen auch die Kosten der Pflegeversicherung.

Wenn Ihr Ehemann Beamter ist und Sie deshalb einen Beihilfeanspruch hatten, können Sie, wenn Sie selbst gesetzlich krankenversichert sind, für die Zeit nach der Scheidung die Kosten einer privaten Zusatzkrankenversicherung unter Umständen als Krankenvorsorgeunterhalt verlangen. Sie haben nämlich Anspruch auf den gleichen Standard Ihrer Krankenversicherung, wie er tatsächlich während der Ehe bestanden hat. Voraussetzung ist allerdings immer, dass überhaupt genügend Geld vorhanden ist, um diesen Zusatzbedarf bezahlen zu können.

BEACHTEN SIE DIE FRISTEN BEI DER KRANKENVERSICHERUNG ACHTUNG

Sie können der gesetzlichen Krankenversicherung innerhalb von drei Monaten nach Rechtskraft der Ehescheidung beitreten (§§ 10, 9 I Nr. 2, II Nr. 2 SGB V). Bei einer privaten Versicherung haben Sie einen Anspruch darauf, in gleicher Weise weiter versichert zu sein wie während der Ehe. Dies gilt auch für Zusatzversicherungen. Einen entsprechenden Musterbrief an die Krankenkasse finden Sie auf der beiliegenden CD-ROM.

Wie lange bekomme ich Unterhalt?

Wie lange die Unterhaltszahlungen andauern, kann aufgrund verschiedener Ausgangssituationen befristet werden. Seit der Unterhaltsreform am 01.01.2008 können alle Unterhaltsansprüche zeitlich begrenzt oder der Höhe nach reduziert werden. Das Gesetz sieht dabei zwei verschiedene Gruppen von Gründen vor. Es gibt Gründe, die sich auf persönliches Fehlverhalten stützen, und objektive Gründe. Geregelt ist dies in § 1579 BGB und im neu eingeführten § 1578 b BGB. Die Vorschriften des § 1579 BGB sind immer zuerst zu prüfen. Dort sind – neben den objektiven Gründen – Sanktionen für persönliches Fehlverhalten geregelt.

Grobe Unbilligkeit (§ 1579 BGB)

Ihr Unterhaltsanspruch kann zeitlich befristet werden, wenn grobe Unbilligkeit vorliegt. Bei grober Unbilligkeit kommt unter Umständen aber nicht nur eine zeitliche Befristung infrage, der Unterhalt kann in einem solchen Fall sogar schon unmittelbar nach der Scheidung entfallen oder reduziert werden. Das Gesetz lässt folgende Tatbestände als grobe Unbilligkeit gelten:

- Kurze Ehedauer (maximal drei Jahre).
- Leben in einer verfestigten Lebensgemeinschaft.
- Der Unterhaltsberechtigte hat sich eines Verbrechens, zum Beispiel eines Mordanschlags oder eines schweren vorsätzlichen Vergehens gegen den Verpflichteten oder gegenüber einem nahen Angehörigen des Verpflichteten schuldig gemacht, zum Beispiel schwere Beleidigungen und Verleumdungen sowie falsche Anschuldigungen.
- Der Unterhaltsberechtigte hat sich eines anderen schweren vorsätzlichen Vergehens schuldig gemacht, zum Beispiel durch eine Falschaussage im Unterhaltsprozess.
- Mutwillige Herbeiführung der Bedürftigkeit, etwa Aufgabe eines sicheren Arbeitsplatzes, provozierte Kündigung, mutwillige Nichtannahme einer angebotenen Tätigkeit, Alkohol- und Drogenabhängigkeit. Es kommt dann darauf an, ob der Berechtigte bereit ist, etwas gegen die Sucht zu unternehmen.
- Ein mutwilliges Hinwegsetzen über schwerwiegende Vermögensinteressen des Verpflichteten. Dabei kommt es auf den Umfang der Vermögensgefährdung an, ob ein tatsächlicher Schaden eintritt, ist ganz unerheblich. Beispiele: Betrug im Unterhaltsprozess, ungerechtfertigte Strafanzeigen, Maßnahmen, die den Arbeitsplatz des anderen gefährden, Nichtangabe eines höheren Einkommens usw. Ebenso kann das unberechtigte Abheben von Geld vom Bankkonto des anderen hierunter fallen.
- Der Berechtigte hat vor der Trennung längere Zeit seine eigene Pflicht, zum Familienunterhalt beizutragen, gröblich verletzt.
- Offensichtliches schwerwiegendes Fehlverhalten des Berechtigten gegenüber dem Verpflichteten, zum Beispiel Verstoß gegen die eheliche Treuepflicht und Ausbruch aus intakter Ehe.

Diese Aufzählung ist nicht vollständig. Nach § 1579 Nr. 8 BGB reicht auch jeder andere Grund, der ebenso schwerwiegend ist, aus.

ACHTUNG: UNTERHALTSVERLUST BEI FALSCHAUSSAGE

Sie sind nach dem Gesetz verpflichtet, in jedem Prozess die Wahrheit zu sagen. Dazu zählt nicht nur, dass Sie richtige und vollständige Angaben über Ihr Einkommen machen. Wenn Sie einen neuen Partner haben und mit diesem zusammenleben oder zumindest sehr viel Zeit verbringen, wenn Sie angefangen haben zu arbeiten oder inzwischen mehr arbeiten, müssen Sie Ihrem Ehemann dies mitteilen. Ansonsten laufen Sie Gefahr, Ihren Unterhaltsanspruch zu verlieren oder gekürzt zu bekommen. Seit 01.09.2009 sieht § 235 FamFG für beide Ehegatten ausdrücklich vor, dem Gericht ohne Aufforderung mitzuteilen, wenn sich während des Verfahrens wesentliche Änderungen gerade in Bezug auf die Höhe des Einkommens ergeben.

Eine Verwirkung kann auch entstehen, wenn Sie wegen eines anderen Mannes die Ehe verlassen haben. Ihre Ehe muss aber „intakt" gewesen, das heißt, Sie müssen aus heiterem Himmel gegangen sein. Um diese Intaktheit zu widerlegen, müssen Sie bzw. Ihr Rechtsanwalt darlegen, ob und wenn ja in welchem Umfang es bereits gekriselt hat. Betreuen Sie gemeinsame minderjährige, betreuungsbedürftige Kinder, kann trotz Verwirkung der Unterhalt nicht auf Null gekürzt werden.

Wenn die Scheidung eingereicht wird und Sie weniger als zwei Jahre verheiratet waren, geht die Rechtsprechung von einer „Kurzzeitehe" aus. Dann besteht – es sei denn, es sind Kinder vorhanden – kein nachehelicher Unterhaltsanspruch. Betreuen Sie trotz kurzer Ehe Kinder, kann Ihnen ein Unterhaltsanspruch zustehen, wenn andernfalls die Entwicklung und die Betreuung der Kinder gefährdet ist.

Herabsetzung oder zeitliche Begrenzung des Unterhalts (§ 1578 b BGB)

Seit der Unterhaltsreform vom 01.01.2008 wird die Verpflichtung, für sich selbst zu sorgen – der sogenannte Grundsatz der Eigenverantwortung – noch stärker betont. Deshalb können alle Unterhaltsansprüche nach der Scheidung herabgesetzt oder zeitlich begrenzt werden. Anders ausgedrückt: Es gibt keinen Anspruch auf eine Lebensstandardgarantie. Bei dieser Vorschrift geht es lediglich um die Bewertung objektiver Umstände und nicht um die Bestrafung von persönlichem Fehlverhalten oder Verschulden während der Ehe. Über die gemeinsame Zeit wird nicht abgerechnet (BGH, Urteil vom 20.10.2010, XII ZR 53/09).

Auch nach der Scheidung besteht eine gegenseitige Verantwortung, weshalb die Reduzierung oder der Wegfall des Unterhalts – allenfalls bei bereits sehr lang andauernder Trennung – nicht sofort mit der Scheidung einsetzt. Besteht einer der Unterhaltsansprüche, kann er herabgesetzt oder befristet werden, wenn das Zahlen des vollen Unterhaltsbetrags nach den ehelichen Lebensverhältnisse auch unter Wahrung der Belange der gemeinsamen Kinder unbillig wäre. Dabei handelt es sich um eine Billigkeitsprüfung anhand objektiver Kriterien. Diese beiden Aspekte können auch zusammenspielen. Abs. 1 der Vorschrift (§ 1578 b BGB) „Herabsetzung" ist immer vor Abs. 2 „Befristung" zu prüfen. Ausgangspunkt für den Unterhaltsanspruch bleiben immer die ehelichen Lebensverhältnisse, also der Lebensstandard, den man sich gemeinsamen erarbeitet hat. Je länger die Familienarbeit angedauert hat, umso weniger wird eine Herabsetzung oder Befristung möglich sein.

Eine Herabsetzung ist ausgeschlossen, wenn die Belange der Kinder dagegensprechen. Die Erziehung der Kinder soll auf keinen Fall gefährdet werden. Dies führt dazu, dass ein Unterhaltsanspruch wegen Kinderbetreuung gemäß § 1570 BGB zeitlich nicht befristet werden kann. Der Höhe nach kann aber auch der Betreuungsunterhalt gemäß § 1570 BGB herabgesetzt werden. Dies hängt damit zusammen, dass durch ihn nur der Einkommensverlust infolge der Kinderbetreuung ausgeglichen wird (BGH, Urteil vom 15.09.2010, XII ZR 20/09). Der Differenzbetrag zu dem Bedarf nach den ehelichen Lebensverhältnissen leitet sich aus den anderen Unterhaltstatbeständen ab, insbesondere dem Aufstockungsunterhalt, der für sich zeitlich befristet werden kann. Die Beschränkung und Befristung erfolgt dann, wenn keine „ehebedingten Nachteile" vorliegen. Diese können sich unter anderem aus folgenden Faktoren ergeben:

- Aus der Dauer der Kindererziehung
- Aus der Rollenverteilung/Arbeitsteilung während der Ehe
- Aus der Dauer der Ehe

Der Gesetzgeber unterstellt, dass sich die Ehegatten gemeinsam für die Rollenwahl entschieden haben. Es ist nicht vorgesehen, dass dem Unterhaltsberechtigten, in der Regel der Ehefrau, aus der Rollenverteilung ein Vorwurf gemacht wird. Die objektive Situation ist entscheidend (BGH, Urteil vom 20.10.2010, XII ZR 53/09). Die Betreuung der Kinder und die Rollenverteilung führen meistens dazu, dass die geschiedene Ehefrau größere Schwierigkeiten hat, wieder in den Beruf einzusteigen, und darüber hinaus Einbußen bei der Gehaltshöhe hinnehmen muss.

Doch bei den ehebedingten Nachteilen geht es keineswegs nur um die Folgen der Kinderbetreuung und Rollenverteilung in der Ehe. Gerade aus der Dauer der Ehe und dem Lebensstandard können sich Gründe ergeben, die für oder gegen eine Herabsetzung bzw. Begrenzung des Unterhalts sprechen. Je länger Sie verheiratet und je stärker Sie in dieser Zeit von den Einkünften Ihres Ehemanns abhängig waren und Ihren Lebensstandard danach ausgerichtet haben, umso eher wird er nach der Scheidung weiterzahlen müssen. Sie sind zwar grundsätzlich verpflichtet, wieder arbeiten zu gehen, es kann aber sein, dass der Einkommensunterschied je nach Einzelfall auch weiterhin ausgeglichen werden muss. Wenn Sie krank, alt oder auf dem Arbeitsmarkt nicht vermittelbar sind, hängt es ebenso von der Dauer der Ehe ab, ob Ihr Unterhaltsanspruch lebenslang besteht oder nicht bzw. ob er gekürzt werden kann.

Der Umstand, dass ein ehebedingter Nachteil vorliegt, spricht gegen eine Herabsetzung oder zeitliche Begrenzung des Unterhalts. Bei dieser objektiven Bewertung kommt es auch darauf an, wie alt Sie bei der Trennung bzw. Scheidung sind und wie alt Sie bei der Heirat waren. Der Gesetzgeber unterstellt, dass ein jüngerer Mensch eher wieder in der Berufswelt Fuß fassen kann und deshalb nach einer Übergangszeit, während der er noch Unterhalt erhält, wieder auf sich allein gestellt zurechtkommt.

Bei der Frage der Unterhaltsbefristung geht es jedoch nicht ausschließlich um die Kompensation ehebedingter Nachteile. Insbesondere eine darüber hinausgehende nacheheliche Solidarität ist ebenfalls zu berücksichtigen (BGH, Urteil vom 07.02.2010, XII ZR 140/08). Eine längere Ehedauer, die wirtschaftliche Verflechtung und das Aufgabe der eigenen Berufstätigkeit haben für die Billigkeitsentscheidung besonderes Gewicht (BGH, Urteil vom 11.08.2010, XII ZR 102/09), Dies kann auch bei fehlenden ehebedingten Nachteilen dazu führen, dass eine Befristung oder Herabsetzung des Anspruchs nicht infrage kommt.

Für die Ehedauer kommt es auf die Zeit zwischen Heirat und Zustellung des Scheidungsantrags, dem Tag der Rechtshängigkeit an (BGH, Urteil vom 30.06.2010, XII ZR 9/09).

Eheangemessener Lebensbedarf

Wenn es um die Herabsetzung des Unterhaltsanspruchs geht, ist das Maß des eheangemessenen Lebensbedarfs das Einkommen, welches man ohne Ehe und Kinderziehung erzielen würde (BGH, Urteil vom 07.02.2010, XII ZR 140/08). Beim Krankheitsunterhalt kann es nur um das Einkommen gehen, das der kranke Unterhaltsberechtigte ohne die Heirat und Kindererziehung zur Verfügung hätte (BGH, Urteil vom 17.02.2010, XII ZR 140/08). Der nach § 1578 b BGB herabgesetzte Unterhaltsbedarf muss jedenfalls das Existenzminimum erreichen, das liegt derzeit bei 770 Euro (BGB, Urteil vom 14.09.2009, XII ZR 146/08).

BEISPIEL

BEGRENZUNG DES UNTERHALTSANSPRUCHS

Sabine Bauer hat mit 30 Jahren geheiratet und keine Kinder. Während der Ehe haben sie und ihr Mann in ihren Berufen gearbeitet. Kurz vor der Scheidung, die nach sechs Ehejahren erfolgt, verliert Frau Bauer schuldlos ihren Job. Auch wenn sie keine neue Stelle findet, muss sie damit rechnen, dass ihr Unterhaltsanspruch von vorneherein zeitlich begrenzt wird. Denn die Verantwortung für den Arbeitsplatzverlust liegt nicht in den objektiven Umständen der Ehe begründet.

Abwandlung: Frau Bauer trennt sich erst nach zehn Jahren. Ihr Mann ist Arzt und hat eine eigene Praxis. Sie (30 Jahre alt bei Heirat) ist gelernte Krankenschwester, hat aber in der Ehe nicht gearbeitet. Nach der Scheidung ist Frau Bauer zwar verpflichtet, wieder berufstätig zu sein, doch ihr Unterhaltsanspruch wird sicherlich nicht sofort der Höhe nach begrenzt werden. Der Anspruch wird sich erst nach einiger Zeit verringern und nach einer weiteren Zeit wegfallen. Maßstab ist hierbei das Einkommen, dass sie bei Fortsetzung ihrer Tätigkeit heute als Krankenschwester erzielen könnte.

Abwandlung: Frau Bauer trennt sich nach 15 Jahren und hat zudem gemeinsam mit ihrem Mann Kinder großgezogen. In diesem Fall wird eine zeitliche Begrenzung ihres Unterhaltsanspruchs, wenn überhaupt, erst sehr spät ein Thema sein. Zunächst sind durch einen Betreuungsunterhalt (§ 1570 BGB) die Belange der Kinder zu wahren. Der mögliche Anschlussunterhaltstatbestand ist dann derjenige, der herabgesetzt bzw. zeitlich begrenzt werden kann.

Diese Beispiele sind nicht misszuverstehen. Es gibt keine generellen Richtlinien, wie lange und wie viel Unterhalt zu zahlen ist. Es kommt immer auf den Einzelfall an. Die gerichtlichen Entscheidungen zur neuen Rechtslage sind sehr unterschiedlich. Man kann hierbei ein Nord-Süd-Gefälle feststellen. In den nördlichen Bundesländern erfolgt die Herabsetzung bzw. die Befristung in strengerem Umfang als in Süddeutschland. Solange Sie keine Vollzeittätigkeit ausüben, wird das Gericht wahrscheinlich nicht davon ausgehen, dass eine Prognose darüber möglich ist, wann die zeitliche Begrenzung Ihres Unterhalts überhaupt in Betracht kommt.

Darlegungs- und Beweislast

Im Unterhaltsprozess muss sich zunächst der Unterhaltspflichtige, das ist in der Regel der Ehemann, darauf berufen, dass keine ehebedingten Nachteile vorliegen und deshalb der Anspruch der Ehefrau zu kürzen bzw. zeitlich zu begrenzen ist. In einer solchen Situation dürfen Sie die Ausführungen nicht unwidersprochen lassen, sondern Sie müssen Ihrerseits erläutern, worin der ehebedingte Nachteil besteht.

Üben Sie Ihren erlernten Beruf wieder aus, ist das ein Indiz für das Fehlen ehebedingter Nachteile (BGH, Urteil vom 16.04.2008, XII ZR 107/06). Sie müssen dann darlegen, dass sie wegen der Berufspause in Ihrem Beruf, den Sie wieder ausüben schlechter bezahlt werden, weil sie übliche Gehaltssteigerungen infolge Berufserfahrung und Betriebszugehörigkeit verpasst haben. Wenn Sie Ihren ehebedingten Nachteil damit begründen, dass sie ohne die Ehe und Kindererziehung beruflich aufgestiegen wären, müssen sie darlegen, aufgrund welcher Umstände, zum Beispiel Fortbildungsbereitschaft, bestimmte Befähigungen, Neigungen, Talente etc., Sie eine entsprechende Karriere gemacht hätten (BGH, Urteil vom 20.10.2010, XII ZR 53/09).

Der Richter hat dann auf der Grundlage Ihres Vortrags die Nachteile zu schätzen. Es ist von Ihnen nicht gefordert, dass Sie exakte Feststellungen zum hypothetisch erzielbaren Einkommen machen.

ACHTUNG

ERSTELLEN SIE EINEN LEBENSLAUF FÜR IHREN ANWALT

Sie helfen Ihrem Anwalt am besten, indem Sie ihm einen Lebenslauf zur Verfügung stellen. Eine Aufstellung über die Bruttoeinkünfte, die Sie früher verdient haben, ist ebenfalls hilfreich. Sie müssen Ihren Anwalt auch darüber informieren, wie Sie sich Ihre berufliche Karriere vorgestellt haben, bevor Sie sich für Ehe und Kinder entschieden haben. Bei alten Arbeitskollegen oder in der Presse sollten Sie recherchieren, was Sie heute in dem Beruf, den Sie früher ausgeübt haben, verdienen würden – oder in dem Beruf, von dem Sie früher geträumt haben.

Was muss mein Ex zahlen, wenn ich mit einem neuen Partner zusammenlebe?

Wenn Sie einen neuen Partner haben, wirkten sich bisher die ersten zwei bis drei Jahre einer solchen Beziehung auf Ihren Unterhaltsanspruch nur insoweit aus, dass Sie sich aus diesem Zusammenleben Einkünfte aus „Haushaltsführung“ auf Ihren Unterhaltsanspruch zurechnen lassen müssen. Seit dem 01.01.2008 ist davon auszugehen, dass sich der Zeitrahmen von zwei bis drei Jahren zu Ihren Lasten verkürzt. Die Tendenz der Gerichte geht eindeutig dahin, schon früher von einer neuen verfestigten Beziehung auszugehen.

In der Anfangszeit wird angenommen, dass Sie in Ihrer neuen Partnerschaft Leistungen erbringen, beispielsweise den Haushalt führen oder den neuen Partner versorgen. Diese Arbeiten müssen Sie sich als Einkommen zurechnen lassen, weil Sie für Ihren neuen Partner einen Geldwert haben. Ebenso geht man davon aus, dass Sie durch das gemeinsame Leben Kosten sparen. Der Wert dieser Versorgungsleistungen wird je nach Oberlandesgerichtsbezirk mit 200 bis 550 Euro bemessen. Es kommt auch darauf an, ob Ihr neuer

Partner Einkommen hat oder nicht und wenn ja wie viel. Je mehr Sie arbeiten, umso geringer wird der Betrag sein, der Ihnen zugerechnet wird.

Wenn Sie wieder heiraten, entfällt Ihr Unterhaltsanspruch gegen Ihren geschiedenen Ehemann (§ 1586 BGB). Wenn die neue Ehe geschieden wird, müssen Sie zunächst von Ihrem zweiten Ehemann Unterhalt verlangen. Nur wenn Sie noch Kinder aus der ersten Ehe betreuen und Ihnen deshalb Betreuungsunterhalt (§ 1570 BGB) zusteht, kann dieser gegen den ersten Ehemann wieder aufleben (§ 1586 a BGB).

ZURECHNUNG DER VERSORGUNGSLEISTUNGEN BEISPIEL

Für die Zurechnung dieser Versorgungsleistungen kommt es nicht darauf an, ob Sie und Ihr neuer Partner eine gemeinsame Wohnung haben. Entscheidend ist, ob Sie sich gegenseitig versorgen, also wie oft Sie zusammen essen, Urlaube verbringen, gemeinsam die Nacht verbringen, Einkaufen gehen etc. Bei einer Wochenendbeziehung kann die Einschätzung schwierig sein. Ein deutliches Indiz für eine solche Partnerschaft ist die Teilnahme an Familienfesten sowie das gemeinsame Verbringen von Geburtstagen oder hohen Feiertagen wie Weihnachten.

Verwirkung des Unterhaltsanspruchs

Mit der Unterhaltsreform vom 01.01.2008 wurde in § 1579 Nr. 2 BGB das dauerhafte Zusammenleben mit einem neuen Partner ausdrücklich als eigener Unterhaltsausschlussgrund in das Gesetz aufgenommen. Davor wurde dieser Fall bei der Auffangvorschrift des § 1579 Nr. 7 BGB behandelt. Wenn die Beziehung zu Ihrem neuen Partner schon länger andauert, kann dies dazu führen, dass Sie Ihren nachehelichen Unterhaltsanspruch wegen grober Unbilligkeit (§ 1579 Nr. 2 BGB) verlieren. Die objektiven Gründe für die Annahme einer solchen verfestigten Lebensgemeinschaft sind zum Beispiel:

- Gemeinsam geführter Haushalt über längere Zeit
- Erscheinungsbild in der Öffentlichkeit
- Größere gemeinsame Investitionen

- Gemeinsam erworbenes Familienheim
- Dauer der Verbindung
- Gemeinsame Kinder

Unerheblich sind hingegen folgende Aspekte:

- Einkommen des neuen Partners
- Familienstand des neuen Partners (ob er noch verheiratet ist)
- Intime Beziehungen
- Möglichkeit der Heirat
- Getrennte Wohnungen
- Wochenendbeziehung aus beruflichen Gründen

Der Gesetzgeber stellt bei dem neu eingeführten Ausschlussgrund einzig und alleine darauf ab, ob sich die neue Lebensgemeinschaft so verfestigt hat, dass damit das Loslösen aus der früheren ehelichen Solidarität verbunden ist und diese folglich nicht mehr benötigt wird (BTDS 16/1830 Seite 21).

ACHTUNG

MINDESTUNTERHALT LAUT KINDERSCHUTZKLAUSEL

Wenn Sie trotz einer neuen Beziehung noch gemeinsame eheliche Kinder betreuen und nicht berufstätig sind, dann kann Ihr Unterhaltsanspruch – solange Sie die Kinder noch betreuen – lediglich auf einen sogenannten Mindestunterhalt reduziert werden.

Durch die sogenannte Kinderschutzklausel in § 1579 BGB soll Ihnen jedenfalls so viel Unterhalt zustehen, dass die Erziehung nicht gefährdet ist. Sind Ihre Kinder allerdings schon älter als drei Jahre, werden Sie eher dazu verpflichtet sein, eine Berufstätigkeit aufzunehmen, um Ihren Unterhalt zumindest teilweise selbst zu bestreiten (BTDS 16/1830 Seite 21).

Betrifft mich die Unterhaltsreform, wenn schon ein Urteil oder ein Vergleich vorliegt?

Die Unterhaltsrechtsreform seit 01.01.2008 gilt für alle Unterhaltsberechtigten. Sie wirkt sich daher auf den Kindesunterhalt, aber auch auf den Trennungs- und nachehelichen Unterhalt aus. Nur wenn Ihre Ehe vor dem 01.01.1977 geschieden wurde, sind Sie nicht betroffen. Ebenso gilt für alle Unterhaltsansprüche, die vor dem 01.01.2008 fällig geworden sind – das sind die Ansprüche bis einschließlich Dezember 2007 – das alte Recht.

Außerdem besteht die Möglichkeit, dass die nach altem Recht erfolgte Regelung zum Trennungsunterhalt abgeändert wird, weil Ihr Ehemann wegen des neuen Rechts weniger zahlen muss. Dafür kann es mehrere Gründe geben, zum Beispiel:

- Vorverlegung der Erwerbsobliegenheit gemäß § 1570 BGB
- Eine Begrenzung oder eine Befristung des Unterhaltsanspruchs gemäß § 1578 b BGB
- Vorverlegung der Verwirkung gemäß § 1579 BGB
- Änderung der Rangfolge der Unterhaltsberechtigten
- Änderung der Höhe der Unterhalts für die Kinder nach der neuen Düsseldorfer Tabelle

Wenn Sie geschieden sind und daher Ihr nachehelicher Unterhalt schon geregelt ist, kann auch dieser wegen des neuen Rechts abgeändert werden. Betroffen sind alle Unterhaltsregelungen für künftige Unterhaltsansprüche:

- Urteile
- Prozessvergleiche
- Notarielle Urkunden

- Jugendamtsurkunden
- Anwaltsvergleiche
- Formlose Scheidungsvereinbarungen

Das Gesetz sieht in den Übergangsvorschriften allerdings vor, dass im Einzelfall zu prüfen ist, wie hoch der Vertrauensschutz auf Ihrer Seite für den Fortbestand der bisherigen Regelung ist. In § 36 Nr. 1 und 2 EGZPO ist dies genau geregelt. Das neue Recht muss zu einer wesentlichen Änderung der Unterhaltsverpflichtung führen und außerdem muss die Änderung für Sie unter besonderer Berücksichtung Ihres Vertrauens auf die beständige Höhe der Unterhaltszahlungen zumutbar sein. Durch das Erfordernis dieser beiden Kriterien soll vermieden werden, dass Abänderungsverfahren zu häufig stattfinden. Sie finden § 36 Nr. 1 und 2 EGZPO auf der CD-ROM. Lesen Sie die Regelungen selbst nach, wenn Sie möchten.

Wenn die Unterhaltsregelung im Rahmen einer Gesamtvereinbarung über die Scheidungsfolgen erfolgte (Vermögensauseinandersetzung, Zugewinnausgleich etc.), soll eine Abänderung ebenfalls nicht möglich sein. Andernfalls würde das Gesamtgefüge der Vereinbarung gestört. Wenn eine solche Unterhaltsregelung allerdings die Abänderung vorsieht, wird auf sie das neue Recht anzuwenden sein. Stammt die Unterhaltsregelung aus einer Zeit vor dem 12.04.2006, so kann sich Ihr Mann auf die mögliche Begrenzung und Befristung des nachehelichen Unterhalts berufen, weil bis zu diesemTag gerade bei langen Ehen eine Befristung nicht möglich war.

Nach dem 12.04.2006 konnten schon nach der alten Rechtslage Unterhaltsansprüche herabgesetzt oder zeitlich begrenzt werden. In der Praxis wurde davon nur sehr selten Gebrauch gemacht. Wäre dies bei Ihnen jedoch schon früher möglich gewesen und hat Ihr Mann das in einem früheren Verfahren einfach nicht verlangt, kann er jetzt nicht allein mit dem Argument, dass sich das Unterhaltsrecht geändert hat, eine Herabsetzung oder Befristung verlangen. Er ist mit diesem Einwand ausgeschlossen. Es hilft ihm nur, wenn neue Umstände hinzugekommen sind oder nach der früheren Rechtslage eine Begrenzung bzw. Befristung nicht möglich war. Hierauf muss Ihr Anwalt achten.

Davon unberührt bleibt die schon bestehende Möglichkeit, Unterhaltstitel wegen der Änderung von tatsächlichen Verhältnissen abzuwandeln. Damit müssen Sie immer rechnen. Dazu zählt zum Beispiel die Veränderung der Einkünfte auf beiden Seiten, der Wegfall von Kreditraten oder Kindesunterhaltsverpflichtungen, aber auch das Hinzutreten neuer Unterhaltsverpflichtungen auf Seiten Ihres Mannes. Dann kann Ihr Ehemann ein sogenanntes Abänderungsverfahren betreiben, das sich mit der geänderten Rechtslage begründen lässt.

KEINE ÄNDERUNG BEI ABFINDUNGSVEREINBARUNGEN ACHTUNG

Wenn Sie in der Vergangenheit eine Abfindungsvereinbarung geschlossen haben, kann diese nicht wegen des neuen Rechts abgeändert werden.

Der Gesetzgeber hat in seiner Begründung betont, dass der Übergang vom alten zum neuen Recht schonend verlaufen soll.

Was bedeutet Zugewinnausgleich?

EHEPAAR MÜLLERS GEMEINSAMES HAUS BEISPIEL

Die Eheleute Müller haben während der Ehe ein Haus gebaut und abbezahlt, heute ist es 200.000 Euro wert und nur noch mit 50.000 Euro belastet. Beide sind hälftige Eigentümer. Allerdings hat Herr Müller 25.000 Euro, die er von seiner Mutter geerbt hat, zur Rückführung des Kredits verwandt, während Frau Müller ihren während der Ehe erzielten Lottogewinn über 12.500 Euro in die Reparatur des Dachs gesteckt hat.

Jeder bekommt die Hälfte und wir sind quitt, oder?

Das Erste, was Sie wissen und verstehen müssen ist, was der gesetzliche Güterstand (§§ 1363 bis 1390 BGB) der Zugewinngemeinschaft eigentlich bedeutet. Zugewinngemeinschaft heißt nämlich gerade nicht – auch wenn das eine weit verbreitete Meinung ist –, dass mit der Heirat das Vermögen der Ehegatten automatisch zum gemeinsamen Vermögen wird. Allein aufgrund der Heirat findet keine Vermögensvermischung oder -verschmelzung statt. Zugewinngemeinschaft ist keine Vermögensgemeinschaft! Das Vermögen des Ehemanns und der Ehefrau werden nicht gemeinschaftliches Vermögen der Ehegatten; dies gilt auch für Vermögen, das ein Ehegatte nach der Eheschließung erwirbt (§ 1363 Abs. 2 BGB).

Der Zugewinn, den die Ehegatten in der Ehe erzielen, wird jedoch ausgeglichen, wenn die Zugewinngemeinschaft endet. Die Zugewinngemeinschaft ist im Grunde nichts anderes als Gütertrennung. Das Vermögen, das Sie mit in die Ehe gebracht haben, bleibt auch nach der Heirat Ihr alleiniges Vermögen. Gleiches gilt für Ihren Ehemann. Keiner von Ihnen haftet – aufgrund der Heirat – für die Schulden des anderen. Alles, was Sie auf eigenen Namen während der Ehe an Vermögen hinzuerwerben, bleibt Ihr Vermögen. Bei Haushaltsgegenständen reicht das Bezahlen alleine nicht unbedingt aus, damit Sie zum Alleineigentum werden. Gemäß § 1568 b Abs. 2 BGB (seit 01.09.2009) wird vermutet, dass Haushaltsgegenstände, die während der Ehe für den gemeinsamen Haushalt angeschafft wurden, beiden Ehegatten gehören. Nur ausnahmsweise wird hier Alleineigentum angenommen.

Sie können mit Ausnahme von Haushaltsgegenständen allein über Ihr Vermögen verfügen, solange es nicht das gesamte Vermögen darstellt. Verfügungen über das gesamte Vermögen bedürfen der Zustimmung des Ehegatten (§ 1365 Abs. 1 BGB). Erbschaften und Schenkungen, die Sie nach der Heirat bekommen, bleiben ebenfalls Teil Ihres eigenen Vermögens. Zum gemeinschaftlichen Eigentum der Ehegatten zählen nur die Gegenstände, die gemeinsam angeschafft wurden, oder auch Immobilien, wenn beide im Grundbuch als Eigentümer eingetragen sind. Für Schulden des anderen haften Sie, mit Ausnahme von Geschäften des täglichen Lebens, nur in solchen Fällen, in denen Sie mit unterschrieben oder eine Bürgschaft übernommen haben.

Haben Sie das verstanden? Sie bleiben trotz Heirat „Frau" Ihres Vermögens. Nur im Fall der Ehescheidung entsteht eventuell eine Ausgleichsforderung, der Zugewinnausgleich. Hier geht es nur um den Vermögenszuwachs, nicht um die Vermögenssubstanz.

Wie berechnet sich die Vermögenswertsteigerung?

Zugewinn ist der Betrag, um den das Endvermögen eines Ehegatten sein Anfangsvermögen übersteigt (§ 1373 BGB). Sie gibt Ihnen Anhaltspunkte für Ihre Zusammenstellung. Sie müssen, um den Zugewinnausgleich zu berechnen, Ihr Vermögen am Tag, an dem der Scheidungsantrag zugestellt wird (Rechtshängigkeit), mit Ihrem Vermögen, das Sie bei der Heirat besaßen, vergleichen. Das Gleiche müssen Sie bei Ihrem Ehemann tun. Ist das Endvermögen höher als das Anfangsvermögen, dann haben Sie bzw. Ihr Ehemann einen sogenannten Zugewinn erzielt.

Wenn dieser Zugewinn bei Ihrem Ehemann größer als bei Ihnen ist, erfolgt ein Wertausgleich, der sicherstellen soll, dass Sie und Ihr Ehemann während der Ehe einen gleich großen Zugewinn erwirtschaftet haben. Übersteigt der Zugewinn des einen Ehegatten den Zugewinn des anderen, so steht die Hälfte des Überschusses dem anderen Ehegatten als Ausgleichsforderung in Geld zu (§ 1378 Abs. 1 BGB). Das bedeutet, dass die jeweiligen Vermögen nicht vermischt werden!

Hierzu ein Beispiel: Stellen Sie sich vor, Sie hätten bei der Heirat ein Aktiendepot im Wert von 5.000 Euro besessen. Ihr Ehemann hatte bei der Heirat nur ein Auto im Wert von 1.000 Euro. Eineinhalb Jahre später wird Ihnen der Scheidungsantrag zugestellt. Ihr Aktiendepot beträgt jetzt 10.000 Euro. Ihr Ehemann besitzt inzwischen durch günstige Spekulationen ein Aktiendepot im Wert von 15.000 Euro. Das Auto ist jetzt nur noch 500 Euro wert.

Ihr Anfangsvermögen beträgt: 5.000 Euro (Aktien).

Ihr Endvermögen beträgt: 10.000 Euro (Aktien).

Sie haben Ihr Vermögen also um 5.000 Euro vergrößert, das macht Ihren Zugewinn aus.

Das Anfangsvermögen Ihres Mannes beträgt: 1.000 Euro (Auto).

Sein Endvermögen beträgt: 15.500 Euro (Aktien und Auto).

Er hat sein Vermögen also um die Summe von 14.500 Euro erhöht, das ist sein Zugewinn.

Die Differenz dieser beiden Zugewinne macht insgesamt einen Betrag von 9.500 Euro (14.500 Euro – 5.000 Euro) aus. Die Hälfte davon – das sind 4.750 Euro – schuldet Ihr Ehemann Ihnen als Zugewinnausgleich nach der Scheidung.

Wäre die These „Jeder bekommt die Hälfte und wir sind quitt“ richtig, sähe die Rechnung in diesem Fall so aus: Sie haben 10.000 Euro (Aktien) er hat 15.500 Euro (Aktien und Auto), das ergibt zusammen eine Summe von 25.500 Euro. Die Hälfte davon wären 12.750 Euro. Sie haben selbst 10.000 Euro. Ihr Ehemann müsste Ihnen dann nur 2.750 Euro zahlen. Sie sehen also, dass diese These nicht zutrifft. Denn sie berücksichtigt nicht, was Sie bzw. Ihr Ehemann an Vermögen in die Ehe mitgebracht haben.

Was ist das Anfangsvermögen?

Zum Anfangsvermögen zählt alles, was Sie an Vermögen abzüglich Schulden (Verbindlichkeiten) zum Zeitpunkt der Heirat hatten (§ 1374

Abs. 1 BGB). Dazu gehören Sparguthaben, Bargeld, Wertpapiere, Zeitwerte von Lebensversicherungen, Bausparverträge, Autos, Immobilien (zum Beispiel Grundstücke, Wohnungen, Häuser), Gesellschaftsanteile, Unternehmen (zum Beispiel Arztpraxis, Handwerksbetrieb), Urheberrechte sowie Patentrechte. Die Vermögenswerte werden „Aktiva" genannt.

Außerdem gehören zum Anfangsvermögen die Schulden, die Sie vielleicht hatten, zum Beispiel Kreditschulden, Negativsalden auf dem Girokonto, Schulden gegenüber Warenhäusern oder gegenüber anderen Gläubigern, Steuerschulden sowie Pkw-Finanzierungskredite. Diese Schulden sind die „Passiva".

Welche Vermögenswerte sind vorhanden?

Mit der folgenden Aufstellung können Sie feststellen, welche Vermögenswerte vorhanden sind.

Aktiva

Grundvermögen (Grundstücke, Häuser mit Grundstücken, Eigentumswohnungen)	_____ Euro
Bank- und/oder Sparguthaben	_____ Euro
Aktien/Wertpapiere	_____ Euro
Bausparguthaben	_____ Euro
Bargeld	_____ Euro
Lebensversicherung (Zeitwerte)	_____ Euro
Schmuck	_____ Euro
Antiquitäten	_____ Euro
Pkw	_____ Euro
Firmen-/Praxiswert	_____ Euro
Außenstände (Forderungen, Abfindungen, Schadenersatzansprüche)	_____ Euro
Nießbrauch/Wohnrecht	_____ Euro
Gesellschaftsanteile (GmbH, OHG, KG etc.)	_____ Euro

Passiva

Darlehen, Kredite _____ Euro

Girosoll _____ Euro

Privatschulden _____ Euro

Steuerschulden _____ Euro

Das Anfangsvermögen kann seit 01.01.2009 auch negativ sein. Bei der Hochzeit vorhandene Schulden sollen nur dann nicht berücksichtigt werden, wenn sie während der Ehe durch eine erfolgreiche Privatinsolvenz beseitigt wurden.

LEGEN SIE EIN BESTANDSVERZEICHNIS AN ACHTUNG

Im Streitfall müssen Sie Ihr Anfangsvermögen beweisen. Sie sollten deshalb am besten schon bei der Heirat ein Bestandsverzeichnis mit entsprechenden Belegen erstellt haben bzw. erstellen.

Haben Sie ein solches Bestandsverzeichnis noch nicht angelegt, sollten Sie gleich heute oder morgen versuchen, alle noch greifbaren Belege zu sammeln. Wenden Sie sich an die Banken, Sparkassen, Lebensversicherungsgesellschaften und fordern Sie die Werte zum Tag der Heirat an (Zeitwertbescheinigung). Einen Musterbrief dazu finden Sie auf der CD-ROM. Dieses Vorgehen lohnt sich vor allem dann, wenn Sie noch keine zehn Jahre verheiratet sind. Die Banken bewahren die Unterlagen heute im Allgemeinen nur noch etwa zehn Jahre auf. Heben Sie diese Belege an einem sicheren Ort auf, damit Ihr Ehemann sie nicht entwenden kann.

Ein bei Heirat überschuldeter Ehegatte kann sich seit 01.09.2009 auf ein negatives Anfangsvermögen berufen. Auch die Rückzahlung von Schulden während der Ehe ist seit dem 01.09.2009 relevant. Hat Ihr Ehemann seine Schulden zwar nicht ganz beseitigt, aber jedenfalls während der Ehe erheblich zurückgezahlt, gilt dieser Rückgang als Zugewinn, wenn er derjenige ist, der von Ihnen einen Zugewinnausgleich verlangt. Der Rückgang seiner

Schulden wird dann mit Ihrem Zugewinn verglichen, dadurch reduziert sich Ihre Ausgleichspflicht.

BEISPIEL

SO WIRD DER ZUGEWINNAUSGLEICH BERECHNET

Stellen Sie sich noch einmal vor, Sie hätten bei Ihrer Heirat ein Aktiendepot im Wert von 5.000 Euro besessen. Ihr Ehemann hatte bei der Heirat ein Auto im Wert von 1.000 Euro und 7.500 Euro Schulden. Eineinhalb Jahre später wird Ihnen der Scheidungsantrag zugestellt. Ihr Aktiendepot ist jetzt 10.000 Euro wert. Ihr Ehemann hat seine Schulden zurückgezahlt, das Auto ist nur noch 500 Euro wert.

Berechnung nach bis zum 31.08.2009 gültigem Recht

Ihr Anfangsvermögen beträgt: 5.000 Euro (Aktien).

Ihr Endvermögen beträgt: 10.000 Euro (Aktien).

Sie haben Ihr Vermögen um 5.000 Euro vergrößert, das ist der Zugewinn aus der Zeit Ihrer Ehe.

Sein Anfangsvermögen beträgt: 0.

Sein Endvermögen beträgt: 500 Euro (Auto).

Ihr Ehemann hat sein Vermögen um 500 Euro vergrößert, das ist sein Zugewinn. Die Differenz der beiden Zugewinne beträgt 4.500 Euro. Sie müssten an Ihren Ehemann einen Zugewinnausgleich von 2.250 Euro bezahlen. Wenn Sie im Ehevertrag vereinbart hätten, dass sein Anfangsvermögen mit minus 6.500 Euro zu bewerten ist, hätte sich folgende Rechnung ergeben:

Es bleibt dabei, dass Sie Ihr Vermögen um 5.000 Euro vergrößert haben.

Sein Anfangsvermögen beträgt: minus 6.500 Euro.

Sein Endvermögen beträgt: 500 Euro (Auto).

Er hat sein Vermögen also um 7.000 Euro vergrößert, das ist sein Zugewinn.

Die Differenz der beiden Zugewinne beträgt 2.000 Euro, Sie hätten einen Zugewinnausgleichsanspruch von 1.000 Euro gegen Ihren Ehemann.

Berechnung nach dem seit 01.09.2009 gültigen Recht

Es bleibt dabei, dass Sie Ihr Vermögen um 5.000 Euro vergrößert haben.

Sein Anfangsvermögen beträgt: minus 6.500 Euro.

Sein Endvermögen beträgt: 500 Euro (Auto).

Er hat sein Vermögen also um 7.000 Euro vergrößert, das ist sein Zugewinn.

Die Differenz der beiden Zugewinne beträgt 2.000 Euro, Sie hätten einen Zugewinnausgleichsanspruch von 1.000 Euro gegen Ihren Ehemann.

Die Neuregelung zum negativen Anfangsvermögen gilt nur für diejenigen gerichtlichen Verfahren, die nach dem Inkrafttreten des neuen Gesetzes begonnen haben, das heißt nach dem 01.09.2009. Alle anderen Neuregelungen gelten ohne zeitliche Einschränkung.

Aussteuer

Wenn Sie von Ihren Eltern zur Hochzeit eine Aussteuer erhalten haben oder Geld, um eine Aussteuer zu erwerben, so werden diese Werte ebenfalls Ihrem Anfangsvermögen hinzugerechnet. Es handelt sich um die sogenannte Ausstattung (§ 1624 BGB). Wenn Ihre Eltern noch leben, zögern Sie nicht, diese nach Belegen für die Zahlungen zu fragen oder sich eine Bestätigung über die Höhe der Aussteuer geben zu lassen.

Erbschaften und Schenkungen

Zum Anfangsvermögen zählt nicht nur das, was Sie bei der Heirat mit in die Ehe gebracht haben. Alle Zuwendungen von Todes wegen, mit Rücksicht auf ein künftiges Erbrecht, sowie Schenkungen und Ausstattungen, die Sie während der Ehe erhalten haben, gehören ebenfalls dazu (§ 1374 Abs. 2 BGB). So soll verhindert werden, dass Sie Erbschaften oder Schenkungen in voller Höhe mit Ihrem Ehemann teilen müssen. Umgekehrt bedeutet das natürlich auch, dass Sie von dem, was Ihr Ehemann erbt oder geschenkt erhält, nicht automatisch die Hälfte bekommen.

Zuwendungen von Todes wegen sind alle Vermögensvorteile, die Sie oder Ihr Ehemann als Erbe, Nacherbe oder Miterbe erhalten, ebenso solche, die

Sie aus Vermächtnissen, Erb- und Pflichtteilsansprüchen erlangen, und alle Fälle vorweggenommener Erbfolge, zum Beispiel:

- Vorweggenommene Hofübergabe
- Vorzeitige Übergabe eines Betriebs
- Entgelt für Erbverzicht auf den Pflichtteil

Den Zugewinn beeinflusst allenfalls die Wertsteigerung des Geerbten oder des Geschenks, etwa wenn das geerbte Grundstück (mit einem Wert von 100.000 Euro) bei Rechtshängigkeit des Scheidungsantrags 250.000 Euro wert geworden ist.

Schenkungen von Schwiegereltern (neuer Unterpunkt)

Sollten Sie bzw. Ihr Ehemann, von Ihren/seinen Eltern während der Ehe Schenkungen erhalten haben, geht die Rechtsprechung davon aus, dass dieses Geld normalerweise für beide bestimmt ist. Nur wenn Sie beweisen können, dass die Schenkung allein Sie betraf, wird sie Ihnen voll zum Anfangsvermögen hinzugerechnet. Können Sie das nicht beweisen, wird davon ausgegangen, dass die Schenkung sowohl für Sie als auch für Ihren Ehegatten bestimmt war. Seit der Änderung der Rechtsprechung des BGH (Urteil vom 03.02.2010, XII ZR 189/06) wird diese Schenkung dann jeweils zur Hälfte bei Ihrem Anfangsvermögen und beim Anfangsvermögen Ihres Mannes berücksichtigt. Früher war es so, dass nur die Hälfte der Schenkung dem leiblichen Kind als Anfangsvermögen angerechnet, dem Schwiegerkind nichts.

Mit dieser Rechtsprechung ist noch eine Änderung eingetreten. Die Eltern sind unter gewissen Umständen berechtigt, die Schenkung an ihr Schwiegerkind wegen der Trennung bzw. Scheidung zurückzufordern, weil für sie der Zweck der Schenkung weggefallen ist. Das heißt, die Eltern müssen gegen das Schwiegerkind klagen. Dieser Rückforderungsanspruch wird daher bei der Ermittlung des Anfangs- und Endvermögens des Schwiegerkinds als Passivposition berücksichtigt (BGH, Urteil vom 03.02.2010, XII ZR 189/06). Bei der Bemessung des Rückforderungsanspruchs ist eine Ermessensentscheidung vorzunehmen, bei der zum Beispiel auch danach gefragt wird, in welchem Umfang das eigene Kind von der Schenkung während der Ehe schon profitiert hat. Eine hundertprozentige Rückforderung dürfte die Ausnahme sein. Der Rückforderungsanspruch wird der Höhe nach jedenfalls durch den Betrag begrenzt, der beim Schwiegerkind aus der Schenkung noch vorhanden ist (BGH, Urteil vom 07.09.2005, XII ZR 316/02). Für den Antrag der Eltern ist auch das Familiengericht zuständig. Die Eltern können sich nicht vom Rechtsanwalt ihres eigenen Kindes vertreten lassen, hier besteht eine Interessenkollision. Das gerichtliche Vorgehen sollte jedoch in jedem Fall mit dem Rechtsanwalt des eigenen Kindes abgestimmt werden.

Schenkungen müssen der Vermögensbildung dienen, damit sie unter das privilegierte Vermögen fallen. Es kommt in solchen Fällen auf den Willen des Schenkenden an. Wenn Ihnen Ihre Eltern oder eine dritte Person das Geld als Zuschuss zum Unterhalt gegeben haben, dann erfolgt keine Zurechnung zum Anfangsvermögen. Denn hier hat es sich faktisch um Einkommen gehandelt. Gelegenheitsgeschenke, Weihnachts- oder auch Geburtstagsgeschenke sind deswegen meistens von der Anrechnungsmöglichkeit ausgeschlossen.

Wenn Sie von dritten Personen regelmäßig Geldgeschenke erhalten, so lassen Sie sich die Beträge besser in mehreren größeren Summen schenken. Haben Sie in der Vergangenheit bereits Schenkungen erhalten, sollten Sie sich diese aus Beweiszwecken von den Schenkenden so schnell wie möglich schriftlich bestätigen lassen. In einem Ehevertrag kann eine andere Anrechnung von Schenkungen vereinbart werden. Eine solche Regelung muss aber notariell beurkundet werden, damit sie Gültigkeit hat. Ein Muster für die schriftliche Bestätigung einer Schenkung finden Sie auf der beiliegenden CD-ROM. Sie können es direkt in Ihre Textverarbeitung übernehmen.

Haben Sie geerbtes oder geschenktes Vermögen in einen neuen Vermögensgegenstand investiert, so bekommen Sie diese Erbschaft oder Schenkung bei der Scheidung nicht wieder zurück. Nur wenn Sie dies mit Ihrem Ehemann für den Fall der Scheidung ausdrücklich vereinbart haben, besteht ein Rückgabeanspruch „in Natur“. Solche Vereinbarungen sollten Sie zu Beweiszwecken immer notariell beurkunden lassen.

Wann endet der Güterstand?

Der Güterstand der Zugewinngemeinschaft endet an sich erst mit der Ehescheidung. Dies hätte aber zur Folge, dass Sie den Zugewinnausgleich erst dann berechnen könnten. Das wollte der Gesetzgeber vermeiden. Deshalb hat er bestimmt, dass als Stichtag für die Berechnung des Endvermögens der Tag gilt, an dem der Scheidungsantrag dem anderen Ehepartner vom Gericht zugestellt wird, das ist die sogenannte Rechtshängigkeit (§ 1384 BGB). Sie und Ihr Mann können den Stichtag für das Endvermögen einvernehmlich anders bestimmen. Es ist aber so, dass im gerichtlichen Streit wieder der offizielle Stichtag der Rechtshängigkeit gilt, wenn Uneinigkeit darüber entsteht.

Sie können sich sicher vorstellen, dass sich ein Vermögen zwischen Trennung und Zustellung des Scheidungsantrags stark verändern kann – aus welchen Gründen auch immer. Seit dem 01.09.2009 gibt es einen neuen Auskunftsanspruch (§ 1379 II BGB). Sie können schon nach der Trennung verlangen, dass Ihr Ehemann Auskunft über sein Vermögen am Tag der Trennung erteilt. Dieser Anspruch kann bei Gericht geltend gemacht werden. Ihr Mann muss auch Unterlagen vorlegen, um die einzelnen Positionen zu dokumentieren. Der Gesetzgeber möchte damit Vermögensverschleierungen vorbeugen. Trotzdem sollten Sie, damit Sie kein blaues Wunder erleben, vor der Trennung alle Unterlagen, aus denen sich die Vermögenswerte Ihres Ehemanns ergeben, fotokopieren, damit Sie im Streitfall Beweismittel besitzen.

Hat sich das Vermögen zwischen Trennung und Rechtshängigkeit des Scheidungsantrags – Berechnungszeitpunkt für das Endvermögen – reduziert, muss Ihr Ehemann gemäß § 1375 II 2 BGB die Minderung darlegen. Ansonsten wird der verminderte Betrag gemäß § 1376 II BGB zum Endvermögen am Tag der Rechtshängigkeit des Scheidungsantrags hinzuaddiert. Auch mit dieser neuen Vorschrift möchte der Gesetzgeber Vermögensverschleierungen vorbeugen.

Die einzelnen Vermögenswerte des Endvermögens werden wie beim Anfangsvermögen in Aktiva und Passiva unterteilt. Gemeinsame Haushaltsgegenstände gehört im Übrigen nicht zum Endvermögen. Haushaltsgegenstände dagegen, die in Alleineigentum stehen oder nach der Trennung angeschafft wurden, gehören mit ihrem Zeitwert zum Endvermögen.

Woher soll ich wissen, was mein Mann an Vermögen hat?

Sie haben gegenüber Ihrem Ehemann einen Auskunftsanspruch über sein Endvermögen. Vor der Zustellung des Scheidungsantrags besteht dieser Auskunftsanspruch noch nicht. Leben Sie getrennt, haben Sie, wie zuvor erläutert, einen Anspruch auf Auskunft über das Vermögen am Tag der Trennung. Ihr Mann muss seine Auskunft auch belegen. Je weniger Sie über das Vermögen Ihres Ehemanns wissen, umso wichtiger ist es, dass der Trennungstag genau definiert werden kann. Andernfalls laufen Sie Gefahr, dass wegen des Auskunftsanspruchs sehr lange über den Tag gestritten wird, zu dem die Auskunft von Ihrem Ehemann zu erbringen ist.

Selbstverständlich sind im Gegenzug auch Sie Ihrem Ehemann auskunftspflichtig. Sie müssen sich also auf Verlangen wechselseitig Auskunft über Ihre Vermögensverhältnisse am Tag der Trennung bzw. Zustellung des Scheidungsantrags erteilen. Sie müssen beide zu allen Positionen Belege vorlegen. Gerade deshalb ist es so wichtig, dass Sie den Rat zu Beginn dieses Buchs befolgt haben und sich vor Ihrem Auszug von den Vermögenswerten Ihres Ehemanns die notwendigen Kopien gemacht haben. Erteilt Ihr Ehemann dann seine Vermögensauskunft, können Sie durch einen Vergleich mit Ihren Unterlagen feststellen, ob er ehrlich ist oder nicht.

WENN WICHTIGE UNTERLAGEN FEHLEN BEISPIEL

Sie haben vor der Trennung mehrere Lebensversicherungspolicen Ihres Ehemanns kopiert und auch aus seinen Kontoauszügen ergeben sich die regelmäßigen Prämienzahlungen. Wenn jetzt in seiner Auskunft keine oder nicht alle Lebensversicherungen erscheinen, können Sie anhand Ihrer Beweise ganz genau sagen, was fehlt. Ihr Ehemann muss dann darlegen, wo die Lebensversicherungen seit der Trennung geblieben sind. Das Gleiche gilt natürlich für Kontoguthaben. Hatte Ihr Ehemann vor der Trennung noch ein Sparbuch mit 25.000 Euro Guthaben und bei Trennung oder Rechtshängigkeit nicht mehr, muss er, wenn Sie Ihre Beweise präsentieren, darlegen, was er mit dem Geld gemacht hat. Wenn Sie sich diese Unterlagen nicht beschafft haben, haben Sie kaum eine Möglichkeit, seine Auskunft zu kontrollieren und die Inhalte eventuell anzuzweifeln.

Der Auskunftsanspruch bezieht sich seit 01.01.2009 auch auf das Anfangsvermögen am Tag der Heirat. Solange kein Anfangsvermögen nachgewiesen ist, wird davon ausgegangen, dass es keines gab. Das Endvermögen stellt dann den Zugewinn dar.

Wenn Ihr Ehemann die Auskunft nicht erteilt, können Sie Ihren Auskunftsanspruch gerichtlich geltend machen. Wenn Sie berechtigte Zweifel an der Richtigkeit der Auskunft Ihres Ehemanns haben oder daran, dass er sie sorgfältig erteilt hat, können Sie beantragen, dass Ihr Ehemann eine eidesstattliche Versicherung abgeben muss, dass er das Verzeichnis nach bestem Wissen so vollständig erstellt hat, wie er dazu imstande war. Hier helfen Ihnen wiederum die Kopien der Unterlagen über sein Vermögen. Diese sollten Sie ja bereits vor der Trennung gemacht haben. Diese eidesstattliche Versicherung ist ernst zu nehmen. Es besteht nämlich die Gefahr, dass auch der Staatsanwalt an den Akten Interesse zeigt und ein Strafverfahren wegen falscher eidesstattlicher Versicherung einleitet. Das kann sehr unangenehm und teuer werden. Seien Sie bei Ihrer eigenen Auskunft daher ebenfalls sehr sorgfältig.

Wie wird der Zugewinn ausgeglichen?

Zunächst müssen Sie wissen, ob einer von Ihnen einen Zugewinn erzielt hat. Der Zugewinn jedes Ehegatten ist getrennt festzustellen. Dazu müssen Sie die vier verschiedenen Vermögensmassen jeweils in ihrem Wert kennen:

- Ihr eigenes Vermögen bei Heirat (Anfangsvermögen)
- Ihr eigenes Vermögen zum Zeitpunkt der Rechtshängigkeit des Scheidungsantrags (Endvermögen)
- Das Vermögen Ihres Ehemanns bei Heirat (Anfangsvermögen)
- Das Vermögen Ihres Ehemanns bei Rechtshängigkeit des Scheidungsantrags (Endvermögen)

Zugewinn = Endvermögen – Anfangsvermögen

Lediglich wenn das Endvermögen höher ist als das Anfangsvermögen, haben Sie oder Ihr Ehemann einen Zugewinn erzielt. Die einzelnen Vermögenspositionen sind mit ihrem wirklichen Wert in die Bilanz einzustellen. Wirklicher Wert heißt, dass steuerliche Korrekturen wie Abschreibungen, Rückstellungen oder Wertberichtigungen hier keine Rolle spielen.

Ein besonderer Liebhaberwert bleibt bei der Berechnung ebenfalls ohne Bedeutung. Wenn es Streit über den Wert der einzelnen Vermögenspositionen im Anfangs- oder im Endvermögen gibt, muss in vielen Fällen ein Sachverständigengutachten eingeholt werden. Dies gilt insbesondere dann, wenn es um den Verkehrswert von Immobilien, Firmenbeteiligungen oder Unternehmen geht. Bei Lebensversicherungen kommt es auf den Zeitwert an den jeweiligen Stichtagen an, bei Aktien wird der jeweilige Kurswert herangezogen.

LASSEN SIE DEN VERKEHRSWERT VON IMMOBILIEN BESTIMMEN ACHTUNG

Bei Grundstücken, Wohnungen oder Häusern ist es häufig schwierig, den Verkehrswert festzustellen (der Einheitswert ist nicht aussagekräftig). Ein Sachverständigengutachten ist oft kostspielig. Der erste Schritt, um etwas über den Wert der Immobilie zu erfahren, sollte daher die Nachfrage bei einem vertrauenswürdigen Makler sein. Oder Sie recherchieren im Internet auf den einschlägigen Seiten zu Immobilienangeboten bezogen auf die nähere Nachbarschaft der Immobilie.

Achtung: Sie müssen dem Makler ja nicht gerade auf die Nase binden, wofür Sie die Wertangabe benötigen. Sagen Sie einfach, Sie bzw. Ihr Ehemann und Sie würden über einen Verkauf nachdenken, hätten aber keinerlei Vorstellung, was die Immobilie derzeit wert ist.

Ein anderer Weg besteht noch darin, sich an den Gutachterausschuss der Gemeinde zu wenden. Dort gibt es Sachverständige, deren Gutachten etwas günstiger sind. Sie erfahren dort auch sogenannte Bodenrichtwerte, aus denen Ihr Anwalt dann den Wert der Immobilie schätzen kann. Natürlich sind dies alles keine verbindlichen Angaben, sie reichen aber für eine überschlägige Berechnung und eine einvernehmliche Regelung oft aus. Diese Gutachten sind in einem späteren Prozess kein abschließendes Beweismittel.

Das Gericht wird, falls das in einem Einzelfall erforderlich ist, in jedem Fall ein eigenes, mit Kosten verbundenes Sachverständigengutachten in Auftrag geben. Gehört die Immobilie beiden Ehegatten zu gleichen Teilen, braucht man sehr oft gar kein Gutachten, weil sich die Werte in der Berechnung gegenseitig aufheben.

Ausgleich des Kaufkraftschwundes – „Indexierung des Anfangsvermögens"

Es spielen noch weitere Faktoren eine Rolle. Im Beispiel wurde nicht berücksichtigt, dass eine Währung an Kaufkraft verliert. Sie können sich sicher daran erinnern oder sich zumindest vorstellen, dass man noch vor zehn Jahren sehr viel mehr für eine Mark kaufen konnte als heute für 50 Cent. Dies führt dazu, dass das Anfangsvermögen oft schon wertmäßig nicht dem Endvermögen entspricht.

Der Wertverlust wird ausgeglichen, indem das Anfangsvermögen unter Hinzuziehung des einheitlichen Preisindex für Deutschland hochgerechnet wird. Das Statistische Bundesamt setzt diesen allgemeinen Verbraucherindex jeweils fest. Bei den derzeitig veröffentlichten Werten wird als Basisjahr immer 2005 mit einem Preisindex von 100 zugrunde gelegt (Die Umstellung erfolgte 2008, davor war das Basisjahr 2000). Aus Vereinfachungsgründen wird meistens auf den Jahresindex, nicht auf den Monatsindex zurückgegriffen.

TABELLE **VERBRAUCHERPREISINDEX (BASISJAHR 2005 = 100)** CD-ROM

1991	75,9	*1992*	79,8	*1993*	83,3	*1994*	85,6
1995	87,1	*1996*	88,3	*1997*	90,0	*1998*	90,9
1999	91,4	*2000*	92,7	*2001*	94,5	*2002*	95,9
2003	96,9	*2004*	98,5	*2005*	100,0	*2006*	101,6
2007	103,9	*2008*	106,6	2009	107,0	2010	ca. 108,1

Besinnen Sie sich noch einmal auf das Beispiel der Eheleute Müller und stellen Sie sich vor, dass die Heirat der beiden im Dezember des Jahres 1991 stattfand, Herr Müller im Juni 2000 geerbt hat und der Scheidungsantrag im November 2008 zugestellt wurde. Der Lebenshaltungskostenindex für 1991 beträgt 75,9, für 2000 92,7 und für 2008 106,6. Der BGH hat eine Formel entwickelt, wonach das jeweilige Anfangsvermögen mit dem Index am Ende der Ehe multipliziert und anschließend durch den Preisindex am Beginn der Ehe bzw. dem Tag der Erbschaft, Schenkung etc. dividiert wird.

ZUGEWINNAUSGLEICH BEI ERBSCHAFT BEISPIEL

Das Anfangsvermögen von Herrn Müller beträgt:

50.000 Euro x 106,6 : 92,7 = 57.497,30 Euro

Die Zugewinnausgleichsberechnung sieht dann so aus:

Anfangsvermögen Frau Müller: 0

Endvermögen Frau Müller:

200.000 Euro Haushälfte – 50.000 Euro (Hälfte der Schulden) = 150.000 Euro

Frau Müller hat somit einen Zugewinn von 150.000 Euro erzielt.

Anfangsvermögen Herr Müller: 0

Hinzugerechnetes Erbe der Mutter: hochgerechnet 57.497,30 Euro

Das ergibt ein Anfangsvermögen von 57.497,30 Euro.

Endvermögen Herr Müller:

200.000 Euro Haushälfte – 50.000 Euro (Hälfte der Schulden) = 150.000 Euro

Herr Müller hat einen Zugewinn von 92.502,70 Euro erzielt.

Herrn Müller steht also tatsächlich gegen Frau Müller ein Zugewinnausgleichsanspruch in Höhe von 28.748,65 Euro zu:

150.000 Euro – 92.502,70Euro = 57.497,30 Euro : 2 = 28.748,65 Euro.

Zugewinnausgleichsanspruch = Geldanspruch

Bei einem Zugewinnausgleichsanspruch handelt es sich um einen reinen Geldanspruch. Sie müssen immer daran denken, dass beim gesetzlichen Güterstand der Zugewinngemeinschaft ein Wertausgleich nur ausnahmsweise dadurch stattfindet, dass einzelne Vermögenswerte, dazu gehören zum Beispiel Bankkonten, Aktiendepots oder auch Immobilien, einzeln gegenübergestellt werden.

Ihr Gesamtvermögen und das Ihres Ehemanns werden in Geld umgerechnet, anschließend werden diese Werte einander gegenübergestellt. Wenn sich dabei ein Zugewinnausgleichsanspruch ergibt, so ist damit also immer ein Geldanspruch gemeint.

ACHTUNG

VERJÄHRUNGSFRIST DES ZUGEWINNAUSGLEICHS

Der Zugewinnausgleichsanspruch verjährt in drei Jahren (§ 195 BGB). Diese Frist beginnt mit Ende des Jahres, in dem Sie rechtskräftig geschieden werden. Wenn das im Jahr 2010 der Fall war, beginnt die Verjährung am 01.01.2011 und endet am 31.12.2013. Bis zum 31.12.2009 galt noch § 1378 Abs. 3 BGB, danach begann die Dreijahresfrist an dem Tag, an dem Sie erfahren haben, dass sie rechtskräftig geschieden wurden. Diese Vorschrift gilt noch für alle Ehen, die vor dem 31.12.2009 rechtskräftig geschieden wurden. Ihr Rechtsanwalt kann die Frist genau berechnen. Es spielt keine Rolle, ob Sie wussten, dass überhaupt ein Anspruch besteht.

Sie haben nur in seltenen Ausnahmefällen einen Anspruch auf Übertragung eines bestimmten Vermögensgegenstands anstelle der Zahlung eines Geldbetrags als Zugewinnausgleich. Das Familiengericht kann auf Antrag des Gläubigers anordnen, dass der Schuldner bestimmte Gegenstände seines Vermögens dem Gläubiger unter Anrechnung auf die Ausgleichsforderung zu übertragen hat, wenn dies erforderlich ist, um eine grobe Unbilligkeit für den Gläubiger zu vermeiden, und wenn dies dem Schuldner zugemutet werden kann (§ 1383 Abs. 1 Satz 1 BGB).

Vor allem in solchen Fällen, in denen nur wenig Barvermögen vorhanden ist, stattdessen aber Wertgegenstände wie Auto, Firmenanteile oder Immobilien, ist ein solcher Ausgleich möglich. Selbstverständlich können Sie sich mit Ihrem Ehemann auch über einen anderen Ausgleich einigen, ohne dass die strengen Voraussetzungen des Gesetzes erfüllt sein müssen. Generell gilt allerdings, dass Sie keinen Anspruch darauf haben.

Kann der Zugewinn ausgeglichen werden, wenn wir seit drei Jahren getrennt leben?

Wenn Sie länger als drei Jahre getrennt leben, können Sie den Zugewinnausgleich auch ohne Scheidung verlangen. Man spricht in einem solchen Fall vom vorzeitigen Zugewinnausgleich (§ 1385 BGB). Sie müssen diesen ebenfalls bei Gericht beantragen. Auch dazu brauchen Sie einen Rechtsanwalt - es herrscht Anwaltszwang. Der Antrag kann seit 01.01.2009 auch von demjenigen Ehegatten gestellt werden, der einen Zugewinnausgleich schuldet, der also reicher als der andere geworden ist (§ 1386 BGB).

Der Berechnungsstichtag für das Endvermögen ist dann - da es ja keinen Scheidungsantrag gibt - der Tag, an dem der Antrag auf vorzeitigen Zugewinn erhoben wird (§ 1387 BGB). Sobald der Gerichtsbeschluss auf vorzeitigen Zugewinnausgleich rechtskräftig wird, tritt die Gütertrennung ein. Die Berechnung erfolgt in diesem Zusammenhang genauso wie bei der Scheidung.

WAS GILT BEI SCHULDHAFTER VERNACHLÄSSIGUNG? ACHTUNG

Sie können den vorzeitigen Zugewinnausgleich auch dann geltend machen, wenn Ihrem Ehemann eine schuldhafte Vernachlässigung oder Verletzung wirtschaftlicher Verpflichtungen, die sich aus der Ehe ergeben, vorzuwerfen ist und man davon ausgehen muss, dass dies auch in Zukunft der Fall sein wird. Jedoch müssen alle genannten Voraussetzungen gleichzeitig vorliegen, wobei die Zukunftsprognose wohl der am schwierigsten zu beweisende Faktor ist.

Mein Mann hat alles seiner Geliebten geschenkt – was nun?

Hat Ihr Ehemann sein Vermögen seiner Geliebten geschenkt, schützt Sie zunächst das Gesetz. Ihrem Ehemann werden zu seinem Endvermögen folgende Ausgaben hinzugerechnet (§ 1375 Abs. 2 BGB):

- Unentgeltliche Zuwendungen, soweit es sich nicht um Pflicht- und um Anstandsschenkungen handelt
- Vermögensverschwendung
- Handlungen in der Absicht, den anderen zu benachteiligen
- Unentgeltliche Zuwendungen

Nun fragen Sie sich, was mit unentgeltlichen Zuwendungen gemeint ist. Dazu gehören unter anderem Schenkungen, Stiftungen und unverhältnismäßige Ausstattungen eines Kindes. Unter den Punkt Vermögensverschwendung fallen alle unnützen, ziellosen Ausgaben, die in keinem Verhältnis zu den realen Vermögens- und Einkommensverhältnissen stehen. Diese Ausgaben müssen als unvernünftig und wirtschaftlich unvertretbar eingestuft werden, zum Beispiel Ausgaben aus Leichtsinn oder Trunksucht, aber auch das Verkommenlassen wirtschaftlicher Werte zählt dazu.

Handlungen, die Sie benachteiligen sollen, sind diejenigen, mit denen Ihr Ehemann erreichen will, dass Sie eine Benachteiligung erleiden. Kann er jedoch vernünftige Gründe für sein Verhalten vorbringen, so erfolgt keine Hinzurechnung zum Endvermögen. Die Hinzurechnung erfolgt in allen Fällen nur dann, wenn die Ausgaben bzw. Handlungen nicht länger als zehn Jahre vor der Rechtshängigkeit des Scheidungsantrags stattfanden (§ 1375 Abs. 3 BGB). Die Schenkungen Ihres Ehemanns an seine Freundin werden daher seinem Endvermögen hinzugerechnet. Das bedeutet, dass Ihr Zugewinnausgleichsanspruch dadurch nicht geschmälert wird.

Ihr Mann ist einerseits verpflichtet, über diese Vermögensverfügungen Auskunft zu erteilen (BGH, Urteil vom 09.02.2005, XII ZR 93/02). Sie müssen hierzu nur konkrete Vorgänge vortragen, zum Beispiel die Verringerung der Kontostände oder die Kündigung einer Lebensversicherung. Es kommt hier auf die naheliegende Möglichkeit von Schenkungen oder Verschwendungen mit Benachteiligungsabsicht an. Andererseits muss er wegen § 1375 Abs. 2 S. 2 BGB ohnehin über die Vermögensminderung zwischen Trennung und Rechtshängigkeit des Scheidungsverfahrens Rede und Antwort stehen, weil die Vermögensminderung andernfalls bei der Berechnung des Endvermögens nicht berücksichtigt wird.

VORSICHT BEI SCHENKUNGEN ACHTUNG

Waren Sie zu einem vergangenen Zeitpunkt mit einer Zuwendung einverstanden, dann erfolgt allerdings keine Hinzurechnung zum Endvermögen. Seien Sie also vorsichtig damit.

Mein Mann bringt das Geld durch – was kann ich dagegen tun?

Wenn Ihr Ehemann Geld verprasst, so sind Sie zunächst bei der Berechnung des Zugewinnausgleichs dadurch geschützt, dass die Verschwendungen seinem Endvermögen hinzugerechnet werden. In derartigen Fällen können Sie ebenfalls einen Antrag auf den vorzeitigen Zugewinnausgleich einreichen.

Das ist nicht nur nach dreijähriger Trennung möglich, sondern auch, wenn eine erhebliche Gefährdung der künftigen Ausgleichsforderung (§ 1385 Nr. 2 BGB) zu befürchten ist, weil Ihr Ehemann sein Vermögen verschwendet, ohne berechtigten Grund verschenkt (§ 1375 Abs. 2 BGB) oder Ihnen keine grobe Vermögensübersicht (§ 1385 Nr. 4 BGB) gibt. Für den Antrag besteht wie für die Ehescheidung Anwaltszwang. Einen solchen Antrag können beide Ehegatten stellen, das bedeutet, auch der Ehegatte, der einen

Zugewinnausgleich bezahlen muss, kann sich vor Vermögensminderungen des Ausgleichsberechtigten schützen. Bis zum 01.09.2009 war das nicht möglich, infolge der Ausgaben des Berechtigten kann sich unter Umständen also der Zugewinnausgleichsanspruch vergrößern.

ACHTUNG

IM ZWEIFELSFALL ZUM ANWALT

Wenn Sie das Gefühl haben, dass Ihr Ehemann versucht, Anteile des Vermögens auf die Seite zu bringen, sollten Sie unverzüglich einen Rechtsanwalt einschalten.

Die Gefahr, dass Ihre Zugewinnausgleichsforderung durchaus der Höhe nach viel niedriger sein kann als der Betrag, der Ihnen rechnerisch zusteht wurde durch die Gesetzesänderung zum 01.09.2009 abgeschwächt. Der Grund liegt darin, dass die Vorschrift, wonach Ihr Ehemann als Ausgleichspflichtiger nie mehr bezahlen musste, als sein Vermögen bei der Ehescheidung betrug (§ 1378 Abs. 2 BGB a.F.) abgeschafft wurde. Es kommt jetzt gemäß § 1384 BGB immer auf das Nettovermögen bei Rechtshängigkeit des Scheidungsantrags an. Veränderungen in der Zeit danach, spielen keine Rolle, das heißt, es kann für Ihren Ehemann die Verpflichtung bestehen, für den Ausgleich an Sie ein Darlehen aufzunehmen.

Nach § 1378 Abs. 2 BGB n.F. wird diesem Nettovermögen außerdem noch der Betrag zugerechnet, um den Ihr Mann in vorwerfbarer Weise durch illoyale Vermögensverschiebungen (§ 1375 Abs. 2 S. 1 BGB) zwischen Trennung und Rechtshängigkeit des Scheidungsantrags sein Endvermögen reduziert hat.

BEISPIEL

SCHENKUNG VON 70.000 EURO

Herr und Frau Maier haben bei ihrer Heirat kein Vermögen. Das Endvermögen von Herrn Maier beträgt 30.000 Euro. Während der Trennungszeit hat er, um Frau Maier zu benachteiligen, 20.000 Euro verschenkt und nach Rechtshängigkeit des Scheidungsantrags die 30.000 Euro ausgegeben. Die 20.000 Euro werden dem Endvermögen hinzugerechnet, das heißt, es beträgt dann insgesamt 50.000 Euro. Frau Maier hat kein Endvermögen.

Der Ausgleichsanspruch von Frau Maier macht 25.000 Euro aus. Bei Scheidung hat Herr Maier an sich gar kein Vermögen mehr, sodass man denken könnte, er müsste die 25.000 Euro nicht zahlen. Die 20.000 Euro, die er verschenkt hat, werden jedoch mit berücksichtigt, zudem kommt es auf den Verbrauch der 30.000 Euro nach Rechtshängigkeit des Scheidungsantrags nicht an. Herr Maier wird so behandelt, als hätte er noch ein Vermögen von 50.000 Euro, und in dieser Höhe ist er auch verpflichtet, den Anspruch, der an sich 25.000 Euro beträgt, zu erfüllen. Frau Maier kann sich wegen dieses Betrags auch direkt an die Lebensgefährtin wenden, gegen die ihr ein direkter Zahlungsanspruch zusteht (§ 1390 BGB).

Was passiert, wenn es einen Ehevertrag gibt?

Ausführliche Informationen zur grundsätzlichen Wirksamkeit bzw. zur Angreifbarkeit von Eheverträgen finden Sie im Kapitel „Wie lasse ich mich scheiden?“. Wichtig ist zunächst, was in Ihrem Ehevertrag genau zum Güterstand vereinbart ist.

Gütertrennung

Wenn Sie reine Gütertrennung vereinbart haben, dann gibt es keinen Zugewinnausgleich. Mehr über die Aufteilung von gemeinsamem Vermögen bzw. Schulden erfahren Sie im Kapitel „Gemeinsame Finanzen – was tun mit Schulden und Vermögen?“. Sie unterliegen während der Ehe auch keinerlei Verfügungsbeschränkungen über Ihr Vermögen, außer es geht um gemeinsame Haushaltsgegenstände. Sie und Ihr Ehemann stehen sich vermögensrechtlich wie Unverheiratete gegenüber.

Es ist übrigens auch möglich, Gütertrennung nur für den Fall zu vereinbaren, dass aus Ihrer Ehe keine Kinder hervorgehen und es andernfalls beim gesetzlichen Güterstand der Zugewinngemeinschaft bleibt. Die Gütertrennung steht dann unter einer auflösenden Bedingung. Sollte in Ihrem Ehevertrag stehen, dass der Zugewinnausgleich zwar stattfindet, wenn die Ehe durch den Tod beendet wird (pauschale Erhöhung des Ehegattenerbrechts nach § 1371 BGB), aber nicht bei Scheidung, findet im letzteren Fall auch kein Zugewinnausgleich statt. Sie leben faktisch in reiner Gütertrennung, kommen aber beim Erbfall in die Vorzüge des gesetzlichen Güterstands der Zugewinngemeinschaft.

Modifizierte Zugewinngemeinschaft

Sollte in Ihrem Ehevertrag nur vereinbart sein, dass bestimmte Vermögenswerte, beispielsweise der Betrieb Ihres Ehemanns, nicht dem Zugewinnausgleich zufallen, bedeutet dies, dass die Ausgleichsbilanz ohne den Wert des Betriebs Ihres Ehemanns vorzunehmen ist.

ACHTUNG

VORSICHT BEIM EHEVERTRAG

Bei Eheverträgen, durch die der Zugewinnausgleich modifiziert wird, ist höchste Vorsicht geboten. Es lohnt sich immer, den Rat eines Rechtsanwalts einzuholen. Der Notar hinterfragt bei der Protokollierung oft nicht, was eigentlich gewollt ist. Überdies wird häufig nicht klar geregelt, ob die Einschränkung (in unserem Beispiel etwa) auch für alles gelten soll, was mit dem Betrieb erwirtschaftet wurde, oder auch für das Vermögen, das aus dem Verkauf des Betriebs erzielt wurde. Hierdurch kann es bei einer späteren Scheidung zu erheblichem Streit kommen.

Gütergemeinschaft

Wenn Sie durch einen Ehevertrag den Güterstand der Gütergemeinschaft gewählt haben, wird das gesamte Vermögen, auch das vor der Heirat erworbene, grundsätzlich gemeinschaftliches Eigentum beider Eheleute. Dieses wird als Gesamtgut bezeichnet. Sie können darüber in der Regel auch nur gemeinsam verfügen. Sie haften grundsätzlich – anders als bei Gütertrennung und Zugewinngemeinschaft – für Schulden ebenfalls gemeinsam. Neben dem Gesamtgut wird noch in Sondergut und Vorbehaltsgut unterteilt.

- Unter Sondergut werden all die Vermögenswerte zusammengefasst, die nicht durch Rechtsgeschäft übertragen werden können, zum Beispiel Schmerzensgeldansprüche oder Urheberrechte. Es ist nicht möglich, Sondergut ehevertraglich zu vereinbaren.

- Als Vorbehaltsgut gelten die Gegenstände, die ein Ehegatte von Todes wegen erwirbt oder die ihm von Dritten unentgeltlich zugewendet werden, wenn der Erblasser oder der Dritte bestimmt, dass sie zum Vorbehaltsgut werden sollen. Auch die Gegenstände zählen dazu, die ursprünglich zum Vorbehaltsgut gehörten, jedoch zerstört oder ersetzt wurden. Durch Ehevertrag können weitere Gegenstände zum Vorbehaltsgut erklärt werden. Der Güterstand der Gütergemeinschaft ist alles in allem so kompliziert und kommt sehr selten vor, sodass er in diesem Ratgeber nicht in aller Ausführlichkeit besprochen werden kann.

Regelungen über Erbschaften und Schenkungen

Außerdem können Sie in einem Ehevertrag Regelungen festlegen, die sich auf die Behandlung von Erbschaften und Schenkungen beziehen.

Mein Mann hat mir schon viel geschenkt – spielt das eine Rolle?

Wenn sich die Ehepartner während der Ehe zum Beispiel Geld schenken oder in das Haus des anderen investieren, spricht man von einer sogenannten ehebezogenen Zuwendung. Dies kann sein:

- Sie geben Ihrem Ehemann Geld für den Kauf eines Grundstücks. Er bebaut es mit einem Mietshaus. Sie stehen nicht im Grundbuch.
- Ihr Ehemann überträgt Ihnen die Hälfte seines Hauses.
- Sie geben Ihrem Ehemann Geld für sein Unternehmen und vereinbaren kein Darlehen.
- Sie zahlen die Prämien des Bausparvertrags Ihres Ehemanns.

Wenn Sie dazu nichts vereinbaren, haben Sie bei einer Scheidung grundsätzlich keinen Anspruch auf Rückgewähr. Sie erhalten höchstens einen höheren Zugewinnausgleich.

BEISPIEL

WOHNUNGSKAUF WÄHREND DER EHE

Sie und Ihr Ehemann haben zum Zeitpunkt der Heirat keinerlei Vermögen. Später hinterlässt Ihnen Ihre Mutter ein Erbe in Höhe von 100.000 Euro. Mit diesem Geld kaufen Sie eine Wohnung. Im Grundbuch wird auch Ihr Ehemann als hälftiger Miteigentümer eingetragen. (Sie denken, das ist unter Eheleuten ja nun einmal so üblich.)

Bei der Zustellung des Scheidungsantrags ist die Wohnung 125.000 Euro wert. Anderes Vermögen gibt es nicht. In diesem Beispielsfall ergibt sich folgende Rechnung:

Anfangsvermögen Ehefrau: 100.000 Euro (Erbe)

Endvermögen Ehefrau: 62.500 Euro (1/2 Wohnung)

Sie haben keinen Zugewinn erzielt, weil Ihr Anfangsvermögen höher ist als Ihr Endvermögen.

Anfangsvermögen Ehemann: Null

Endvermögen Ehemann: 62.500 Euro

Daraus ergibt sich ein Zugewinn von 62.500 Euro und somit ein Zugewinnausgleichsanspruch (50 Prozent) für Sie in Höhe von 31.250 Euro. Sie bekommen also nur ungefähr die Hälfte Ihrer Zuwendung zurück (die Hälfte Ihres Erbes haben Sie ja indirekt Ihrem Mann geschenkt, weil er auch Eigentümer der Wohnung wurde). Hätten Sie beim Kauf der Wohnung vereinbart, dass Ihr Ehemann dazu verpflichtet ist, die Hälfte der Wohnung an Sie zurückzugeben, wäre das wesentlich günstiger für Sie.

Anrechnung auf den Zugewinnausgleich (§ 1380 BGB)

Stellen Sie sich folgenden Fall vor: Sie haben 1975 bei der Heirat beide kein Vermögen. 2003 schenkt Ihnen Ihr Ehemann 20.000 Euro. 2005 wird der Scheidungsantrag eingereicht. Ihr Ehemann hat ein Vermögen von 100.000 Euro, Sie nur in Höhe von 10.000 Euro. Das heißt, Sie sind diejenige, die einen Zugewinnausgleichsanspruch hat. Eine derartige Zuwendung wie die 20.000 Euro, die Sie bereits erhalten haben, wird Ihnen unter Umständen auf Ihren Zugewinn angerechnet, auch wenn sich Ihr Ehemann dies nicht ausdrücklich vorbehalten hat. Nach dem Gesetz besteht eine Anrechnungspflicht, wenn der Wert der Zuwendung den Wert von Gelegenheitsgeschenken übersteigt, die nach den Lebensverhältnissen der Ehegatten üblich sind (§ 1380 BGB). Bei einer Wohnung oder größeren Geldbeträgen wird die Zurechnung zu bejahen sein.

Rückforderung ehebezogener Zuwendungen

Nur wenn der Zugewinnausgleich zu keinem gerechten Ergebnis führt, kann ein Ehepartner trotzdem einen Anspruch auf Rückübertragung der ehebezogenen Zuwendung oder auf Zahlung eines finanziellen Ausgleichs haben. Dies wird damit begründet, dass durch das Scheitern der Ehe die Geschäftsgrundlage für die Zuwendung weggefallen sei. Die Rechtsprechung besagt, dass es schlechthin unangemessen und untragbar sein muss, wenn Sie die Zuwendung weiter – ohne irgendeinen Ausgleich zu leisten – behalten dürften.

Verhältnis Zugewinnausgleich – Rückgewähr von Zuwendungen

- Zuwendungen, die sich Ehegatten während des Bestehens einer Zugewinngemeinschaft gemacht haben und die sie wegen des Scheiterns der Ehe zurückverlangen, werden grundsätzlich nur über den Zugewinnausgleich ausgeglichen.
- Ein Ausnahmefall kann dann vorliegen, wenn bei dem Ehegatten, der die Zuwendung durchgeführt hat, besonderes Interesse an der Rückübertragung vorliegt und es unerträglich erscheint, dass der andere Ehegatte auf das Eigentum besteht, anstatt es gegen einen Ausgleichsanspruch zurückzuübertragen.
- Solange der Zuwendende die Hälfte des Werts der Zuwendung über den Zugewinnausgleich zurückerhält, wird die Grenze des Unangemessenen nicht überschritten sein.
- Allein die Tatsache, dass weniger als die Hälfte der Zuwendung über den Zugewinnausgleich zurückfließt, reicht für eine Rückübertragung nicht aus. Es müssen weitere Gründe vorliegen.

Der Anspruch auf Rückgewähr entsteht mit dem endgültigen Scheitern der Ehe, in der Regel also mit der Trennung (BGH, Urteil vom 28.02.2007, XII ZR 156/04). Wenn Sie einen Ehevertrag geschlossen und Gütertrennung vereinbart haben, so ist die Rückforderung solcher Zuwendungen nicht darauf beschränkt, ein schlechthin untragbares Ergebnis zu korrigieren. Bei Gütertrennung wird nur die Frage gestellt, ob die Aufrechterhaltung des durch die Zuwendung geschaffenen Zustands nach Treu und Glauben unzumutbar ist oder nicht.

ACHTUNG

LASSEN SIE SICH BEI VERMÖGENSÜBERTRAGUNGEN IMMER BERATEN

Übertragen Sie nicht voreilig, nur weil Sie es für gerecht halten, Vermögen auf Ihren Ehemann, vor allem wenn es aus Erbschaften oder Schenkungen stammt. Sie verlieren es dadurch und bekommen wertmäßig oft keinen oder nur einen geringen Ausgleich dafür beim Zugewinnausgleich. Sie sollten in jedem Fall vereinbaren, dass eine solche Zuwendung bei einer Scheidung an Sie zurückzugeben ist oder auf den Zugewinnausgleichsanspruch angerechnet wird. Fragen Sie dazu am besten Ihren Rechtsanwalt oder den Notar.

Sorge- und Umgangsrecht – was wird aus den Kindern?

WENN UNEINIGKEIT ZWISCHEN DEN EHELEUTEN BESTEHT BEISPIEL

Frau Ritter ist mit ihrem Ehemann total zerstritten. Sie können keine drei Worte miteinander wechseln, ohne einander zu beschimpfen. Auch über Fragen, die die Kinder betreffen, können sie nicht vernünftig reden. Herr Ritter hält sich nicht an vereinbarte Besuchstermine, sondern holt und bringt die Kinder, wann er will. Außerdem hat er angekündigt, dass er die Kinder während der Sommerferien nicht zu sich nehmen wird, wie es zwischen ihm und seiner Frau eigentlich abgesprochen ist.

Was bedeutet gemeinsames Sorgerecht?

Die Frage, was mit den Kindern geschieht, ist bei den meisten Trennungen und Scheidungen die schwierigste und dringendste. Das Sorgerecht besteht aus der Personen- und Vermögenssorge sowie dem Aufenthaltsbestimmungsrecht. Das gemeinsame Sorgerecht hat sich durch die Kindschaftsreform seit dem 01.07.1998 grundlegend geändert. Bis zum 30.06.1998 führte das gemeinsame Sorgerecht dazu, dass sich die Eltern über sämtliche Dinge, die die Kinder betrafen, gemeinsam einigen mussten. Seit dem 01.07.1998 ist das gemeinsame Sorgerecht anders ausgestaltet. Es heißt jetzt, dass die dauerhaft getrennt lebenden Eltern, denen die elterliche Sorge gemeinsam zusteht, im gegenseitigen Einvernehmen Regelungen über die Angelegenheiten von erheblicher Bedeutung für das Kind treffen müssen (§ 1687 BGB).

Seitdem wird zwischen Entscheidungen des täglichen Lebens und Entscheidungen von erheblicher Bedeutung unterschieden. Wenn Ihr Kind bei Ihnen lebt, können Sie trotz des gemeinsamen Sorgerechts ganz alleine über Alltagsangelegenheiten entscheiden. Ihr Ehemann hat dabei kein Mitspracherecht. Hierzu zählen zum Beispiel:

- Gesundheit
  - Standardimpfungen
  - Behandlung von gewöhnlichen Kindererkrankungen
  - Polypenentfernung
- Religion
  - Teilnahme am Gottesdienst
  - Zeitpunkt der – von beiden Elternteilen gewünschten – Taufe
- Schule
  - Nachhilfeunterricht
  - Zeugnisunterschrift
  - Entschuldigung bei Krankheit
  - Elternabende
  - Tagesausflüge
  - Klassenreisen
  - Wahlfächer
- Streitig: Beantragung eines Kinderausweises
- Bestimmung des Urlaubs (je nach den individuellen Verhältnissen)
- Umgang mit Freunden
- Ernährung und Bekleidung
- Freizeitgestaltung
- Bestimmung der Schlafenszeiten
- Taschengeld
- Verwaltung kleinerer Geldgeschenke

Bei Angelegenheiten von erheblicher Bedeutung müssen Sie sich jedoch mit Ihrem Ehemann – solange Sie das gemeinsame Sorgerecht haben – einigen. Dazu gehören zum Beispiel:

- Aufenthalt
  - Bestimmung des (gewöhnlichen) Aufenthalts des Kindes
  - Verbringung des Kindes ins Ausland
  - Wohnortwechsel des betreuenden Elternteils mit dem Kind, es sei denn im näheren Umkreis zur bisherigen Wohnung
- Gesundheit
  - Behandlungsmethode (mit Ausnahme der gewöhnlichen medizinischen Versorgung)
  - Streitig: Impfung des Kindes
  - Operationen außer bei Gefahr in Verzug
  - Krankenhausaufenthalt
- Vorname des Kindes
- Entscheidungen über die religiöse Erziehung/Taufe
- Änderung der Staatsangehörigkeit
- Streitig: Besuch einer Kindertagesstätte
- Schule
  - Einschulung (wann und in welche Schule)
  - Schulwechsel; Internatsaufenthalt
  - Besuch einer weiterführenden Schule
  - Freiwillige Wiederholung einer Klasse
  - Wahl der Fächer bzw. Fächerkombinationen

  - Ausbildungs- und Berufswahl
  - Streitig: Beantragung eines Kinderausweises
- Reisen/Urlaub – je nach Reiseland und politischer Situation
- Umgang
  - eines Elternteils (§ 1684 BGB)
  - mit Dritten (§ 1685 BGB), zum Beispiel Großeltern
- Ausschlagung einer dem Kind angefallenen Erbschaft
- Verwaltung des Kindesvermögens

ACHTUNG

LASSEN SIE SICH BERATEN

Wie das für Sie zuständige Familiengericht die Unterscheidung zwischen Alltagsangelegenheit und Angelegenheiten von besonderer Bedeutung handhabt, kann Ihnen am besten Ihr Anwalt sagen. Sie können sich aber auch an das Jugendamt oder andere Beratungsstellen wenden.

Das heißt: Auch Ihr Ehemann hat das Recht, im Kindergarten oder in der Schule Auskünfte zu verlangen, ebenso bei Ärzten. Sie sollten daher den Kindergarten, die Schule und Ihren Hausarzt über die Trennung informieren und darum bitten, dass Sie informiert werden, wenn Ihr Mann dort vorstellig wird. Besteht Gefahr in Verzug, das heißt, liegt ein Eilfall vor, so steht Ihnen jedoch trotz gemeinsamer Sorge das Alleinvertretungsrecht (§ 1629 Abs. 1 Satz 4 BGB) zu. Das ist besonders bei Notoperationen wichtig.

Um von Ihrem Ehemann Unterhalt für die Kinder zu verlangen, brauchen Sie nicht das alleinige Sorgerecht. Da sich die Kinder in Ihrer Obhut befinden, sind Sie berechtigt, deren Unterhaltsansprüche gegen Ihren Ehemann geltend zu machen (§ 1629 Abs. 1 BGB).

Wenn Sie mit Ihrem Ehemann wegen der Kinder häufig Streit haben, sollten Sie zunächst anhand der beiden Auflistungen auf Seite 144f. überprüfen, um welche Fragen es dabei geht. Oftmals werden Sie feststellen, dass der Streit sich auf Bereiche des alltäglichen Lebens bezieht, in denen Ihnen das Alleinentscheidungsrecht sowieso zusteht. Mit diesem Wissen lässt es sich dann häufig ganz anders mit dem Ehemann reden, weil Sie für sich die Gewissheit haben, dass das Gesetz auf Ihrer Seite steht.

NUTZEN SIE DEN ANSPRUCH AUF BERATUNG ACHTUNG

Als Eltern haben Sie aber auch auf jeden Fall Anspruch auf Beratung durch die Jugendämter und ähnliche Beratungsstellen. Sie sollten diese Beratung in Anspruch nehmen, wenn Sie sich mit Ihrem Ehemann nicht einig sind. Das Jugendamt wird dann versuchen zu vermitteln. Seit dem 01.07.1998 müssen auch die Kinder daran angemessen beteiligt werden. Bei diesen Beratungsgesprächen stellt sich vielleicht schnell heraus, ob Sie sich mit Ihrem Ehemann über die Belange Ihrer Kinder trotz der Trennung noch einigen können oder nicht.

Gibt es das alleinige Sorgerecht überhaupt noch?

Das alleinige Sorgerecht gibt es nach wie vor, aber die Anforderungen für einen erfolgreichen Antrag sind im Streitfall seit dem 01.07.1998 größer geworden. Vorher reichte es aus, das alleinige Sorgerecht beantragt zu haben. Das Gericht konnte sich über diesen Willen nicht hinwegsetzen und konnte es nicht beim gemeinsamen Sorgerecht belassen. Durch die Gesetzesänderung wollte der Gesetzgeber erreichen, dass die Eltern auch nach einer Trennung oder Scheidung die elterliche Sorge gemeinsam wahrnehmen.

Wenn Ihr Ehemann damit einverstanden ist, dass Sie das Sorgerecht alleine ausüben sollen, kann das Familiengericht Ihnen auch heute noch das alleinige Sorgerecht übertragen, ohne dass Sie dies lang und breit begründen müssen. Wenn Ihr Ehemann damit nicht einverstanden ist oder Sie – wie bei Frau Ritter der Fall – mit Ihrem Ehemann total zerstritten sind, müssen Sie einen Sorgerechtsantrag stellen. Sie werden mit diesem Antrag aber nur Erfolg haben, wenn wirklich triftige Gründe vorliegen, weswegen die gemeinsame elterliche Sorge nicht ausgeübt werden kann. Die Anforderungen der Gerichte sind hier sehr unterschiedlich, Ihr Rechtsanwalt kennt die örtlichen Gepflogenheiten am Besten.

ACHTUNG

DAS KINDESWOHL STEHT IMMER IM VORDERGRUND

Für einen erfolgreichen Sorgerechtsantrag müssen Sie dem Gericht darlegen, dass es zwischen Ihnen und Ihrem Ehemann keine Konsens- und Kooperationsbereitschaft hinsichtlich der Angelegenheiten der Kinder gibt. Viele Gerichte übergehen das Streitpotenzial zwischen den Eltern jedoch, indem sie feststellen, dass sich die Streitereien ja gar nicht auf die Angelegenheiten von besonderer Bedeutung beziehen. Sie zwingen die Frauen damit, de facto erst einmal stillzuhalten, bis es um wichtigere Fragen geht.

Darüber hinaus gibt es weitere Gründe, die für die Übertragung der alleinigen elterlichen Sorge sprechen:

- Mangelnder Kontakt des Vaters zu den Kindern
- Unauffindbarkeit oder ständiger Wohnsitzwechsel des Vaters
- Vater entzieht sich der Unterhaltsverpflichtung
- Vater war gegen Sie oder die Kinder gewalttätig

Nicht ausreichend sind für sich alleine gesehen in der Regel die folgenden Punkte:

- Eine große Entfernung zwischen den Wohnorten der Kinder und des Vaters
- Drogenabhängigkeit des Vaters
- Aidserkrankung des Vaters
- Sektenzugehörigkeit des Vaters

Wenn sich die mangelnde Einigungsfähigkeit zwischen Ihnen und Ihrem Mann nur auf einen Teilbereich der Angelegenheiten von erheblicher Bedeutung bezieht, können Sie Ihren Antrag darauf begrenzen. Seit dem 01.07.1998 ist es nämlich auch möglich, Teilbereiche der elterlichen Sorge zu übertragen, zum Beispiel in Bezug auf das Aufenthaltsbestimmungsrecht, die Vermögenssorge oder das Alleinentscheidungsrecht über Schulfragen. Vor dem Hintergrund dieser gesetzlichen Neuregelung sind beschränkte Anträge oft erfolgversprechender als die auf Übertragung der gesamten elterlichen Sorge.

Was ist, wenn wir uns nicht einigen können, bei wem die Kinder leben sollen?

Wenn Sie und Ihr Ehemann sich über die Frage, bei wem die Kinder leben sollen, nicht einigen können, werden Sie nicht darum herumkommen, einen Antrag auf Übertragung des Sorgerechts zu stellen. Sie müssen jedoch davon ausgehen, dass Ihr Ehemann ebenfalls einen solchen Antrag stellt. Das Gericht muss sich, wenn ein derartiger Fall vorliegt, mit den schon zuvor angeführten beiden Fragen beschäftigen und dann entscheiden:

- Wieso wirkt sich die gemeinsame elterliche Sorge nachteilig auf das Wohl Ihres Kindes aus?
- Wieso wäre die Übertragung der alleinigen elterliche Sorge auf Sie für Ihr Kind das Beste?

Für die Richter ist bei dieser Entscheidung ausschließlich das Kindeswohl von Bedeutung. Ihre oder die Gefühle und Wünsche Ihres Mannes stehen hier nicht im Vordergrund. Es kommt auch nicht darauf an, wer Schuld an der Trennung hatte oder ob Sie sich inzwischen einem neuen Partner zugewandt haben. Das Gericht berücksichtigt bei seiner Kindeswohlprüfung die folgenden Punkte.

Kontinuitätsprinzip

- Zu welchem Elternteil hat das Kind eine bessere Beziehung?
- Welcher Elternteil hat das Kind bis zum Zeitpunkt der Scheidung überwiegend versorgt und betreut?
- Welcher Elternteil ist die Hauptbezugsperson?
- Bei wem wohnt das Kind zum Zeitpunkt der Gerichtsentscheidung und wer versorgt es?
- Wo bleiben dem Kind die persönlichen Lebensumstände (Freunde, Kindergarten etc.) und die wichtigsten Bezugspersonen am ehesten erhalten?

Das BVerfG (Beschluss vom 05.09.2007, 1 BvR 1426/07) fordert bei einem Sorgerechtsantrag, der nach einem mehrjährigen Aufenthalt bei einem Elternteil mit einem Obhutswechsel verbunden ist, dass trifftige Gründe vorliegen.

Förderungsprinzip

- Wer kann das Kind am besten – möglichst persönlich – betreuen und fördert seine Interessen am besten?
- Wer hat das bessere Erziehungskonzept?
- Wer ist für die Erziehung besser geeignet?

Bindungstoleranz

Welcher Elternteil gewährleistet besser einen spannungsfreien Kontakt des Kindes mit dem anderen Elternteil?

SORGEN SIE FÜR REGELMÄSSIGEN KONTAKT DES KINDES ZUM VATER ACHTUNG

Die Gerichte messen der Bindungstoleranz zunehmend Bedeutung zu. Das bedeutet, dass es bei Ihrem Sorgerechtsantrag wichtig ist, dass Sie darstellen können, dass für Sie der regelmäßige Kontakt der Kinder zu dem Vater wichtig ist. Wenn Ihr Kind Ihnen gegenüber sagt, es wolle den Vater nicht besuchen, so wird von Ihnen erwartet, dass Sie versuchen, das Kind zu überzeugen.

Inzwischen gibt es eine Entscheidung des BGH (Beschluss vom 12.12.2007, XII ZB 158/05), wonach bei völliger Zerrüttung der sozialen Beziehung der Eltern die gemeinsame elterliche Sorge aufzuheben ist. In dem der Entscheidung zugrunde liegenden Fall war es die Kindesmutter, die den Kontakt zwischen Vater und Kind hartnäckig hintertrieben hatte. Dem BGH kam es aber auf ein Mindestmaß an Übereinstimmung der Eltern in wesentlichen Bereichen der elterlichen Sorge und eine insgesamt tragfähige soziale Beziehung an. Es bleibt abzuwarten, ob die Gerichte wegen dieser Entscheidung dem Kriterium der Bindungstoleranz zukünftig weniger Gewicht beimessen.

Bindung des Kindes an seine Eltern

Zu welchem der beiden Elternteile hat das Kind die gefühlsmäßig stärkere Bindung?

Geschwisterbindung

- Hat das Kind eine starke Beziehung zu seinen Geschwistern?
- Wo bleibt der gute Zusammenhalt mit den Geschwistern am ehesten erhalten?

Wunsch des Kindes

- Ab 14 Jahren ist das Kind eigener Beteiligter des Sorgerechtsverfahrens, es kann dem gestellten Sorgerechtsantrag widersprechen.
- Das Gericht muss an sich jedes Kind – egal wie alt – anhören. Bei Kleinkindern ist dies aber oft eher ein „Ansehen“.

Alter des Kindes

Vom Alter des Kindes hängt letztendlich ab, wie alle diese Kriterien gewichtet werden. Bei einem kleineren Kind kommt es stärker auf die Betreuungs- und Förderungsmöglichkeiten an, bei einem älteren Kind auf das soziale Umfeld wie Schule, Ausbildung und Freundeskreis. In schwierigen Fällen wird das Gericht ein Sachverständigengutachten einholen. Als erste Maßnahme wird jedoch im Regelfall das Jugendamt eingeschaltet. Es soll versuchen, mit Ihnen und Ihrem Ehemann gemeinsam eine Lösung zu erarbeiten.

Kann ich trotz gemeinsamen Sorgerechts mit den Kindern in eine andere Stadt ziehen?

Sie können ohne Weiteres in eine andere Stadt ziehen, wenn Ihr Ehemann damit einverstanden ist. Sie sollten sich in diesem Fall sein Einverständnis schriftlich bestätigen lassen.

ACHTUNG **WELCHES GERICHT IST NACH DEM UMZUG FÜR MICH ZUSTÄNDIG?**

Ein eigenmächtiger Umzug mit den Kindern in eine andere Stadt führt nicht dazu, dass die dortigen Gerichte zuständig sind. Es bleibt das bisherige Gericht zuständig, weil die Kinder dort ihren gewöhnlichen Aufenthalt haben. Dieser wird in der neuen Stadt erst nach etwa sechs Monaten begründet, nämlich dann, wenn die Kinder dort ihren Lebensmittelpunkt und ihr soziales Umfeld gefunden haben. Seit 01.09.2009 ist in § 154 FamFG ausdrücklich vorgesehen, dass das Gericht an Ihrem neuen Wohnort das Sorgerechtsverfahren an das Gericht Ihres früheren Wohnorts abgeben muss, wenn Sie den Aufenthalt ohne Zustimmung Ihres Mannes geändert haben und gemeinsame elterliche Sorge besteht. Nur dann, wenn der Ortswechsel zum Schutz des Kindes oder zu Ihrem Schutz nötig war, müssen Sie nicht mit einer Verweisung rechnen.

Wenn Ihr Ehemann nicht damit einverstanden ist, dass Sie in eine andere Stadt ziehen, stehen Sie vor einem echten Problem. Denn dann würden Sie mit einem Umzug gegen das Aufenthaltsbestimmungsrecht verstoßen. Ziehen Sie dennoch mit Ihren Kindern um, laufen Sie zum einen Gefahr, dass Ihr Ehemann eine Strafanzeige bei der Polizei stellt, und zwar wegen Kindesentführung bzw. Kindesentziehung. Und zum anderen riskieren Sie, dass Ihr Ehemann diese Situation dazu nutzt, beim Familiengericht in Ihrer bisherigen Heimatstadt einen eigenen Sorgerechtsantrag zu stellen.

Wenn Sie umziehen wollen und Ihr Ehemann nicht damit einverstanden ist, sollten Sie mit Ihrem Rechtsanwalt überlegen, ob Sie nicht einen Sorgerechtsantrag bzw. einen Antrag auf Übertragung des Aufenthaltsbestimmungsrechts stellen. Wenn Sie aus beruflichen Gründen in eine andere Stadt ziehen wollen, zum Beispiel auch, weil Ihr Ehemann nicht genug Unterhalt für Sie und das Kind bezahlt und Sie auf Ihr eigenes Einkommen angewiesen sind, können Sie damit einen Antrag auf Übertragung des Aufenthaltsbestimmungsrechts begründen.

Mein Mann will Umgang mit den Kindern – muss ich das zulassen?

Ihrem Mann steht ebenso ein Umgangsrecht mit den Kindern zu, wie auch Ihre Kinder einen Anspruch auf Umgang mit ihrem Vater haben (§ 1684 Abs. 1 BGB). Für die Entwicklung eines Kindes ist der Bezug zu beiden Elternteilen sehr wichtig. Beide Beziehungen sollten durch die Trennung oder Scheidung nicht zu sehr leiden.

In der Anfangsphase wird dies sicher schwierig sein. Oft steht ein Kind auch im Mittelpunkt des Trennungskonflikts. Es will Sie nicht verletzen und erklärt deshalb, dass es den Vater nicht sehen will. Sie sollten sich mit einer solchen Erklärung aber nicht zufriedengeben. Das Gesetz verlangt von Ihnen, dass Sie Ihr Kind zum Umgang mit dem Vater anhalten. Der Gesetzgeber hat dies im Gesetz mit der sogenannten Wohlverhaltensklausel (§ 1684 Abs. 2 BGB) festgeschrieben. Ein Verstoß hiergegen kann im Rahmen eines Sorgerechtsverfahrens negativ gegen Sie ausgelegt werden.

ACHTUNG

WAS BESAGT DIE WOHLVERHALTENSKLAUSEL?

Die Wohlverhaltensklausel legt die beiden Pflichten der Eltern gegeneinander und gegenüber dem Kind fest. Beide haben alles zu unterlassen, was das Verhältnis des Kindes zum jeweils anderen Elternteil beeinträchtigt. Ebenso haben sie alles zu unterlassen, was die Erziehung erschwert. Ein Verstoß hiergegen kann zur Verwirkung des Ehegattenunterhaltsanspruchs (§ 1579 Nr. 7 BGB) führen. Bloße Schwierigkeiten bei der Ausübung des Umgangs reichen nicht aus (BGH, Urteil vom 22.11.2006, XII ZR 24/04). Außerdem kann das Gericht einen Umgangspfleger einsetzen, der ausschließlich für die Regelung des Umgangs zuständig ist.

Vermeiden Sie es, Ihr Kind in solche Solidaritätskonflikte zu bringen. Auch wenn es anfangs – wegen der eigenen Verletztheit – schwerfällt, dem Kind gut zuzureden. Erkundigen Sie sich zum Beispiel in Ihrer Stadt – beim Jugendamt oder den Erziehungsberatungsstellen –, ob es Gruppen für Trennungskinder gibt. Viele Kinder schaffen es damit besser, die Trennungssituation zu verarbeiten. Sie sehen, dass es viele andere Kinder gibt, die auch betroffen sind, und haben die Möglichkeit, sich auszutauschen. Sie können sicher sein, dass es auf lange Sicht für Ihr Kind der bessere Weg ist.

Die häufigsten Probleme, die beim Umgangsrecht auftreten, sind in der folgenden Liste zu sehen:

- Ihr Ehemann horcht die Kinder aus und will sich auf diesem Weg in Ihr Leben drängen.
- Sie vermuten sexuellen Missbrauch.
- Ihr Ehemann benutzt die Kindesübergaben dazu, Sie zu beleidigen und zu beschimpfen.
- Ihr Ehemann bringt die Kinder nicht pünktlich oder überhaupt nicht zurück.

Wenn sich derartige Probleme ergeben, dann müssen Sie unmittelbar das Jugendamt und Ihren Rechtsanwalt einschalten. Seit der Gesetzesänderung gibt es in besonders schwierigen Fällen ausdrücklich die Möglichkeit, dass der sogenannte beschützte Umgang durchgesetzt wird (§ 1684 Abs. 4 Satz 3 und 4 BGB). Das bedeutet, dass Sie sich nicht darauf einlassen müssen, Ihr Kind Ihrem Ehemann alleine zu überlassen. Nur in Ausnahmefällen kommt ein totaler Ausschluss des Umgangsrechts infrage. Dazu zählen:

- Der Vater hat gegen das Kind Gewalt angewandt.
- Der Vater hat das Kind nachweislich sexuell missbraucht.
- Der Vater ist gar nicht in der Lage, sich während der Umgangszeiten auf das Kind einzustellen, weil er zum Beispiel trinkt.
- Ihr Kind lehnt aus nachvollziehbaren Gründen den Kontakt zum Vater ab, etwa weil es erlebt hat, wie Ihr Ehemann Sie misshandelt hat.

Das Kindeswohl muss offensichtlich gefährdet sein. In vielen Fällen reichen die genannten Gründe allerdings nicht aus, um das Umgangsrecht ganz auszuschließen.

Seit 01.09.2009 wird im Gesetz ausdrücklich die Möglichkeit einer Umgangspflegschaft geregelt (§ 1684 Abs. 3 BGB). Eine dritte Person wird als Umgangspfleger bestimmt. Die Umgangspflegschaft umfasst das Recht, die Herausgabe des Kindes zu verlangen, um den Umgang zu ermöglichen und seinen Aufenthalt während des Umgangs zu bestimmen. Die Umgangspflegschaft ist zeitlich zu befristen. Grundvoraussetzung ist, dass das Kindeswohl andernfalls gefährdet ist und die Eltern nicht in der Lage sind, den Umgang ohne Kindeswohlgefährdung stattfinden zu lassen. Der Umgangspfleger soll Übergabeort und die konkreten Modalitäten des Umgangs bestimmen; er hat außerdem das Recht, zwischen den Eltern zu vermitteln. Dieses Vorgehen ist nicht identisch mit dem sogenannten begleiteten Umgang, bei dem während der gesamten Dauer des Umgangs eine dritte Person anwesend ist.

Oma und Opa wollen die Kinder auch sehen – können sie das durchsetzen?

Seit dem 01.07.1998 können sich die Großeltern ebenfalls auf ein Umgangsrecht berufen (§ 1685 BGB). Hat Ihr Kind schon vor der Trennung seine Großeltern regelmäßig besucht und ist das Verhältnis gut, dann wird wohl auch in Zukunft nichts gegen das Umgangsrecht der Großeltern sprechen. Sie müssen auch hier wissen, dass es nicht auf Ihre persönlichen Streitigkeiten mit den Großeltern ankommt, es geht nur um das Kindeswohl. Wenn es allerdings erhebliche Meinungsverschiedenheiten oder Beziehungsstörungen zwischen Ihnen und den Großeltern gibt, dann hat Ihr Erziehungsrecht Vorrang vor dem Umgangsrecht (OLG Hamm, Beschluss vom 25.05.2005, 11 UF 165/04; OLG Brandenburg, Beschluss vom 31.03.2010, 9 UF 176/09). Den Nachweis, dass das Umgangsrecht dem Wohl der Kinder dient, müssen die Großeltern führen. Sind Sie und Ihr Ehemann sich nicht darüber einig, ob die Großeltern die Kinder sehen dürfen, so muss zuerst das Familiengericht festlegen, wer von Ihnen beiden die Besuche mit den Großeltern regeln darf. Es handelt sich dabei um eine Angelegenheit von wichtiger Bedeutung.

Gibt es Richtlinien, wie viel Umgang zu gewähren ist?

Die Häufigkeit, mit der das Umgangsrecht stattfinden soll, ist im Gesetz nicht festgehalten. Die Faustregel lautet: „Je häufiger und regelmäßiger, umso besser.“ Der Umfang orientiert sich am Alter Ihres Kindes und den Umständen des Einzelfalls. Wenn Ihr Kind in die Schule geht, gewähren die Familiengerichte meist ein Umgangsrecht alle 14 Tage am Wochenende in der Zeit von Freitagabend bis Sonntagnachmittag. Dem nichtbetreuenden Elternteil steht zudem ein Teil, in der Regel die Hälfte, der Schulferien zu.

Die hohen gesetzlichen Feiertage wie Weihnachten und Ostern werden geteilt, hier wird oft ein alternierender Rhythmus für die einzelnen Jahre festgelegt. Wie mit Geburtstagen und Heiligabend oder Ostersonntag verfahren wird, ist von Gericht zu Gericht unterschiedlich. Entweder wird die Auffassung vertreten, dass diese Tage immer dort gefeiert werden, wo das Kind wohnt, oder dass im jährlichen Rhythmus abgewechselt wird. Ist Ihr Kinder im Säuglingsalter, kommt meist nur ein stundenweises Umgangsrecht infrage, dafür aber in kürzeren Abständen.

Entscheidend ist vor allem, wie gut Ihr Kind seinen Vater kennt oder ob dieser mit einem Baby umgehen kann. Zudem müssen Sie, wenn Ihr Kind noch klein ist, nicht unbedingt damit rechnen, dass es beim Vater übernachten wird. Die bloße Möglichkeit, dass die Übernachtung beim Vater dem Kind eher schadet als nützt, reicht aber nicht aus, um das Umgangsrecht zu begrenzen (BVerfG, Beschluss vom 26.09.2006 1 BvR 1827/06). Wenn Sie und Ihr Ehemann in weiter entfernten Städten wohnen, kann das Umgangsrecht auch stärker auf die Ferienzeit oder lange Wochenenden verlagert werden. Es wäre dem Wohl des Kindes nicht zuträglich, alle 14 Tage weite Strecken zu fahren, insbesondere wenn es schon zur Schule geht und im Vergleich zur Fahrtzeit nur wenig Zeit mit dem Vater verbringen kann. Die Zwischenzeit wird dann häufig durch Brief- und Telefonkontakt überbrückt.

ANSPRUCH AUF REGELMÄSSIGE TELEFONGESPRÄCHE MIT DEM KIND ! ACHTUNG

Der nichtbetreuende Elternteil hat einen Anspruch auf regelmäßige Telefongespräche mit dem Kind. Diese dürfen allerdings nicht so weit gehen, dass sie eigentlich der Kontrolle des betreuenden Elternteils dienen.

Um Konflikte mit Ihrem Ehemann zu vermeiden, sollten Sie einen festen Plan aufstellen. Dann weiß jeder, an welchem Wochenende oder an welchen Tagen der andere die Kinder betreut. Auch für die Kinder ist es besser, wenn das Umgangsrecht einen regelmäßigen Rhythmus hat, sie können sich dann ebenfalls rechtzeitig darauf einstellen. Sie sollten auch gleich vereinbaren, wer die Kinder abholt, vor allem wo und zu welcher Uhrzeit. Legen Sie eine Umgangsvereinbarung schriftlich fest. Ein Muster für eine solche Vereinbarung finden Sie auf der CD-ROM.

Wie läuft ein Sorge- bzw. Umgangsverfahren bei Gericht ab?

Seit 01.09.2009 wird dieses Vorrang- und Beschleunigungsgebot im FamFG (§§ 151ff. FamFG) konkretisiert: Zuständig ist das Gericht, bei dem die Scheidung verhandelt wird. Wenn es noch kein Scheidungsverfahren gibt, kommt es auf den gewöhnlichen Aufenthalt des Kindes bei Beginn des Verfahrens an. Das ist dort, wo es seinen Lebensmittelpunkt hat. Ein kurzfristiger Umzug reicht nicht.

Das Beschleunigungsgebot regelt in § 155 FamFG die Monatsfrist. Der Termin soll danach spätestens einen Monat nach Beginn des Verfahrens stattfinden. Es spielt keine Rolle, ob es sich um einen Antrag auf Erlass einer einstweiligen Anordnung oder um ein Hauptsacheverfahren handelt. Das Gesetz will die Dauer der Verfahren drastisch kürzen. Lediglich Gründe, die für das Kindeswohl sprechen, können zu einer Abweichung von diesem Beschleunigungsgebot führen.

Im Erörterungstermin gibt das Jugendamt eine mündliche Stellungnahme ab. Sie tun gut daran, sich mit dem Jugendamt rechtzeitig in Verbindung zu setzen, damit es nicht dem Gericht berichtet, dass es Sie nicht erreicht hätte. Das Jugendamt muss angehört werden, es darf nicht darauf verzichtet werden (§ 162 FamFG). Das Gericht ist gesetzlich verpflichtet, auf ein Einvernehmen hinzuwirken, und es muss auf Beratung und Mediation hinweisen. Das Gericht kann anordnen, dass Sie an einer Beratung durch die Beratungsstellen bzw. -dienste der Träger der Kinder- und Jugendhilfe teilnehmen (§ 156 Abs. 1 FamFG). Nehmen Sie daran trotz Auflage nicht teil, können Sie zwar nicht gezwungen werden, aber der Richter kann Ihre Weigerung bei der späteren Kostenentscheidung berücksichtigen.

Das Gericht hat, wenn es beim ersten Termin nicht zu einer Einigung kommt, für die weitere Dauer des Verfahrens eine vorläufige Regelung durch einstweilige Anordnung mit den Beteiligten zu besprechen, zum Beispiel, wie der Umgang vorläufig geregelt wird. Will das Gericht das tun, muss es zuvor das Kind anhören.

Handelt es sich um einen schwierigen Fall, erhält das Kind einen eigenen Verfahrensbeistand (§ 158 FamFG). Die Anordnung des Gerichts können

Sie nicht selbstständig anfechten, Sie müssen den Verfahrensbeistand akzeptieren. Dieser nimmt die Interessen des Kindes wahr und muss das Kind zudem über das Verfahren informieren. Zusätzlich kann das Gericht dem Verfahrensbeistand aufgeben, mit den Eltern bzw. mit anderen Bezugspersonen Gespräche zu führen, um eine einvernehmliche Regelung zu erreichen. (Dazu war der bis zum 31.08.2009 mögliche Verfahrenspfleger nicht berechtigt.) Der Verfahrensbeistand kann gegen eine Entscheidung des Amtsgerichts Beschwerde zum Oberlandesgericht einlegen. Seit 01.09.2009 kann sich ein Kind, das das 14. Lebensjahr vollendet hat, selbst vertreten.

Seit 01.09.2009 soll die Durchsetzung von Umgangs- (und auch Sorgerechtsentscheidungen) besser werden. Die Gerichte können bei Verstößen Ordnungsmittel (Ordnungsgeld bzw. -haft; § 89ff. FamFG) verhängen. Diese können – und das ist neu – festgesetzt und vollstreckt werden, auch wenn der Zeitpunkt für eine Verpflichtung (Umgangszeitraum) bereits abgelaufen ist. Zuständig hierfür ist immer das Gericht, das die Entscheidung oder den Vergleich geregelt hat, um denn es aktuell geht. Das bedeutet, dass die Zuständigkeit eines Gerichts nicht mit dem Aufenthalt des Kindes wechselt. Die Pflicht, sich an die Sorge- bzw. Umgangsregelung zu halten, gilt für beide Elternteile und auch beide können bestraft werden.

Wenn Sie sich an eine Umgangsregel nicht halten und zum Beispiel die Kinder gar nicht oder zu spät zu ihrem Vater geben, können Sie jetzt auch im Nachhinein mit einem Ordnungsmittel „bestraft" werden. Sie haben nur die Möglichkeit nachzuweisen, dass die Gründe für die Nichteinhaltung nicht in Ihrer Macht lagen, zum Beispiel indem Sie schwere Erkrankungen der Kinder belegen – am besten durch ein Attest – oder nachweisen, dass die benutzten Verkehrsmittel verspätet fuhren.

Was kann ich tun, wenn mein Mann sich nicht mehr um die Kinder kümmert?

Wenn Ihr Ehemann sein Umgangsrecht nicht wahrnimmt, haben Sie bisher auch nach dem neuen Recht nur wenige Möglichkeiten. Das Gesetz spricht zwar vom Recht des Kindes auf Umgang, in der Praxis ist dies jedoch eher ein stumpfes Schwert. Vor dem Bundesverfassungsgericht war ein Verfahren zu dieser Frage anhängig. Der Vater war vom OLG Brandenburg verurteilt worden, seine nichtehelichen Kinder alle drei Monate zu treffen. Für den Fall der Verweigerung wurde ihm ein Zwangsgeld von 25.000 Euro angedroht. Das BVerfG hat entschieden, dass die Durchsetzung des Umgangsrechts mit Zwangsmitteln regelmäßig nicht dem Kindeswohl dient, und die Entscheidung des OLG aufgehoben (Urteil vom 01.04.2008, 1 BvR 1620/04). Nur wenn konkrete Anhaltspunkte vorliegen, dass die Durchsetzung des Umgangs mit Zwangsmitteln dem Kindeswohl dient, kommt dieser Weg ausnahmsweise in Betracht.

Bei Schwierigkeiten kann Ihr Kind sich an das Jugendamt wenden. Ihr Kind hat ihm gegenüber einen Anspruch auf Beratung und Unterstützung (§ 8 III 1 SGB VIII Kinder- und Jugendhilfegesetz [KJHG]).

Es gibt in jüngster Vergangenheit auch Gerichte, die es als zulässig erachten, Ihren Ehemann über einen Antrag in die Umgangspflicht zu nehmen (Amtsgericht [AG] Hann. Münden, Urteil vom 07.03.2006, 6 F 227/98). Danach kann das Familiengericht darüber entscheiden, wann und wie oft Ihr Ehemann seine Umgangspflicht auszuüben hat.

Liegt eine gerichtliche Entscheidung oder eine entsprechende gerichtliche Vereinbarung zum Umgangsrecht Ihres Ehemanns vor, sieht es nämlich etwas anders aus. Hält das Gericht Ordnungsmittel für richtig, wird es diese nach § 89 FamFG anordnen. Das heißt, wenn Ihr Ehemann oder auch Sie sich nicht an die getroffene Vereinbarung halten, müssen Sie Ordnungsgeld bezahlen.

In seltenen Fällen wird auch Ordnungshaft angeordnet. Wenn Ihr Ehemann die Kinder dann nicht wie vereinbart abholt oder zurückbringt, müssen Sie bei Gericht erneut beantragen, dass das angeordnete Ordnungsmittel gegen Ihren Ehemann verhängt wird. Tatsache ist allerdings, dass Sie die Leidtragende sind, wenn er die Kinder einfach nicht holt. Doch die damit verbundene Geldstrafe ist wenigstens eine gewisse Genugtuung und führt auf längere Sicht manchmal doch zum gewünschten Ergebnis.

Haushaltsgegenstände – Trockner für mich, Stereoanlage für meinen Mann?

SCHWIERIGKEITEN MIT DEM EHEMANN NACH DEM UMZUG BEISPIEL

Frau Schmied hat mit den beiden minderjährigen Kindern die Ehewohnung Hals über Kopf verlassen, als ihr Ehemann sie wieder einmal geschlagen hat. Nun kommt sie nicht mehr in die Wohnung, da er die Schlösser ausgetauscht hat. Frau Schmied braucht dringend Kleidung, Haushaltsgeräte und Möbel für sich und die Kinder, um sich eine neue Wohnung einzurichten. Ihr Mann weigert sich, ihr irgendetwas herauszugeben.

Was sind eigentlich Haushaltsgegenstände?

Haushaltsgegenstände (§ 1568 b BGB) an sich sind alle Gegenstände, die während des Zusammenlebens mit Ihrem Ehemann und Ihren Kindern für die Wohnung, die Hauswirtschaft und das Zusammenleben bestimmt waren. Dazu zählen:

- Wohnungs- und Kücheneinrichtung, zum Beispiel Möbel, Teppiche, Haushaltsgeräte, Wandschmuck, Geschirr, Besteck, Fernseher, Radio und Videorekorder
- Wäsche
- Kindersachen
- Musikinstrumente, wenn mehrere Familienmitglieder sie gespielt haben
- Bücher, soweit sie der Allgemeinbildung und Unterhaltung dienen
- Gartenmöbel

- Wohnwagen bzw. Wohnmobil, wenn das Fahrzeug von der Familie für die gemeinsame Freizeit benutzt wurde
- Vorräte im Keller

Auf den Wert dieser Gegenstände kommt es nicht an. Je nach Ihren wirtschaftlichen Verhältnissen können durchaus auch Antiquitäten und Kunstgegenstände zu den Haushaltsgegenständen gehören, wenn diese von der Familie tatsächlich benutzt wurden. Wenn sie allerdings ausschließlich als Kapitalanlage angeschafft worden sind, dann gehören sie nicht zu den Haushaltsgegenständen.

Wenn Sie ein Haus oder eine Wohnung besitzen, kann es gerade bei Einbaumöbeln, der Einbauküche und den Badezimmermöbeln zu Schwierigkeiten kommen. Sie gelten nämlich als wesentlicher Bestandteil der Immobilie (§ 94 Abs. 2 BGB). Nur wenn diese Dinge ohne großen Aufwand ausgebaut und vernünftig weitergenutzt werden können, zählt man sie zu den Haushaltsgegenständen. Das Gleiche gilt für geleaste, geliehene oder gemietete Gegenstände. Das Auto kann auch zu den Haushaltsgegenständen gehören, wenn Sie es als „Familienkutsche", also hauptsächlich privat genutzt haben.

Nicht zu den Haushaltsgegenständen gehören Ihre höchstpersönlichen Dinge, zum Beispiel Kleidung, Schmuck, Familienandenken, Fachliteratur, Werkzeug oder Hobbyausrüstungen. Auch die zum persönlichen Gebrauch Ihres Kindes bestimmten Sachen – Kleidung, Schulbücher, Zeugnisse, Spielsachen, Kleintiere und Reisepass – sind keine Haushaltsgegenstände, ebenso wie die Dinge, die Sie oder Ihr Ehemann für den Beruf brauchen, etwa den Computer und den Drucker bei selbstständiger Tätigkeit.

Außerdem zählen teure Computeranlagen oder Hobbyausrüstungen (Foto, Video, Tauchen, Golf) – wenn diese ausschließlich von einem Ehegatten benutzt wurden – nicht zu den Haushaltsgegenständen. Bei Sportgeräten kommt es darauf an, ob diese nur von Ihnen oder der ganzen Familie genutzt wurden. Sie mögen enttäuscht sein, doch bedenken Sie, dass all diese wertvollen Sachen dann beim Zugewinnausgleich als Vermögenswerte zu berücksichtigen sind. Der Ausgleich wird praktisch an anderer Stelle vorgenommen.

DANACH RICHTET SICH DIE ZUORDNUNG DES HAUSRATS ACHTUNG

Wurden Haushaltsgegenstände vor der Heirat angeschafft, richtet sich die Zuordnung danach, ob der Käufer gemeinsames Eigentum erwerben wollte. Wurde eine Anschaffung erst nach der Heirat bezahlt, geht man davon aus, dass sie ein gemeinsamer Haushaltsgegenstand ist. Alles, was nach der Trennung bezahlt wird, gehört nicht dazu.

Allein- oder Miteigentum?

Bei Anschaffungen während der Ehe spielt es keine Rolle, wer von Ihnen diese Gegenstände bezahlt hat. Es gilt die Vermutung, dass alle während der Ehe angeschafften Haushaltsgegenstände beiden Ehegatten gemeinsam gehören (§ 1586 b Abs. 2 BGB).

Wenn Sie oder Ihr Ehemann von einem Gegenstand, der während der Ehe angeschafft wurde, meinen, dass dieser in Ihrem oder seinem Alleineigentum steht, dann müssen Sie oder Ihr Mann das beweisen. Dafür reicht zum Beispiel nicht aus, dass Sie oder er im Kfz-Brief als Halter des Pkw stehen oder Sie oder er den Gegenstand alleine gekauft und aus eigenen Mitteln bezahlt haben.

Für die Miteigentumsvermutung nach § 1586 b Abs. 2 BGB spielt es keine Rolle, ob Sie in Gütertrennung leben.

Geerbtes oder Geschenke

Geerbtes und Geschenktes für den Haushalt zählen nicht zu den Haushaltsgegenständen im Sinne von § 1586 b BGB. Bei Hochzeitsgeschenken gilt die Vermutung, dass sie beiden Eheleuten gehören sollen. Nur wenn sich aus den Umständen – der Person des Schenkers und seiner Beziehung zu Ihnen oder Ihrem Ehemann – und aus dem Wert des Geschenks vermuten lässt, dass es nur einem von beiden Ehegatten geschenkt werden sollte, wird Alleineigentum eines Ehegatten angenommen.

Was ist mit meinen persönlichen Sachen?

Ihre persönlichen Sachen dürfen Sie immer mitnehmen. Wenn Ihr Ehemann die Herausgabe dieser verweigert, müssen Sie beim Familiengericht einen Herausgabeantrag stellen. Dies können Sie als einstweilige Anordnung oder als Hauptsacheantrag.

Wie werden die Haushaltsgegenstände aufgeteilt?

Es gibt die Aufteilung der Haushaltsgegenstände zum Zwecke des Getrenntlebens und die endgültige Aufteilung für die Zeit nach der Scheidung.

Aufteilung für die Trennungszeit

Sie können für die Zeit des Getrenntlebens – außer Sie einigen sich mit Ihrem Ehemann – durch das Gericht nur eine vorläufige Regelung herbeiführen (§ 1361 a BGB). Bei der Verteilung während dieser Zeit haben Sie einen Anspruch darauf, dass Ihnen die Haushaltsgegenstände herausgegeben werden, die in Ihrem Alleineigentum stehen (§ 1361 a Abs. 1 Satz 1 BGB). Sie haben daneben auch einen Anspruch auf Haushaltsgegenstände, die im Alleineigentum Ihres Ehemanns stehen (§ 1361 a Abs. 1 Satz 2 BGB), wenn Sie aufgrund Ihres Einkommens und Ihrer Vermögensverhältnisse nicht in der Lage sind, sich den Gegenstand anzuschaffen, Ihr Ehemann hingegen schon. Ausschlaggebend kann hier vor allem das Interesse Ihrer Kinder sein. Diese beiden Regelungen hinsichtlich des Alleineigentums bestehen natürlich auch in umgekehrter Richtung für Ihren Ehemann.

Die Verteilung der gemeinsamen Haushaltsgegenstände (§ 1361 a Abs. 2 BGB) erfolgt nach den Grundsätzen der Billigkeit. Bei dieser Billigkeitsabwägung geht es vor allem um Ihre Bedürfnisse. Wenn Sie der Ehegatte sind, der die Kinder betreut, haben Sie sicher ein größeres Bedürfnis nach Waschmaschine, Spülmaschine und Trockner als Ihr Ehemann. Hinsichtlich der Einrichtung der verschiedenen Zimmer ist es häufig zweckmäßig, diese als Einheit zu verteilen, weil der Besitz von halben Küchen, Essecken etc. wenig Sinn ergibt. Es soll durchaus eine sinnvolle Nutzung gewährleistet sein.

WAS IST DER SINN DER HAUSRATSAUFTEILUNG? ACHTUNG

Durch die vorläufige Aufteilung der Haushaltsgegenstände sollen Ihnen vor allem die Führung des Haushalts ermöglicht und die Belange der Kinder gewahrt werden. An den Eigentumsverhältnissen ändert sich dadurch noch nichts. Wenn Ihnen der Pkw als Haushaltsgegenstand vorläufig zugewiesen wird, sind Sie dazu verpflichtet, eine Haftpflicht- und ggf. Vollkaskoversicherung abzuschließen (OLG Koblenz, Beschluss vom 18.03.1991, 11 UF 204/91). Das Gericht kann Sie auch verpflichten, eine Benutzungsvergütung an Ihren Ehemann zu bezahlen, je nachdem wie hoch der Wert des Fahrzeugs ist (OLG Stuttgart, Entscheidung vom 07.12.1992, 17 UF 147/92).

Aufteilung für die Zeit ab der Ehescheidung

Die endgültige Aufteilung der Haushaltsgegenstände ist in § 1586 b BGB geregelt. Sie sollte, wenn keine Einigung möglich ist, auf jeden Fall vor dem Ausspruch der Scheidung beantragt werden, weil die Erfahrung zeigt, dass es nach erfolgter Scheidung schwieriger ist, hier zu einem Ergebnis zu kommen.

Haushaltsgegenstände in Miteigentum

§ 1586 b BGB-E bezieht sich nur auf Haushaltsgegenstände, die im Miteigentum stehen. Es spielt keine Rolle, in welchem Güterstand Sie leben. Sie gilt gleichermaßen bei Zugewinngemeinschaft wie Gütertrennung bzw. Gütergemeinschaft. Auf die Gründe der Scheidung, beispielsweise ehewidriges Verhalten, kommt es bei der Verteilung ebenfalls nicht an. Die in Miteigentum stehenden Haushaltsgegenstände können beansprucht werden, wenn Sie auf sie in stärkerem Maß angewiesen sind als Ihr Ehemann oder wenn die Überlassung der Billigkeit entspricht. Das Wohl der Kinder, die in Ihrem Haushalt leben, ist ein vorrangiges Kriterium. Dabei werden mehrere Fragen gestellt:

- Gibt es einen übereinstimmenden Vorschlag der Eheleute?
- Welche Verteilung entspricht dem Wohl der Kinder?

ACHTUNG

NICHT MEHR VORHANDENE HAUSHALTSGEGENSTÄNDE

Haushaltsgegenstände, die nicht mehr vorhanden ist, können nicht verteilt werden. Es kommt hier auf die letzte mündliche Verhandlung bei Gericht über die Verteilung an. Verschwindet der Haushaltsgegenstand erst später, kann das Gericht dem Ehegatten, der den Gegenstand zuletzt hatte, diesen zuweisen und ihn verpflichten, eine Ausgleichszahlung als Schadenersatz dafür zu leisten.

Im nächsten Schritt werden Ihre Bedürfnisse berücksichtigt, vor allem Ihre wirtschaftlichen Verhältnisse und die Möglichkeiten einer Ersatzbeschaffung. Auch Ihr Alter und Ihre Gesundheit können hier entscheidend sein. Gibt es darüber hinaus eine besondere Beziehung des einen oder anderen Ehegatten zu einem Gegenstand? Grundsätzlich gilt der Halbteilungsgrundsatz. Von diesem kann aber abgewichen werden, gerade wenn auch Kinder von der Scheidung betroffen sind.

Haushaltsgegenstände im Alleineigentum

Lediglich in Ausnahmefällen haben Sie oder Ihr Ehemann, aber auch nur zum Zwecke des Getrenntlebens, einen Anspruch auf Haushaltsgegenstände, die im Alleineigentum des anderen stehen (§ 1361 a Abs. 1 BGB). Von einem solchen Ausnahmefall geht man aus, wenn Sie objektiv für die Haushaltsführung auf die Weiterbenutzung dieser Sachen angewiesen sind und Sie diese aber auch subjektiv dringend benötigen. Das bezieht sich vor allem auf die folgenden Gegenstände: Tisch, Stuhl, Bett, Herd, Kühlschrank, Küchenschrank, Kleiderschrank, Geschirr und Bettwäsche sowie all die Sachen, die Sie für Ihren Beruf oder für die Ausbildung benötigen.

Sie müssen sich im Übrigen nicht darauf einlassen, dass Ihr Ehemann nach seinem Auszug immer wieder – nach und nach – noch mehr Gegenstände abholen will. Sie müssen ihm dann erklären, dass bis zu einer endgültigen Einigung über die Verteilung alles in der Wohnung bleibt, und ihn dazu auffordern, dass er Ihnen seine abschließenden Wünsche mitteilt.

Wie komme ich an die Haushaltsgegenstände, die ich beim Auszug zurücklassen musste?

Sie sollten auf jeden Fall versuchen, sich mit Ihrem Ehemann darüber zu einigen, welche Haushaltsgegenstände Sie mitnehmen bzw. er bekommt. Sie sparen dadurch hohe Gerichts- und Anwaltskosten. Machen Sie deshalb eine Liste, wie Sie sich die Verteilung der Haushaltsgegenstände vorstellen. Bitten Sie Ihren Ehemann, ebenfalls eine solche Liste zu erstellen. Dann vergleichen Sie beide Listen und schreiben die Dinge heraus, um die es wirklich Streit gibt. Meist sind das gar nicht so viele. Mit etwas Geduld und Nachgeben auf beiden Seiten findet man meist eine für beide tragbare Lösung. Ist eine Einigung möglich, dann sollten Sie dies schriftlich festhalten und beide die Vereinbarung unterschreiben. Darin sollte zum Ausdruck kommen, ob es sich um eine endgültige oder eine vorübergehende Einigung handelt.

Wenn eine Einigung nicht möglich ist, zum Beispiel weil Ihr Ehemann Ihnen verbietet, Haushaltsgegenstände mitzunehmen, oder weil Sie wie Frau Schmied Hals über Kopf die Wohnung verlassen mussten, können Sie einen entsprechenden Hausratszuteilungsantrag bei Gericht stellen. Sie müssen Ihrem Anwalt für den Antrag eine Liste mit den Gegenständen geben, die Sie beanspruchen. Weiterhin ist anzugeben, welche Gegenstände bei Ihrem Ehemann verbleiben, damit der Richter sich ein Bild über die Angemessenheit und Notwendigkeit der Verteilung machen kann.

Den Antrag auf endgültige Verteilung der Haushaltsgegenstände sollten Sie zweckmäßigerweise im Rahmen der Ehescheidung als eine Folgesache über Ihren Rechtsanwalt stellen. Sie können ihn aber auch nach der Scheidung isoliert beim Familiengericht einreichen. Der Antrag sollte – wenn keine Einigung möglich ist – auf jeden Fall vor dem Ausspruch der Scheidung eingereicht werden, denn die Erfahrung zeigt, dass es nach erfolgter Scheidung noch schwieriger ist, hier zu einem Ergebnis zu kommen. Einem solchen Antrag muss Ihr Rechtsanwalt eine Liste der gesamten gemeinsamen während der Ehe angeschafften Haushaltsgegenstände beifügen, wenn Ihr Ehemann sich weigert, etwas davon herauszugeben. Damit der Richter auch sehen kann, welche Haushaltsgegenstände, die im

Alleineigentum stehen, es gibt, sollten Sie diese auch auflisten. Wenn Sie die Listen für Ihren Rechtsanwalt zusammenstellen, verwenden Sie die Vordrucke Haushaltsliste A und Haushaltsliste B, die Sie auf der CD-ROM finden.

Beachten Sie bitte, dass diese Listen ganz exakte Beschreibungen der Dinge, etwa mit Angabe der Typenbezeichnung, des Anschaffungspreises und des Zeitwerts enthalten müssen. Wenn Sie nicht so vorgehen, kann der Gerichtsvollzieher später die Ihnen zugesprochenen Sachen nicht finden. Oft weigern sich auch die Gerichte, bei ungenauen Listen ein Verfahren durchzuführen.

Das FamFG sieht ausdrücklich vor, welche Angaben der Anwalt machen muss: Er muss alle Gegenstände angeben, die Sie genannt haben möchten, außerdem muss er eine genaue Aufstellung sämtlicher Haushaltsgegenstände vorlegen. Das gilt auch, wenn Sie sich mit Ihrem Mann über einen Teil des Haushaltsgegenstände schon geeinigt haben. Alle Gegenstände müssen genau und eindeutig bezeichnet werden, damit der Gerichtsvollzieher sie nicht verwechseln kann.

ACHTUNG

VERTEILUNG DER HAUSHALTSGEGENSTÄNDE

Wenn Ihr Ehemann Ihnen zwar nicht die Mitnahme von Haushaltsgegenständen untersagt, aber auch nicht bereit ist, sich mit Ihnen an einen Tisch zu setzen, um die Sachen zu verteilen, dann sollten Sie darauf achten, dass Sie bei der Auswahl der Dinge, die Sie mitnehmen, die auf Seite 163ff. dargestellten Kriterien beachten.

Der Richter kann (§ 206 FamFG) den Ehegatten Auflagen erteilen. Dazu gehört die Pflicht, die Haushaltsgegenstände genau zu bezeichnen und die oben erwähnte Aufstellung vorzulegen. Der Richter kann Ihnen auch aufgeben, Kaufbelege vorzulegen. Erfüllen Sie diese Auflagen nicht oder zu spät, muss der Richter nicht von sich aus ermitteln, ob die dadurch geschaffenen Umstände für Sie günstiger wären.

Wie wirkt sich die Scheidung auf meine Rente aus?

DIE BETRIEBSRENTEN DES EHEPAARS KRANICH BEISPIEL

Frau Kranich arbeitet bereits seit 15 Jahren bei einer Fluggesellschaft. Ihr Arbeitgeber hat ihr vertraglich die Zahlung einer Betriebsrente zugesagt. Ihr Mann arbeitet dort erst seit drei Jahren. Ihm wurde ebenfalls vertraglich eine Betriebsrente zugesichert. Im anhängigen Scheidungsverfahren entscheidet der Richter, dass er die von Herrn Kranich erworbenen Anwartschaften bei dem Versorgungsausgleich für das Ehepaar nicht berücksichtigen will, die von Frau Kranich aber schon.

Wie funktioniert der Versorgungsausgleich?

Der Versorgungsausgleich wurde mit der Eherechtsreform im Jahr 1977 eingeführt. Sein Zweck besteht darin, die Renten- und Pensionsanwartschaften, die von Ihnen und Ihrem Ehemann während der Ehezeit erarbeitet wurden, gleichmäßig auf Sie beide zu verteilen, ähnlich wie es bei dem Zugewinnausgleich der Fall ist. Der Gesetzgeber wollte hier die Arbeit des Ehegatten, der die Kinder und den Haushalt versorgt, mit der Berufstätigkeit gleichstellen.

Als Ehezeit gilt die Zeit vom Beginn des Monats, in dem die Ehe geschlossen wurde, bis zum Ende des Monats, der dem Eintritt der Rechtshängigkeit des Scheidungsantrags vorausgeht (§ 3 Versorgungsausgleichsgesetz [VersAusglG]).

Seit 01.09.2009 ist die Durchführung des Versorgungsausgleich völlig neu geregelt. Das neue Gesetz gilt inzwischen für alle noch laufenden Verfahren in erster Instanz, da die Übergangsfristen abgelaufen sind.

Der Grundsatz der hälftigen Teilhabe an den während der Ehezeit erworbenen Rentenanwartschaften wurde beibehalten. Geändert wurde die Art und Weise des Ausgleichs. Bisher wurde eine Gesamtbilanz der Rentenanwartschaften erstellt und dann ein sogenannter Einmalausgleich durchgeführt. Jetzt wird jedes Versorgungsanrecht für sich ausgeglichen. Die Barwertverordnung (BarwertVO) ist gänzlich weggefallen.

Bis 30.08.2009 sah das Gesetz vor, dass alle Rentenanwartschaften miteinander vergleichbar gemacht und dann in eine Gesamtbilanz eingestellt wurden. Derjenige Ehegatte, der höhere Rechte hatte, musste die Hälfte der Differenz an den anderen Ehegatten abgeben. Das erfolgte in der Regel über den sogenannten öffentlich-rechtlichen Versorgungsausgleich, das heißt, dass die Rentenversicherungsträger Umbuchungen auf den Versicherungskonten vornahmen. War dies nicht möglich, blieb noch der sogenannte schuldrechtliche Versorgungsausgleich. Dann fand im Rentenalter – also lange nach der Scheidung – noch einmal ein Ausgleich statt. In vielen Fällen wurde dieser Ausgleich aber nicht durchgeführt, weil viele der ausgleichsberechtigten Ehegatte so viele Jahre nach der Scheidung gar nicht daran denken, dass sie noch etwas zu bekommen haben.

Seit 01.09.2009 wird der Ehezeitanteil jedes einzelnen „Versorgungsanrechts" halbiert. Primär soll das über die interne Teilung erfolgen. Dabei erhält jeder Ehegatte die Hälfte des aufzuteilenden Anrechts. Die Rechte werden ausnahmsweise – aber auch nur vom Versorgungsträger bei Umsetzung der Entscheidung des Gerichts – dann verrechnet, wenn beide Ehegatten bei demselben Versicherungsträger ihre Rechte haben oder verschiedene Versicherungsträger die Verrechnung vorzunehmen haben. Daneben gibt es die externe Teilung: Dabei begründet der Richter zu Lasten des Anrechts des Ausgleichspflichtigen ein Anrecht bei einem anderen Versorgungsträger.

Solange Sie allerdings noch keine Rente beziehen, merken Sie von diesem Vorgang überhaupt nichts, weil er nur auf dem Papier, nämlich den Rentenkonten oder Versicherungsverträgen, stattfindet. Erst wenn Sie in Rente gehen, wird der Zahlungsbetrag von einem entsprechend höheren Rentenkonto berechnet bzw. die neu erworbene Versicherung ausgezahlt werden. Für die Zeit zwischen Rechtshängigkeit des Scheidungsantrags und dem Ausspruch der Scheidung selbst gibt es keinen Versorgungsausgleich. Währenddessen werden Sie allenfalls durch den Anspruch auf

Altersvorsorgeunterhalt (siehe Kapitel „Wie viel und wie lange bekomme ich Ehegattenunterhalt?“) geschützt. Der Versorgungsausgleich gilt in den neuen Bundesländern nur bei Ehen, die nach dem 31.12.1991 geschieden wurden.

Was fällt unter den Versorgungsausgleich?

Seit 01.09.2009 sind im Versorgungsausgleichsgesetz die Rechte, die auszugleichen sind, folgendermaßen definiert:

- Das Recht muss durch Arbeit oder Vermögen geschaffen sein und der Absicherung im Alter oder bei Invalidität dienen.
- Das Recht muss auf eine Rente gerichtet sein (zum Beispiel auf eine Rentenlebensversicherung).
- Alle Rechte nach dem Betriebsrentengesetz und dem Altersvorsorgeverträge-Zertifizierungsgesetz sind unabhängig von der Leistungsform (Renten- und Kapitalanrechte) auszugleichen.
- Das Recht muss hinreichend verfestigt bzw. unverfallbar sein.

AUSZUGLEICHENDE ANRECHTE ACHTUNG

- Gesetzliche Rentenverischerung (GRV)
- Beamtenversorgung
- Berufsständische Versorgung (Ärzte, Rechtsanwälte etc.)
- Betriebliche Altersversorgung
- Private Alters- und Invaliditätsversorgung
- Ausländische, über- und zwischenstaatliche Anrechte

Betriebliche Rentenanwartschaften

Manche Arbeitgeber garantieren Ihren Mitarbeitern eine Betriebsrente. Gerade dabei ist der Ausgleich des Ehezeitanteils bei der Scheidung häufig noch nicht möglich. Betriebsrenten können nämlich erst dann vom Gericht in der Rentenbilanz berücksichtigt werden, wenn sie „unverfallbar" sind, das heißt, wenn dem jeweiligen Arbeitnehmer der Anspruch nicht mehr genommen werden kann.

Betriebsrenten werden seit dem 01.01.2001 in der Regel aber erst „unverfallbar", wenn das Arbeitsverhältnis nach Vollendung des 30. Lebensjahres endet und die Versorgungszusage dann mindestens fünf Jahre bestand. Bei vor dem 01.01.2001 zugesagten Versorgungen tritt die Unverfallbarkeit ein, wenn beim Verlassen des Unternehmens das Mindestalter von 35 erreicht ist, die Zusage bereits seit zehn Jahren besteht oder der Mitarbeiter seit mindestens zwölf Jahren im Betrieb ist und die Zusage seit mindestens drei Jahren besteht.

BEISPIEL

VERFALLBARKEIT UND UNVERFALLBARKEIT EINER BETRIEBSRENTE

Im Fall der Eheleute Kranich haben wir es mit der Verfallbarkeit bzw. der Unverfallbarkeit einer Betriebsrente zu tun. Frau Kranich kann ihre Betriebsrente nicht mehr verlieren, sie ist schon 15 Jahre bei der Fluglinie tätig und auch älter als 30 Jahre. Ihr Mann hat seine Betriebsrente noch nicht sicher, weil er erst drei Jahre bei der Fluglinie arbeitet. Für einen Versorgungsausgleich kann der Richter also nur die Betriebsrente von Frau Kranich, aber nicht die von Herrn Kranich in die Bilanz einstellen.

Zuvor wurden Betriebsrenten erst nach zehn Jahren bzw. nach Vollendung des 35. Lebensjahres unverfallbar. Das Gesetz ist Ende 2001 rückwirkend zum 01.01.2001 geändert worden.

Kurze Ehe

Seit 01.09.2009 wird der Versorgungsausgleich bei einer Ehezeit bis zu drei Jahren nicht automatisch vom Gericht durchgeführt. Ein Ehegatte muss dies ausdrücklich beantragen.

Geringfügige Anrechte

Ebenso soll der Ausgleich unterbleiben, wenn der Ausgleichswert gering ist oder die Differenz der Ausgleichswerte von Anrechten beider Eheleute, die gleicher Art sind, gering ist (§ 18 VersAusglG). Gering ist ein Ausgleichswert von einem Prozent der allgemeinen Bezugsgröße gemäß § 18 SGB IV (2010: Rentenwert von 25,55 Euro) bzw. 120 Prozent Kapitalwert (2010: 3.066 Euro).

WANN LIEGT GERINGFÜGIGKEIT VOR? BEISPIEL

Der Ehemann verfügt über eine Beamtenversorgung mit einem Ausgleichwert von 800 Euro monatliche Rente. Die Ehefrau hat eine gesetzliche Rentenanwartschaft mit einem Ausgleichswert von zehn Entgeltpunkten. Dies entspricht derzeit einem Rentenbetrag von 265,60 Euro. Daneben haben beide Ehegatten fast zeitgleich private Rentenversicherungen mit gleich hohen Versicherungssummen abgeschlossen. Der Ausgleichswert des Ehemanns aus dieser Versicherung beträgt 5.000 Euro, der der Ehefrau 5.200 Euro. Die Ehegatten können auf den Ausgleich der privaten Rentenversicherungen wegen Geringfügigkeit verzichten bzw. das Gericht soll bei Geringfügigkeit nicht ausgleichen, kann davon aber abweichen.

Wenn es um geringe Ausgleichswerte geht, muss Ihr Anwalt vorsichtig sein. Wenn Sie selbst wenig gearbeitet haben und deshalb in die Deutsche Rentenversicherung wenig oder gar nicht eingezahlt haben, dann ist die Übertragung auch geringer Werte für Sie wichtig. Bei der Übertragung werden Wartezeiten berücksichtigt. Für einen Rentenanspruch müssen Sie mindestens die sogenannte kleine Wartezeit von 60 Monaten erfüllen. Die Übertragung von Anwartschaften im Wert von derzeit 0,80 Euro entspricht schon einem Monat Wartezeit.

Für den Bezug der gesetzlichen Renten bedarf es der Erfüllung von Mindestwartezeiten. Für den Bezug der Altersrente muss die sogenannte kleine Wartezeit erfüllt sein, das heißt, der Versicherte muss mindestens 60 Monate lang eingezahlt haben.

Angenommen Sie hätten selbst eigene Rentenansprüche in Höhe von monatlich 40 Euro, dann würde dies einer Wartezeit von 50 Monaten entsprechen (40 Euro : 0,80 Euro). Damit Sie Rente beziehen können, brauchen Sie noch zehn Monate für die kleine Wartezeit. Das bedeutet: Auch wenn Ihre Ehe kurz war, bringt es Ihnen etwas, wenn Sie durch den Versorgungsausgleich mindestens weitere acht Euro monatliche Rente übertragen erhalten, da dies zehn Einzahlungsmonaten entspricht.

ACHTUNG

WANN GIBT ES KEINEN VERSORGUNGSAUSGLEICH?

- Bei Ausschluss durch Vereinbarung, insbesondere Ehevertrag
- Bei kurzer Ehezeit von bis zu drei Jahren
- Bei geringfügigem Wertunterschied aller Ausgleichswerte
- Bei insgesamt geringem Ausgleichswert
- Bei noch verfallbaren betrieblichen Rentenanrechten

Wie wird der Versorgungsausgleich durchgeführt?

Der Versorgungsausgleich wird – es sei denn, es gibt ehevertragliche Regelungen oder es handelt sich um eine Scheidung nach ausländischem Recht – bei jeder Scheidung von Amts wegen durchgeführt, das heißt, die Durchführung hängt nicht vom Willen der Ehegatten ab. Nach der Zustellung des Scheidungsantrags bekommen Sie und Ihr Ehemann – über Ihre jeweiligen Rechtsanwälte oder direkt – vom Gericht folgende Unterlagen:

- Fragebogen V1
- Antrag auf Kontenklärungen
- Entgeltbescheinigung
- Bei manchen Gerichten auch noch den Antrag auf Feststellung von Kindererziehungs-/Berücksichtigungszeiten etc.

HOLEN SIE SICH RAT BEI DEN RENTENVERSICHERUNGSTRÄGERN ACHTUNG

Den Fragebogen müssen Sie normalerweise innerhalb von zwei Wochen ausfüllen. Sie sollten dies sorgfältig tun, weil sich ansonsten das ganze Scheidungsverfahren nur verzögert. Wenn Sie mit den vielen Fragen nicht zurechtkommen, können Sie die Hilfe der örtlichen Stellen der Rentenversicherungsträger (DRV) in Anspruch nehmen.

Die Entgeltbescheinigung muss von Ihrem Arbeitgeber ausgefüllt werden. Er muss auf diesem Formblatt Ihr Einkommen des laufenden Kalenderjahres bescheinigen. Wenn Sie nicht arbeiten, müssen Sie diese Bescheinigung natürlich nicht ausfüllen.

Sie sollten dem Kontenklärungsantrag Ihre Geburtsurkunde, die Geburtsurkunden Ihrer Kinder und die Nachweise über Ihren Schulabschluss und Ihre Ausbildung (Vertrag, Abschlusszeugnis) beifügen. Eine einfache Kopie reicht hier nicht, es muss eine beglaubigte Kopie sein. Diese erhalten Sie beispielsweise bei der Gemeinde. Wenn Sie sagen, dass Sie die Kopie für „Rentenzwecke“ brauchen, kostet sie auch nichts. Die Unterlagen reicht dann Ihr Rechtsanwalt bei Gericht ein.

Sie erhalten auch eine Abschrift des Fragebogen V1 Ihres Ehemanns. Diesen Bogen sollten Sie sorgfältig prüfen, damit Sie sicher sein können, dass Ihr Mann auch alle bestehenden Rentenanwartschaften angegeben hat, insbesondere Betriebsrenten oder Rentenversicherungen. Letztere kommen zwar nur selten vor, werden aber gerne „vergessen“.

Das Gericht schreibt die jeweiligen Versorgungsträger sowie die Arbeitgeber oder Versicherungsgesellschaften an. Sollten Sie den Antrag auf Kontenklärung und die anderen Fragebögen der Deutschen Rentenversicherung nicht sorgfältig ausgefüllt haben, werden Sie von dort direkt angeschrieben. Sie sollten – wenn Sie an einem schnellen Scheidungsverfahren interessiert sind – diese Fragen rasch beantworten. Das Gericht erhält dann von den Rentenversicherungsanstalten bzw. den Arbeitgebern oder Versicherungsunternehmen die entsprechende Auskunft über die während der Ehezeit erworbenen Rentenanwartschaften und teilt Ihnen diese mit.

Der Versorgungsträger muss den Ausgleichswert für die Ehezeit entweder als Kapitalwert oder als Rentenbetrag mitteilen. Teilt er nur den Rentenbetrag mit, muss er auch den sogenannten korrespondierenden Kapitalwert mitteilen, damit man die Anrechte miteinander vergleichen kann. Der Versorgungsträger muss einen Vorschlag über die Höhe des Ausgleichswerts machen. Auch hier sollten Sie nochmals sehr genau hinsehen, ob alles berücksichtigt ist. In Zweifelsfällen halten Sie am besten mit Ihrem Rechtsanwalt oder mit einem Rentenberater Rücksprache.

ACHTUNG

LASSEN SIE IHR RENTENKONTO ZÜGIG KLÄREN

Meist dauert die Klärung der Versicherungskonten sehr lange. Gerade einvernehmliche Scheidungen verzögern sich dadurch. Erfahrungsgemäß dauert dieser Vorgang sechs bis zwölf Monate – von der Einreichung des Scheidungsantrags an gerechnet. Sie können diese Zeit verkürzen, indem Sie schon im Trennungsjahr bei den Rentenversicherungsträgern Ihr Rentenkonto „klären" lassen. Dort erhalten Sie auch die entsprechenden Fragebögen. Beim späteren Scheidungsverfahren geht dann alles viel schneller, auch wenn es Ihnen nicht erspart bleibt, die Formulare ein zweites Mal auszufüllen. Machen Sie sich daher Kopien, damit Sie genau die gleichen Angaben eintragen können. Wenn Sie dem Gericht nachweisen, dass Sie beide die Fragebogen sorgfältig ausgefüllt haben und an der Klärung der Zeiten mitwirken, kann Ihnen das seit 01.09.2009 die Möglichkeit zu einer schnellen Scheidung eröffnen (siehe Seite 26).

Wenn alle Rentenauskünfte vorliegen, werden sie – getrennt nach Ehemann und Ehefrau – in eine Bilanz eingestellt. Seit 01.09.2009 müssen die Versicherungsträger den Ehezeitanteil berechnen und den Ausgleichswert (halber Ehezeitanteil) dem Gericht mitteilen. Gleichzeitig ist auch der Kapitalwert des Ehezeitanteils mitzuteilen. In der gesetzlichen Rentenversicherung muss insbesondere der Betrag der auszugleichenden Entgeltpunkte angegeben werden. Einen Musterbrief zur Klärung des Rentenkontos finden Sie auf der CD-ROM. Sie können ihn direkt in Ihre Textverarbeitung übernehmen.

Interne Teilung

Das VersAusglG möchte vorrangig die Rentenanrechte intern teilen. Das heißt, es erfolgt ein sogenannter Hin-und-Her-Ausgleich. Der Ausgleichswert ist die Hälfte des Ehezeitanteils.

INTERNE TEILUNG BEISPIEL

Der Ausgleichswert der gesetzlichen Anrechte der Ehefrau wird dem Gericht mit zwei Entgeltpunkten mitgeteilt, der des Ehemanns mit fünf Entgeltpunkten. Der Richter überträgt fünf Entgeltpunkte zu Lasten der gesetzlichen Rentenversicherung des Ehemanns in die gesetzliche Rentenversicherung der Ehefrau. Außerdem überträgt er zwei Entgeltpunkte zu Lasten der gesetzlichen Rentenversicherung der Ehefrau in die gesetzliche Rentenversicherung des Ehemanns.

Solange die Beamtenversorgung keine interne Teilung vorsieht, erfolgt der Ausgleich wie bisher durch die Begründung gesetzlicher Rentenanwartschaften auf dem Versicherungskonto des Berechtigten und gegenläufige Kürzung der Beamtenversorgung. Der Ausgleich der betrieblichen Rentenanrechte erfolgt grundsätzlich auch mittels interner Teilung.

VERSORGUNGSAUSGLEICH BEI BETRIEBLICHEN ANWARTSCHAFTEN BEISPIEL

Ehefrau: keine Rentenanrechte in der Ehezeit.

Ehemann: Ausgleichswert der gesetzliche Rentenanrechte: zehn Entgeltpunkte. Der Ausgleichswert der betrieblichen Altersversorgung wird mit 20.000 Euro mitgeteilt, der Versorgungsträger erklärt sich mit der internen Teilung einverstanden.

Die Ehefrau erhält durch den Versorgungsausgleich zehn Entgeltpunkte auf ihrem Versicherungskonto bei der gesetzlichen Rentenversicherung gutgeschrieben. Aus der betrieblichen Altersversorgung erhält sie einen eigenen Anspruch auf eine Betriebsrente mit einem Kapitalwert von 10.000 Euro. Die Rechte des Ehemanns sind entsprechend zu kürzen.

Der Arbeitgeber ist berechtigt, bei der internen Teilung zum Beispiel das Berufsunfähigkeitsrisiko für die Ehefrau auszuschließen. Er muss dann den

Ausgleichswert entsprechend erhöhen, um eine Kompensation zu erreichen. Das heißt die Altersrente, die Sie als Ehefrau einmal beziehen, läge dann bei etwas mehr als 50 Prozent des Ehezeitanteils. Dafür würden sie im Fall der Berufsunfähigkeit jedoch noch keine Betriebsrentenzahlungen erhalten.

Das Anrecht der Ehefrau ist – wie das des Ehemanns – bei einer späteren Insolvenz des Arbeitgebers geschützt, da es im Pensionssicherungsverein abgesichert ist.

Externe Teilung

Der Arbeitgeber hat die Möglichkeit, die interne Teilung abzulehnen, wenn bestimmte Ausgleichswerte nicht erreicht sind. Das ist der Fall, wenn der Rentenwert unter monatlich 51,10 Euro bzw. der Kapitalwert unter 6.132 Euro liegt (§ 14 Abs. 2 S. 2. BGB). Bei Direktzusagen oder Ansprüchen gegenüber einer Unterstützungskasse liegt die Grenze (§ 17 VersAusglG) bei einem Ausgleichswert in Höhe der Beitragsbemessungsgrenze zur gesetzlichen Rentenversicherung (2010 und 2011: 66.000 Euro).

Der Arbeitgeber soll davor geschützt werden, zu viele „neue“ Arbeitnehmer wie Sie als Ehefrau aufnehmen zu müssen. Das Gericht muss Ihnen dann eine Frist setzen, innerhalb der Sie bzw. Ihr Anwalt mitteilt, in welche Versorgung der Ausgleich zu erfolgen hat. Sie haben dabei die Möglichkeit eine gleichwertige Zielversorgung zu benennen.

ACHTUNG

FRIST ZUR WAHL DER ZIELVERSORGUNG

Die Frist beträgt üblicherweise nur zwei Wochen. Sie sollten Ihren Rechtsanwalt durchaus schon vorher auf diese Frage ansprechen, damit sie ausreichend Zeit haben, sich für eine Zielversorgung zu entscheiden.

Die Zielversorgung muss angemessen sein. Da gilt für alle Altersvorsorgeverträge, die nach dem Altersvorsorgezertifizierungsgesetz zertifiziert sind, für die gesetzliche Rentenversicherung und für Betriebsrenten. Sie können als Zielversorgung auch einen bestehenden eigenen Vertrag wählen, der die gesetzlichen Voraussetzungen erfüllt. Die Versicherungsgesellschaft oder der Arbeitgeber muss mit der Einzahlung ausdrücklich einverstanden sein.

Wählen Sie keine Zielversorgung, erfolgt die externe Teilung in die Versorgungsausgleichskasse. Diese wurde quasi als Auffanggesellschaft gegründet. Sie können das dortige Anrecht nicht durch freiwillige Beitragszahlungen aufstocken, es ist sozusagen eingefroren. Besprechen Sie die Wahl der Zielversorgung auf jeden Fall mit Ihrem Anwalt.

Externe Teilung aufgrund Vereinbarung

Sie haben außerdem die Möglichkeit, statt der internen die externe Teilung zu vereinbaren (§ 14 Abs. 2 VersAusglG), der Arbeitgeber Ihres Mannes muss damit einverstanden sein.

Fehlende Ausgleichsreife

Wenn Rentenanrechte noch nicht ausgleichsreif sind (§ 19 VersAusglG), beispielsweise weil eine Betriebsrente noch nicht unverfallbar ist, erfolgt der Ausgleich – ähnlich wie bisher beim schuldrechtlichen Versorgungsausgleich – „nach Scheidung" gemäß § 20ff. VersAusglG. Dasselbe gilt für den Fall der Unwirtschaftlichkeit, wenn zum Beispiel die Rentenanrechte Ihres Ehemanns als Beamter in Ihre gesetzliche Rentenversicherung ausgeglichen werden müssten.

Ausländische Anrechte

Ausländische Rentenrechte können bei der Scheidung nicht ausgeglichen werden, der Ausgleich erfolgt gemäß §§ 20ff. VersAusglG nach der Scheidung im Rentenalter.

VORSICHT BEIM AUSGLEICH NACH SCHEIDUNG ACHTUNG

Sie können selbst dann, wenn Rentenanrechte ausgleichsreif sind, mit Ihrem Ehemann eine Vereinbarung treffen, dass der Ausgleich erst im Alter stattfindet. Davon ist jedoch abzuraten, weil Sie damit das Recht verlieren, den sogenannten verlängerten Ausgleich nach Scheidung gegenüber dem Arbeitgeber geltend zu machen, falls Ihr geschiedener Ehemann vor Ihnen stirbt. Dieser steht Ihnen nur zu, wenn das Gericht den Ausgleich auf diese spätere Zeit verlagern musste, weil es bei Scheidung die Anrechte nicht ausgleichen konnte.

Der notarielle Verzicht auf Durchführung des Versorgungsausgleichs führt gemäß § 1414 Satz 2 BGB dazu, dass auch der Güterstand der Gütertrennung automatisch eintritt. Um dies zu vermeiden, muss in einem solchen notariellen Vertrag immer klargestellt werden, ob man die Auswirkung auf den Güterstand wünscht oder nicht.

Ist der Versorgungsausgleich bei rechtskräftigem Scheidungsurteil endgültig?

Wenn das Ehescheidungsurteil rechtskräftig ist, heißt das nicht, dass die Entscheidung zum Versorgungsausgleich auch endgültig wäre.

Tod des Ausgleichsberechtigten

Falls Sie Rente abgeben mussten, können Sie, wenn Ihr Ehemann stirbt und noch keine oder erst weniger als drei Jahresbeträge der übertragenen Rente erhalten hat, die Entscheidung zum Versorgungsausgleich rückgängig machen (§ 37 VersAusglG). Das nennt man Heimfallprivileg. Auch bereits geleistete Beitragseinzahlungen können in diesem Fall zurückverlangt werden. Das gilt aber nur für die gesetzlichen Rentenanrechte. Betriebliche Rentenanrechte, die im Wege der internen oder externen Teilung gekürzt wurden, werden bei Tod des ausgleichsberechtigten Ehegatten nicht wieder aufgefüllt, die Teilung muss also nicht rückgängig gemacht werden.

Welche Möglichkeiten bestehen seit 01.09.2009, einen Versorgungsausgleich abzuändern?

Mit Inkrafttreten des neuen Gesetzes richtet sich die Abänderung von Entscheidungen, die vor dem 01.09.2009 ergangen sind, nur noch nach dem neuen Recht. Wenn ein Abänderungsantrag gestellt wird, berechnet sich die Totalrevision ausschließlich nach dem Prinzip des neuen Rechts. Neu ist, dass sich der Abänderungsantrag lediglich auf eine der auszugleichenden Rentenrechte beziehen kann. Der Abänderungsantrag kann frühestens sechs Monate vor Rentenbeginn eines Ehegatten gestellt werden.

Der Antrag auf Totalrevision kann nicht gestellt werden, wenn wegen einer noch nicht ausgeglichenen Rente die Möglichkeit besteht, einen sogenannten schuldrechtlichen Versorgungsausgleich, das heißt einen Ausgleich bei Rentenbezug im Alter vorzunehmen.

Wurde in der alten Entscheidung eine Betriebsrente mittels der sogenannten BarwertVO heruntergerechnet, ist dieser Umstand für sich alleine ebenfalls ein Grund, eine Entscheidung abzuändern. Bei jedem Abänderungsantrag ist erforderlich, dass sich danach ein gewisser Mehrbetrag errechnet. Näheres hierzu kann Ihnen Ihr Rechtsanwalt sagen.

Gibt es Gründe, warum ich den Rentenausgleich nicht bekomme?

Wie bei Unterhalt und Zugewinnausgleich kann es auch Gründe geben, die es grob unbillig erscheinen lassen, den Versorgungsausgleich durchzuführen (§ 27 VersAusglG). § 27 VersAusglG zählt keine Alternativen mehr dafür auf, sondern ermöglicht der Rechtsprechung eine freie Entscheidung. Auf die bisherige Rechtsprechung zu § 1587 c BGB wird jedoch zurückgegriffen. Dazu gehören folgende Situationen:

- Der Rentenausgleich würde zu einem wirtschaftlichen Ungleichgewicht führen. Damit sind die Fälle gemeint, in denen Sie wegen Ihrer höheren Rente für Ihren Ehemann Unterhalt zahlen müssten.
- Es besteht ein sehr großer Altersunterschied zwischen den Ehegatten. Der eine hat sich durch seine langjährige Arbeit bereits eine Altersversorgung aufgebaut, der andere steht erst am Anfang, weil er beispielsweise bisher studiert hat. Wenn Sie jetzt als die Ältere von Ihren Rentenanwartschaften etwas abgeben müssten, hätten Sie praktisch gar keine Gelegenheit mehr, dieses „Loch“ zu stopfen. Ihr Ehemann, als der wesentlich Jüngere, stünde aber am Anfang eines beruflichen Lebens und hätte noch genug Zeit, um eigene Rentenanwartschaften aufzubauen. Man nennt dies „Studentenehe“ oder „phasenverschobene Ehe“.

- Eine lange Trennungszeit vor Beginn des Scheidungsverfahrens kann jedenfalls zu einem zeitanteiligen Ausschluss des Versorgungsausgleichs führen. Entscheidend ist hier das zeitliche Verhältnis zum tatsächlichen Zusammenleben.

Wenn Sie in Gütertrennung leben und Ihr Ehemann immer selbstständig und Sie angestellt tätig waren, kann der Versorgungsausgleichs auch grob unbillig sein. Ihr Ehemann hat sich in diesen Fällen meist eine Altersversorgung zum Beispiel durch Lebensversicherungen geschaffen und daran haben Sie – mangels Zugewinnausgleich bei der Gütertrennung – keinen Anteil.

Ein weiterer wichtiger Fall, in dem Sie keine Rentenanwartschaften abgeben müssen, ist, wenn Ihr Ehemann die ganze Ehe über nichts zum Unterhalt der Familie beigetragen hat und stattdessen Sie für alle gesorgt haben. Ihrem Ehemann muss dieses erhebliche Verschulden der Unterhaltspflichtverletzung aber nachgewiesen werden. Fälle, in denen der Rentenausgleich wegen grober Unbilligkeit nicht stattfindet, sind sehr selten.

Neu ist seit 01.09.2009, dass der Ausgleich dann nicht stattfindet, wenn die Ehezeit nur bis zu drei Jahren betrug – es sei denn, ein Ehegatte beantragt die Durchführung – oder nur geringe Werte auszugleichen sind (siehe auch Seite 175).

ACHTUNG

BEANTRAGEN SIE DEN AUSSCHLUSS DES VERSORGUNGSAUSGLEICHS

Wenn Sie von Ihren Rentenanwartschaften etwas abgeben müssen und Ihr Ehemann während der Ehe nie gearbeitet hat, dann sollten Sie unbedingt Ihren Rechtsanwalt fragen, ob Sie nicht einen Antrag auf Ausschluss des Versorgungsausgleichs wegen grober Unbilligkeit stellen können. Einen Versuch ist es wert, auch wenn in diesem Fall vielleicht „dreckige Wäsche" gewaschen werden muss. Möglicherweise ist Ihr Ehemann ja auch dazu bereit, auf den Ausgleich zu verzichten. Die Begründung, dass Sie auf Rentenanwartschaften verzichten müssen, die Sie wegen der Erziehung der gemeinsamen Kinder erhalten haben, reicht für einen Ausschlussantrag jedoch nicht aus (BGH, XII ZB 262/04 vom 11.09.2007).

Kann ich mit meinem Ehemann eine Vereinbarung über den Versorgungsausgleich schließen?

Das Gesetz sieht ausdrücklich vor, dass Eheleute über Rentenanrechte Vereinbarungen schließen können (§ 6 VersAusglG). Diese Vereinbarungen müssen wie Eheverträge entweder beim Notar geschlossen werden oder im Scheidungstermin von den beiden Rechtsanwälten, die Sie und Ihren Ehemann vertreten. Privatschriftliche Vereinbarungen sind nicht wirksam.

Sie können durch eine solche Vereinbarung nicht nur auf den Ausgleich ganz verzichten, sondern auch nur einzelne Anrechte vom Ausgleich ausnehmen. Es ist ebenfalls zulässig, dass Sie den Rentenausgleich im Zuge des Zugewinnausgleichs mit berücksichtigen. Durch die Auskünfte der Versorgungsträger werden die korrespondierenden Kapitalwerte der Ehezeitanteile mitgeteilt und Ihr Anwalt kann versuchen – gerade wenn Sie etwas abgeben müssten –, den Ausgleich auf andere Weise zu regeln. Wenn Sie zum Beispiel gerne die Eigentumswohnung, die Ihnen beiden gehört, alleine übernehmen wollen, kann ein Teil der Ausgleichssumme, die Sie eventuell Ihrem Ehemann schulden, durch Verrechnung der Ihnen an sich zustehenden Rentenanrechte erfolgen. Es kommt hier immer auf den Einzelfall an.

Sie können durch Vertrag auch vereinbaren, dass der Ausgleich erst erfolgen soll, wenn einer von Ihnen beiden oder Sie beide einmal Rente beziehen. Diese Vereinbarung ist aber gefährlich. Stirbt der Ehegatte, der ein Anrecht noch auszugleichen hat, so erlischt der Ausgleichsanspruch. Es besteht kein Anspruch auf Teilhabe an der Hinterbliebenenversorgung. Dies wissen viele Rechtsanwälte nicht.

Ist das neue oder das alte Recht für mich günstiger?

Wenn Ihr Mann Betriebsrenten hat, kann man davon ausgehen, dass das neue Recht für Sie günstiger ist. Sie haben dann die Möglichkeit, einen eigenen Betriebsrentenanspruch zu erhalten. Außerdem vermeiden Sie mit dem neuen Recht oft den späteren Ausgleich über den sogenannten schuldrechtlichen Versorgungsausgleich. Ebenso können nach dem neuen Recht Rentenlebensversicherungen sofort geteilt werden.

Ein Nachteil des neuen Rechts ist, dass der Arbeitgeber bei Ihnen das Berufsunfähigkeitsrisiko ausschließen kann, indem er Ihren Anspruch auf Betriebsrente im Alter entsprechend erhöht. Aus diesem Grund sollten Sie mit Ihrem Rechtsanwalt besprechen, ob der Abschluss einer Vereinbarung mit Ihrem Ehemann über die Durchführung des Rentenausgleichs, bei der Sie Ihre gesetzlichen Rentenanrechte voll behalten und nichts abgeben und der Ausgleich der Betriebsrente anders kompensiert wird, nicht besser für Sie ist.

Weiterer Nachteil des neuen Rechts ist, dass die Rentenkürzung bei Ihrem Mann auch eintritt, wenn er bei der Scheidung bereits Rente bezieht, sie aber noch nicht. Nach altem Recht wurde in diesen Fällen die Rente Ihres Mannes erst gekürzt, wenn auch Sie schon Rente bekamen. Bezieht Ihr Mann bei der Scheidung noch keine Rente, aber dennoch zu einem späteren Zeitpunkt vor Ihnen, konnte er die Kürzung bisher umgehen, solange er noch Unterhalt zahlte. Er musste dies nur bei der Rentenversicherung beantragen, auf die Höhe des zu zahlenden Unterhalts kam es nicht an. Nach dem neuen Recht spielt die Höhe des Unterhalts sehr wohl eine Rolle, um genau diesen Betrag wird die Rentenkürzung nicht vorgenommen. Erforderlich ist darüber hinaus ein gesetzlicher Unterhaltsanspruch, ein vertraglich vereinbarter reicht nicht aus. Das neue Recht schreibt ebenfalls vor, dass ein Antrag gestellt werden muss.

Gemeinsame Finanzen – was tun mit Schulden und Vermögen?

DIE GEMEINSAMEN FINANZEN DES EHEPAARS BAUER BEISPIEL

Die Eheleute Bauer haben immer gut gelebt. Als sie sich trennen, haben sie ein gemeinsames Girokonto, das mit 7.500 Euro überzogen ist, einen Kredit über weitere 15.000 Euro sowie eine Lebensversicherung über 75.000 Euro, bei der beide Eheleute als Versicherungsnehmer eingetragen sind und die noch fünf Jahre läuft.

Bevor Sie dieses Kapitel lesen oder gemeinsame Vermögenswerte aufteilen, müssen Sie das Kapitel „Was bedeutet Zugewinnausgleich?" lesen. Hier finden Sie wertvolle Informationen, die Ihnen bei der Entscheidungsfindung helfen werden. Gehen Sie nicht so vor, könnten Sie etwas tun, das Sie später bereuen. Durch eine voreilige oder falsche Aufteilung lässt sich die Berechnung des Zugewinnausgleichs maßgeblich beeinflussen. Wenn Sie nach der Trennung von Ihrem Ehemann das gemeinsame Vermögen aufteilen, ohne gleichzeitig die Frage des Zugewinnausgleichs zu prüfen, kann dies dazu führen, dass Sie eventuell doppelt zur Kasse gebeten werden. Denn für die Berechnung des Zugewinnausgleichs kommt es darauf an, wie die Vermögensverhältnisse am Zustellungstag des Scheidungsantrags aussehen.

Wenn Sie Ihr gemeinsames Vermögen schon bei der Trennung geteilt haben und Ihr Ehemann bis zur Zustellung des Scheidungsantrags alles ausgibt, kann es passieren, dass Sie ihm noch einmal etwas abgeben müssen. Und das ist ganz sicher etwas, das Sie nicht wollen. Also Vorsicht, damit es nicht zu voreiligen Handlungen kommt.

Wie verhalte ich mich, wenn das gemeinsame Konto überzogen ist?

Ist das gemeinsame Konto überzogen, dann haften Sie gegenüber der Bank in voller Höhe für diese gemeinsamen Schulden. Im Verhältnis zu Ihrem

Ehemann haftet jeder von Ihnen zur Hälfte. Nur wenn Sie beweisen können, dass zum Beispiel etwas anderes vereinbart war oder Sie über dieses Konto gar nicht verfügt haben und auch keine Einkünfte dorthin überwiesen wurden, kann die Aufteilung der Haftung unter Ihnen anders sein.

ACHTUNG

UMGANG MIT BANKKONTEN NACH DER TRENNUNG

Sie sollten nach der Trennung keine weiteren Abhebungen von einem überzogenen Konto veranlassen. Weiterhin sollten Sie regeln, dass Ihr Gehalt, Elterngeld, Kindergeld etc. nicht mehr auf dieses Konto überwiesen wird. Richten Sie sich am besten sofort ein neues eigenes Konto ein.

Gleichzeitig sollten Sie versuchen, Ihren Ehemann dazu zu bewegen, sich ein neues eigenes Konto einzurichten und das gemeinsame Konto nicht mehr zu belasten. Wenn er dies nicht tun will, sollten Sie unverzüglich zur Bank gehen. Teilen Sie dort mit, dass Sie nicht mehr damit einverstanden sind, dass Ihr Ehemann ohne Ihr Einverständnis über das Konto verfügt. Es wird dann „eingefroren". Die Erklärung sollten Sie schriftlich abgeben und sich den Empfang von der Bank bestätigen lassen. Einen Musterbrief hierzu finden Sie auf der CD-ROM.

Durch einen solchen Brief wird das „oder"-Konto zum „und"-Konto, das heißt, Sie können nur noch gemeinsam über das Konto verfügen. Wenn Sie das nicht tun, laufen Sie Gefahr, dass Ihr Ehemann das Konto weiter überzieht und Sie dafür gegenüber der Bank haften. Als nächsten Schritt müssen Sie versuchen, mit der Bank bzw. dem Ehemann eine Rückzahlungsvereinbarung wegen der Überziehung auf dem Konto zu treffen.

ACHTUNG

WIDERRUFEN SIE DIE VOLLMACHTEN IHRES EHEGATTEN

Wenn Sie Ihrem Ehemann für eines Ihrer Konten Vollmacht eingeräumt haben, sollten Sie diese gegenüber der Bank schriftlich widerrufen. Nur so vermeiden Sie, dass Ihr Ehemann widerrechtlich über das Konto verfügt. Auch wenn das gemeinsame Konto nicht überzogen ist, sollten Sie dieses Konto nach der Trennung schnell auflösen, damit es auf keinen Fall zu Unklarheiten kommen kann.

Ich habe für die Geschäftsschulden meines Mannes gebürgt – was kann ich tun?

Wenn Sie für die Geschäftsschulden Ihres Ehemanns gebürgt haben, dann bestehen mehrere Möglichkeiten, wie Sie aus dieser Bürgschaft wieder herauskommen.

Sittenwidrigkeit der Bürgschaft

Die übernommene Bürgschaft kann sittenwidrig (§ 138 BGB) sein. Dann muss bei der Bürgschaftsübernahme Ihre Geschäftsunerfahrenheit ausgenutzt worden und Sie müssen vermögens- und einkommenslos gewesen sein. Ebenso kann die Bürgschaft nichtig sein, wenn sie wirtschaftlich sinnlos ist. Das ist zum Beispiel der Fall, wenn schon bei Vertragsschluss offensichtlich war, dass der Bürge keine nennenswerten Zahlungen leisten kann.

Das Gleiche gilt, wenn das pfändbare Einkommen noch nicht einmal ausreicht, um die zu entrichtenden Zinsen auf die Schuld auch nur annähernd zu decken. Man spricht von einer „krassen Überforderung". Es erfolgt immer eine Einzelfallbetrachtung, die auch die Vermögensverhältnisse des Bürgen betrachtet.

Wegfall der Geschäftsgrundlage

Für die von Ihnen übernommene Bürgschaft kann aber auch die Geschäftsgrundlage entfallen sein. Darunter versteht man den Grund, warum Sie die Bürgschaft überhaupt übernommen haben. Meist ist der Grund, dass Ihr Ehemann selbstständig ist und die Bank durch die Bürgschaft verhindern wollte, dass er – in schlechten Zeiten – sein Vermögen auf Sie überträgt, damit die Bank nicht darauf zugreifen kann. Die Bank will in solchen Situationen einer „unredlichen Vermögensverlagerung" vorbeugen.

In derartigen Fällen können Sie viel wahrscheinlicher aus der Bürgschaft entlassen werden. Denn der BGH hat entschieden, dass spätestens mit der Ehescheidung die Geschäftsgrundlage für den Schutz der Bank vor unredlichen Vermögensverlagerungen auf den anderen Ehegatten entfällt.

Wir haben noch Kredite laufen – wer muss die Raten zahlen?

Bei einem Einzelkredit ist derjenige, der unterschrieben hat, zunächst für die Ratenzahlung zuständig. Er ist auch alleine der Bank gegenüber haftbar. Wenn Sie nicht mehr sicher sind, wer den Kredit unterschrieben hat, sehen Sie im Kreditvertrag nach oder fragen Sie bei der Bank. Nur dann, wenn Sie beweisen können, dass der von Ihnen allein aufgenommene Kredit ausschließlich Ihren Ehemann betrifft (etwa für seinen Geschäftswagen oder seine Wohnung/sein Haus), kann es sein, dass Sie gegen Ihren Ehemann einen Anspruch auf Übernahme der Raten haben. Die Bank kann trotzdem von Ihnen die Rückzahlung verlangen, wenn Ihr Ehemann die Zahlungen nicht erbringt. Sie können, wenn Sie gezahlt haben, dieses Geld dann von Ihrem Ehemann zurückverlangen.

ACHTUNG

LASSEN SIE SICH DIE UMSCHREIBUNG SCHRIFTLICH BESTÄTIGEN

Nur wenn der Kredit auf Ihren Ehemann umgeschrieben wird, sind Sie aus der Haftung entlassen. Kommt es zu solch einer Umschreibung, sollten Sie sich die Entlassung aus der Haftung von der Bank schriftlich bestätigen lassen.

Wenn Sie beide den Kreditvertrag unterschrieben haben, müssen Sie beide die Raten zurückzahlen. Man spricht hier von Gesamtschuld (§ 421 BGB). Das Gesetz geht in diesen Fällen zunächst davon aus, dass Sie beide den Kredit zu je 50 Prozent zurückzahlen müssen (§ 426 Abs. 1 BGB). Von dem „Halbteilungsgrundsatz" kann nur abgewichen werden, wenn etwas anderes bestimmt ist. Zum Beispiel, wenn Sie mit Ihrem Ehemann eine andere Verteilung vereinbart haben, sich dies aus dem Gesetz oder aus den Gesamtumständen ergibt. In den folgenden Fällen weicht man vom Halbteilungsgrundsatz ab:

- Derjenige, der die gemeinsame Wohnung oder das Haus nutzt, trägt auch die Belastungen alleine (BGH, Urteil vom 17.05.1983, IX ZR 14/82; Urteil vom 04.06.1986, IV b ZR 50/85, 1986, 881).

- Derjenige, in dessen ausschließlichem Interesse der Kredit aufgenommen wurde, hat die daraus resultierenden Belastungen alleine zu tragen (KG, Urteil vom 29.01.1999, 17 U 106/99).
- Wenn Wohnung, Haus oder Grundstück in Miteigentum steht, haftet jeder der beiden Ehegatten entsprechend seinem Miteigentumsanteil.

Die Halbteilung gilt auch, wenn nur Ihr Ehemann verdient hat und Sie nach der Trennung ebenfalls kein Einkommen haben. Es ist für die Haftungsverteilung völlig egal, ob Sie zahlen können oder nicht.

KREDITRÜCKZAHLUNG BEI IMMOBILIEN ACHTUNG

Wenn eine Wohnung, ein Haus oder ein Grundstück nur einem Ehegatten gehört, so ist dieser verpflichtet, den Kredit nach dem Scheitern der Ehe allein zurückzuzahlen (BGH, Urteil vom 27.11.1996, XII ZR 43/95).

Die Haftungsverteilung betrifft nur das Verhältnis zwischen Ihnen und Ihrem Ehemann. Die Bank kann von jedem von Ihnen die volle Kreditsumme verlangen. Sie haben dann ggf. nur einen Erstattungsanspruch gegen Ihren Ehemann. Sie sollten sich deshalb, wenn der Kredit nur die Interessen Ihres Ehemanns betrifft, bei der Bank darum bemühen, aus dem Kreditvertrag entlassen zu werden. Schicken Sie einen entsprechenden Brief dorthin. Am besten ist es, wenn Sie ihn per Einschreiben mit Rückschein versenden.

Oftmals wird die Haftungsentlassung von den Banken zuerst abgelehnt. Lassen Sie aber nicht locker und gehen Sie mit Ihrem Ehemann gemeinsam zu einem Gespräch. Wenn die Bank Sie nicht aus der Haftung entlässt, sollten Sie mit Ihrem Ehemann eine Freistellungsvereinbarung abschließen. Musterbriefe für beide Fälle finden Sie auf der beiliegenden CD-ROM. Sie können sie direkt in Ihre Textverarbeitung übernehmen.

Wurden die Kreditraten bei der Unterhaltsberechnung bereits vom Einkommen Ihres Ehemanns oder von Ihrem Einkommen abgezogen, kann nicht noch einmal ein Ausgleich vom anderen Ehepartner verlangt werden. Durch die Berücksichtigung beim Unterhalt erbringt jeder Ehegatte bereits seinen Anteil.

Eine Ausgleichsverpflichtung wird auch dann ausgeschlossen, wenn Sie zwar Unterhalt verlangen könnten, dies aber nicht tun, weil Ihr Ehemann den gemeinsamen Kredit zurückzahlt. Man spricht in solchen Situationen von einer stillschweigenden „anderen“ Bestimmung (OLG München, Urteil vom 14.07.1995, 21 U 5880/94; OLG Köln, Urteil vom 24.10.1994, 13 U 204/94). Sie sollten in einem solchen Fall die Vereinbarung unbedingt schriftlich festhalten, damit Sie sicher sein können, dass Ihr Ehemann nicht später doch noch etwas von Ihnen fordert.

Weder Sie noch Ihr Ehemann können solche Ausgleichsansprüche für die Zeit des Zusammenlebens rückwirkend geltend machen. Sie bestehen erst ab dem Scheitern der Ehe. Das kann im Einzelfall bereits die Trennung, manchmal aber auch erst die Einreichung des Scheidungsantrags oder die Scheidung selbst sein. Sie sollten sich hier auf jeden Fall wieder anwaltlichen Rat einholen.

ACHTUNG

ACHTUNG, DER AUSGLEICHSANSPRUCH ENTSTEHT AUTOMATISCH

Der Ausgleichsanspruch entsteht automatisch mit Scheitern der Ehe. Er muss nicht – anders als ein Unterhalt – angemahnt werden. Es kann also sein, dass Ihr Ehemann solche Ansprüche erst nach langer Zeit stellt, wenn Sie glauben, dass schon alles erledigt ist. Vorsicht!

Seit dem 01.01.2002 verjähren solche Ausgleichsansprüche nach drei Jahren. Solange Sie allerdings noch verheiratet sind, beginnt die Frist nicht. Sie setzt erst mit dem Ende des Jahres ein, in dem Sie rechtskräftig geschieden werden. Danach können Ausgleichsansprüche wegen eigener Zahlungen, die mehr als drei Jahre zurückliegen, nicht mehr verlangt werden.

Bezug zum Zugewinnausgleich

Die eventuell bestehenden Ausgleichsansprüche sind beim Zugewinnausgleich (siehe Kapitel „Was bedeutet Zugewinnausgleich?“) im Endvermögen beider Ehegatten zu berücksichtigen. Wenn Sie Ihrem Ehemann eine Beteiligung an einem Kredit schulden, dann zählt dieser Anspruch zu Ihren Passiva. Bei Ihrem Ehemann muss dieser Anspruch in der Liste der Aktiva erscheinen.

Sie müssen in Ihrem eigenen Interesse darauf achten, dass diese Ausgleichsansprüche beim Zugewinnausgleich berücksichtigt werden. Wenn Sie das unterlassen, laufen Sie Gefahr, dass Ihr Ehemann später – nachdem der Zugewinnausgleich abgeschlossen wurde – noch einmal Geld von Ihnen will. Der Zugewinn kann dann im Nachhinein nicht mehr korrigiert werden.

ACHTEN SIE AUF DIE RICHTIGE KLAUSEL IM NOTARVERTRAG ACHTUNG

In Scheidungsfolgenvereinbarungen oder in Notarverträgen reicht deshalb die Klausel „Ansprüche auf Zugewinnausgleich bestehen nicht" als Schutz nicht aus. Achten Sie darauf, dass die folgende Formulierung enthalten ist: „vermögensrechtliche Ansprüche, gleich welcher Art und aus welchem Rechtsgrund auch immer, bestehen nicht".

Wir sind Eigentümer eines Hauses – bekomme ich Miete für meine Hälfte?

Sie bleiben unabhängig von Trennung und Scheidung weiter Miteigentümer des Hauses oder der Wohnung, da das Miteigentum mit der Ehe an sich nichts zu tun hat. Es ist ja auch nicht verboten, wenn man nicht miteinander verheiratet ist, gemeinsam etwas zu besitzen.

Andererseits hat die Praxis gezeigt, dass mit einer Trennung oder Scheidung am besten auch bestehendes Miteigentum aufgelöst wird. Denn geschiedene Eheleute verstehen sich in sehr vielen Fällen nicht mehr gut und wollen nichts mehr miteinander zu tun haben. Stellen Sie sich bei einer Trennung daher folgende Fragen, wenn Sie und Ihr Ehemann gemeinsam Immobilien besitzen.

Wie werden die Verwaltung und weitere Benutzung einschließlich einer Nutzungsvergütung geregelt?

Das bedeutet, Sie müssen klären, wer das Haus weiter benutzt, wer die damit verbundenen Kosten trägt und ob derjenige, der weiter darin wohnt, dem anderen eine Miete, ein Nutzungsentgelt zahlen muss. Sie müssen sich auch darüber verständigen, wer die laufenden – verbrauchsunabhängigen – Kosten trägt. Diese werden normalerweise von jedem Miteigentümer zur Hälfte getragen. Die Kreditraten sollte derjenige übernehmen, der das Haus nutzt. Die verbrauchsabhängigen Kosten trägt in der Regel ebenfalls der Ehegatte, der im Haus wohnt.

Wenn Sie nicht mehr im Haus wohnen, steht Ihnen gegen Ihren Ehemann ein Nutzungsentgelt für Ihren Miteigentumsanteil zu, vergleichbar mit einer Mietzahlung. Die Höhe dieses Nutzungsentgelts orientiert sich an der Marktmiete. Sie müssen es aber ausdrücklich vom anderen verlangen, Sie bekommen es nicht automatisch ab dem Zeitpunkt Ihres Auszugs.

Seit dem 01.01.2002 verjähren solche Nutzungsentgeltansprüche nach drei Jahren. Solange Sie allerdings noch verheiratet sind, fängt diese Frist nicht an. Sie setzt erst mit Ende des Jahres ein, in dem Sie rechtskräftig geschieden werden. Danach können Sie für Zeiträume, die länger als drei Jahre zurückliegen, nicht bezahltes Nutzungsentgelt nicht mehr verlangen. Wenn Sie noch Unterhalt von Ihrem Mann zu bekommen haben, wird die Frage des Nutzungsentgelts bei der Unterhaltsberechnung berücksichtigt. Man spricht dann von Wohnwert. Derjenige, der das Mit- oder Alleineigentum bewohnt, muss sich für diesen Gebrauchsvorteil einen entsprechenden Wohnwert anrechnen lassen. Zins und Tilgung sowie die allgemeinen Grundstückskosten sind bei dem Ehegatten, der dafür aufkommt, abzuziehen.

Der Wohnvorteil orientiert sich an der ortsüblichen Marktmiete. Für die Zeit bis zum Beginn des Scheidungsverfahrens ist der angemessene Wohnwert zu berücksichtigen, um eine eventuelle Versöhnung nicht zu erschweren. Als Frage stellt sich: Welche Miete würde bzw. könnte ich mir leisten, wenn ich ausgezogen wäre? Hier gelten die Miete des Ausziehenden, die Miete für eine angemessene kleinere Wohnung, die um die Hälfte gekürzte Marktmiete und die Einkommensverhältnisse als Anhaltspunkte. Verbrauchsabhängige Kosten kürzen den Wohnwert nicht.

BERECHNUNG DES WOHNWERTS BEI EIGENHEIMBESITZ

BEISPIEL

Ihr Ehemann verdient 3.000 Euro netto, Sie 1.500 Euro. Sie wohnen im Eigenheim (gehört Ihnen beiden zur Hälfte) mit einem Wohnwert von 1.000 Euro. Der Schuldendienst beträgt monatlich 400 Euro, die von Ihnen bezahlt werden.

Nach DT

1/2 (6/7 3.000 Euro + 6/7 1.500 Euro + 1.000 Euro – 400 Euro) = 2.228 Euro – (6/7 1.500 Euro + 600 Euro) = 543 Euro Unterhalt

Nach Süddeutschen Leitlinien

Bedarf: 1/2 (9/10 3.000 Euro + 9/10 1.500 Euro + 1.000 Euro – 400 Euro) = 2.325 Euro

Höhe des Unterhalts: 2.325 Euro – (9/10 1.500 Euro + 1.000 Euro – 400 Euro) = 475 Euro

Nach der Scheidung sind die Tilgungsraten auf den Kredit nicht mehr in voller Höhe bei der Unterhaltsberechnung zu berücksichtigen, sondern nur noch, wenn Sie als Altersvorsorge geltend gemacht werden können (siehe Seite 48ff.).

Wenn Sie später die Wohnung bzw. das Haus verkaufen, wird Ihnen nicht mehr die ersparte Miete als Wohnwert zugute gehalten, sondern die Zinsen, die Sie aus dem Erlös erzielen (BGH, Urteil vom 03.05.2001, XII ZR 62/99; Urteil vom 13.06.2001, XII ZR 343/99). Es spielt keine Rolle, ob diese Zinsen höher sind als der Wohnwert.

BERECHNUNG DES WOHNWERTS NACH IMMOBILIENVERKAUF

BEISPIEL

Die Situation ist die gleiche wie zuvor, doch das Eigenheim wurde für 400.000 Euro verkauft. Sie und Ihr Mann erhielten 100.000 Euro und erzielen hieraus monatlich 400 Euro Zinsen.

Nach DT

1/2 (6/7 3.000 Euro + 6/7 1.500 Euro + 800 Euro Zinsen) = 2.328 Euro – (6/7 1.500 Euro + 400 Euro) = 643 Euro Unterhalt

Auch die 400 Euro Zinsen Ihres Mannes sind zu berücksichtigen: 400 Euro + 400 Euro = 800 Euro

Nach Süddeutschen Leitlinien

Bedarf: 1/2 (9/10 3.000 Euro + 9/10 1.500 Euro + 800 Euro) = 2.425 Euro

Höhe des Unterhalts: 2.425 Euro – (9/10 1.500 Euro + 400 Euro) = 675 Euro

Wenn mit dem Erlös aus dem Verkauf eine neue Immobilie gekauft wird, muss immer geprüft werden, ob diese Anlageform wirtschaftlich ist oder nicht. Im zweiten Fall wird „fiktiv" mit der „besseren" Zinsanlage gerechnet.

Was passiert mit unseren gemeinsamen Versicherungen?

Wenn Sie mit einem Beamten verheiratet sind und selbst nicht arbeiten, sollte Ihnen klar sein, dass je nach Alter und Gesundheitszustand die Verpflichtung zum Abschluss einer eigenen privaten Krankenversicherung nach der Scheidung zu einer erheblichen finanziellen Belastung werden kann. Holen Sie in diesem Fall rechtzeitig eine Auskunft über den Beitragssatz einer eigenen Krankenversicherung ein.

Oft kommen Sie in solchen Fällen bei der Scheidung gar nicht um eine Berufstätigkeit und damit verbundene Pflichtversicherung herum, weil Sie die private Krankenversicherung nicht bezahlen könnten. Auch das Realsplitting (siehe Kapitel „Wird die Scheidung billiger, wenn wir uns einig sind?") kann in der Trennungsphase dazu führen, dass Sie Ihren Anspruch auf Mitversicherung in der Krankenversicherung Ihres Ehemanns wegen zu hohen Einkommens verlieren (Familienversicherung).

Kündigt Ihr Ehemann während der Trennung seine private Krankenversicherung oder auch nur Ihre Mitversicherung oder die der Kinder, müssen Sie sich möglichst schnell selbst versichern. Oft springt hier das Sozialamt ein. Sie haben zwar gegen Ihren Ehemann einen Schadenersatzanspruch und gegenüber der Krankenversicherung einen Anspruch, dort versichert zu werden, die Kosten müssen Sie aber selbst zahlen. Wenn Sie befürchten, dass Ihr Ehemann so vorgeht, schreiben Sie die Krankenversicherung am besten direkt an.

Krankenversicherung der Ehefrau

Mit Rechtskraft der Ehescheidung fallen Sie aus der Familienversicherung Ihres Ehemanns heraus. Sie haben danach drei Monate Zeit, sich um eine eigene Krankenversicherung zu kümmern. Sie können der gesetzlichen Krankenversicherung innerhalb von drei Monaten ab Rechtskraft der Ehescheidung beitreten (§§ 10, 9 I Nr. 2, II Nr. 2 SGB V). Bei einer privaten Versicherung haben Sie Anspruch darauf, in gleicher Weise weiter versichert zu werden wie während der Ehe. Dies gilt auch für Zusatzversicherungen. Einen Musterbrief dazu finden Sie auf der CD-ROM und mehr Informationen im Kapitel „Wie viel und wie lange bekomme ich Ehegattenunterhalt?“.

Krankenversicherung der Kinder

Alle minderjährigen, nicht erwerbstätigen Kinder haben bis zur Vollendung des 23. Lebensjahres (während einer Schul- oder Berufsausbildung sogar bis zur Vollendung des 25. Lebensjahres) Anspruch auf Familienversicherung; ebenso behinderte Kinder.

Beihilfeanspruch bei Beamten

Ist Ihr Ehemann Beamter, verlieren Sie mit der Scheidung Ihre Beihilfeberechtigung. Haben Sie nicht selbst in die gesetzliche Krankenversicherung eingezahlt, bleibt Ihnen nur der Beitritt in eine private Krankenversicherung. Die Rückkehr in die gesetzliche Krankenversicherung ist nur sehr eingeschränkt möglich, Sie müssen sich hier rechtzeitig beraten lassen. Oft hilft nur die Aufnahme einer Berufstätigkeit. Die Altersgrenze von 55 Jahren in der gesetzlichen Krankenversicherung kann hier aber letztlich eine entscheidende Hürde sein.

Hausratversicherung

Zunächst müssen Sie klären, wer Versicherungsnehmer ist. Sind Sie es alleine, bezieht sich die Versicherung auf Ihre Wohnung – auch nach einem Auszug. Sie müssen Ihren Umzug der Versicherungsgesellschaft dann mitteilen. Ist Ihr Ehemann Versicherungsnehmer, müssen Sie beim Auszug eine neue Hausratversicherung abschließen. Das wird auch nötig, wenn Ihr Ehemann auszieht, da er dann seine Versicherung mitnimmt. Nehmen Sie am besten mit der Versicherungsgesellschaft Kontakt auf. In der Regel ist die neue Wohnung noch für drei Monate im alten Vertrag mitversichert.

Familienhaftpflichtversicherung

Bei der Familienhaftpflichtversicherung ist die Mitversicherung mit Rechtskraft der Scheidung zu Ende. Kümmern Sie sich also rechtzeitig um eine eigene Haftpflichtversicherung, wenn Ihr Ehemann Hauptversicherungsnehmer ist. Klären Sie mit der Versicherung auch ab, bei wem die Kinder in Zukunft mitversichert sind.

Familienrechtschutzversicherung

Bei der Familienrechtschutzversicherung endet die Mitversicherung ebenfalls mit Rechtskraft der Scheidung. Läuft diese Versicherung auf Ihren Mann, müssen Sie, wenn Sie auch nach der Scheidung rechtschutzversichert sein wollen, einen eigenen Vertrag abschließen. Die Rechtschutzversicherung zahlt eine Erstberatung im Zusammenhang mit Trennung und Scheidung nur für den Hauptversicherungsnehmer. Für alle weiteren Kosten kommt sie normalerweise nicht auf. Inzwischen gibt es allerdings einige Versicherungsgesellschaften, die auch das Familienrecht in ihr Leistungsangebot aufgenommen haben. Erkundigen Sie sich über Tarife und Bedingungen.

Kraftfahrzeugversicherung

Bei der Kfz-Versicherung haben Sie die Möglichkeit, die von Ihnen „erfahrenen" Prozente mitzunehmen. Falls Ihr Ehemann damit nicht einverstanden ist, können Sie diesen Anspruch bei Gericht einklagen. Voraussetzung dafür ist allerdings, dass die Prozente allein durch Sie „erfahren" wurden und Ihr Ehemann für sein Auto eine eigene Versicherung hat oder gar kein Auto besitzt.

Mein Mann macht immer noch Schulden – wie kann ich verhindern, dass ich mitzahlen muss?

Was Sie sich hier als Erstes merken müssen: Auch wenn Sie verheiratet sind, haften Sie nicht automatisch für die Schulden des anderen Ehegatten. Nur wenn es sich um Geschäfte „zur Deckung des Lebensbedarfs" handelt (§ 1357 BGB), haften Sie während des Zusammenlebens für die damit verbundenen Schulden. Auch die eingeschränkte Mithaftung endet mit der Trennung! Sie haften persönlich nicht für die Schulden, die Ihr Ehemann alleine aufnimmt. Diese können sich, wenn überhaupt, nur auf die Höhe Ihres Unterhaltsanspruchs auswirken.

WORAUF SIE BEI EINEM GEMEINSAMEN KREDIT ACHTEN SOLLTEN ACHTUNG

Stellen Sie bei einem gemeinsamen Kredit sicher, dass es Ihrem Ehemann nicht ohne Ihr Wissen möglich ist, den Kreditrahmen zu vergrößern.

Wenn Sie beispielsweise bei Warenhäusern Kreditkonten führen, sollten Sie Ihre Trennung dort aktenkundig machen, um auszuschließen, dass Sie in Zukunft für Ihren Mann zahlen müssen. Sie können dazu etwa wie folgt formulieren: „Mein Ehemann und ich leben seit dem 01.01.2008 getrennt. Ich bin nicht mehr damit einverstanden, dass er bei Ihnen Verträge abschließt, die auch mich mitverpflichten können."

Wie komme ich aus unserem gemeinsamen Mietvertrag heraus?

Sind Sie aus der gemeinsamen Wohnung ausgezogen, sollten Sie nicht zögern, sich mit Ihrem Vermieter in Verbindung zu setzen und darum zu bitten, aus dem Mietvertrag entlassen zu werden. Solange Sie nämlich noch offizieller Mieter sind, haften Sie auch für die Miete. Es reicht aber nicht aus, dass Ihr Vermieter mit der Entlassung aus dem Mietvertrag einverstanden ist. Auch Ihr Ehemann muss damit einverstanden sein.

Ist Ihr Ehemann einverstanden, können Sie durch eine gemeinsame Erklärung gegenüber dem Vermieter, dass Ihnen die Wohnung überlassen wird, den Mietvertrag ebenfalls ändern. Mit Zugang dieser Erklärung beim Vermieter und wenn die Scheidung rechtskräftig ist, besteht das Mietverhältnis nur noch mit Ihnen (§ 1568 a III 1 Nr. 1 BGB). Die Erklärung kann schon vor Rechtskraft der Scheidung an den Vermieter geschickt werden, entfaltet aber eben erst mit der Rechtskraft der Scheidung die entsprechende Wirkung.

Wenn Ihr Ehemann oder der Vermieter damit nicht einverstanden ist, bleibt Ihnen nur die Möglichkeit, nach der Scheidung beim Familiengericht einen Antrag zu stellen, dass die Wohnung Ihrem Ehemann alleine zugewiesen wird. Der Richter entscheidet, ob das Mietverhältnis nur noch mit Ihrem Ehemann fortgesetzt wird. Diesen Antrag sollten Sie noch vor der Scheidung über Ihren Rechtsanwalt als Folgesache stellen. Tun Sie das nicht, müssen Sie den Antrag spätestens vor Ablauf eines Jahres nach rechtskräftiger Scheidung stellen. Nach dieser Frist kann der Vermieter der Änderung des Mietverhältnisses durch den Richter widersprechen.

ACHTUNG

ACHTUNG: SICHERN SIE SICH MIETHÖHE UND KÜNDIGUNGSSCHUTZ

Wenn Sie in der Ehewohnung geblieben sind und nur Ihr Ehemann Mieter der Wohnung war, sollten Sie sich auf keinen Fall darauf einlassen, dem Vermieter einen neuen Mietvertrag zu unterschreiben. Dies ist auch nicht erforderlich, da das alte Mietverhältnis fortgesetzt werden kann. Meist versuchen die Vermieter, mit einem neuen Mietvertrag die Miete zu erhöhen. Und unter Umständen verlieren Sie dann auch Kündigungsschutzfristen, die Ihnen zustünden, wenn Sie vorher schon lange in der Wohnung gewohnt haben.

Ist der Vermieter nicht damit einverstanden, den alten Mietvertrag mit Ihnen fortzusetzen, kann Ihr Rechtsanwalt bis zu einem Jahr nach Rechtskraft der Scheidung die Zuweisung der Wohnung an Sie alleine beantragen. Das Gericht kann den Fortbestand des Mietverhältnisses festlegen – der Vermieter ist daran gebunden.

Wird die Scheidung billiger, wenn wir uns einig sind?

WENN DAS GELD NICHT FÜR DEN SCHEIDUNGSANWALT REICHT BEISPIEL

Frau Kaiser bekommt von ihrem Ehemann monatlich 950 Euro Unterhalt. Eigentlich würde sie sich gerne scheiden lassen, aber sie weiß nicht, wie sie den Anwalt bezahlen soll.

Was kostet eine Scheidung?

Die Gebühren des Rechtsanwalts richten sich nicht danach, ob er viel oder wenig Arbeit mit Ihrer Sache hat. Die Kosten errechnen sich vielmehr nach dem sogenannten Streit- bzw. Gegenstandswert. Auch eine „schnelle" oder „einvernehmliche" Scheidung ist daher nicht unbedingt billiger als ein Verfahren, das mehrere Jahre dauert. Es besteht allerdings die Möglichkeit, eine Vergütungsvereinbarung zu treffen, etwa ein Stundenhonorar oder ein Pauschalhonorar. Das Pauschalhonorar darf aber – mit wenigen Ausnahmen – nicht unter den gesetzlichen Gebühren liegen. Diese richten sich nach folgenden Regeln:

- Bereits die erste Beratung führt dazu, dass der Rechtsanwalt jeden Punkt, der Gegenstand der Beratung war, nach dem Streitwert bewerten muss. Er kann aus diesem Streitwert eine Beratungsgebühr für die Beratung berechnen, die sich aus dem Rechtsanwaltvergütungsgesetz (RVG) ergibt.
- Lassen Sie sich nur ein Mal beraten, darf der Rechtsanwalt für die Beratung nicht mehr als 190 Euro (plus Mehrwertsteuer) berechnen, egal wie hoch der Streitwert ist. Seit 01.07.2006 darf der Anwalt für Beratung, Auskunft oder Gutachten nur noch höchstens 250 Euro plus Mehrwertsteuer in Rechnung stellen, auch wenn es mehrere Termine

sind oder sogar ein schriftliches Gutachten erstellt wird. Da dies die Kosten häufig nicht deckt, müssen Sie damit rechnen, dass er die Vergütung im Einzelfall vereinbart.

- Wenn der Rechtsanwalt aufgrund der ersten Besprechung für Sie nach außen hin tätig wird, also zum Beispiel einen Brief an Ihren Ehemann schreibt, erhält er statt der Beratungsgebühr eine Geschäftsgebühr.
- Wie hoch die Gebühr ist, hängt von Umfang, Schwierigkeit und Bedeutung Ihrer Sache ab. Die Ratsgebühr darf zwischen 0,1 und 1,0 der vollen Gebühr betragen, die Geschäftsgebühr zwischen 0,5 und 2,5. Ein höherer Faktor als 1,3 ist aber nur gerechtfertigt, wenn es bei Ihnen um eine umfangreiche und schwierige Sache geht. In Familiensachen wird diese Schwelle sicher oft erreicht, weil der Rechtsanwalt in der Regel viele Unterlagen sichten und häufig mehrere Besprechungen abhalten muss.
- Kommt es aufgrund der Tätigkeit Ihres Rechtsanwalts zu einer Vereinbarung, so erhält er eine 1,5-Einigungsgebühr. Im gerichtlichen Verfahren bekommt er für die Klageerhebung eine 1,3-Verfahrensgebühr. Wenn der Anwalt mindestens ein Mal zu Gericht geht, steht ihm zusätzlich eine 1,2-Terminsgebühr zu. Es spielt dabei keine Rolle, wie oft er zu Gericht geht, den es kostet nicht jeder Gerichtstermin extra.

Kommt es statt eines Urteils zu einem Vergleich, erhält der Rechtsanwalt eine weitere 1,0-Einigungsgebühr. Zusätzlich steht dem Rechtsanwalt ein Auslagenersatz zu, der pauschal 20 Euro beträgt oder konkret nachgewiesen werden muss. Abschließend kommen zu dieser Summe zusätzlich 19 Prozent Umsatzsteuer dazu. Wenn Sie zunächst einmal versucht haben, die Sache ohne Gericht zu regeln, sich aber nicht einigen konnten, wird die Geschäftsgebühr für diese sogenannte außergerichtliche Tätigkeit zur Hälfte, maximal in Höhe von 0,75 auf die spätere Verfahrensgebühr angerechnet.

Verfahrenswert der Ehescheidung

Der Verfahrenswert für das Scheidungsverfahren ist das dreifache Monatsnettoeinkommen beider Ehegatten. Für unterhaltsbedürftige Kinder werden von manchen Gerichten 250 Euro abgezogen. Dazu kommt noch – von Gericht zu Gericht in unterschiedlicher Höhe – ein Zuschlag aufgrund der Vermögensverhältnisse (§ 48 Abs. 2 FamGKG). Der Mindestwert für die Scheidung beträgt 2.000 Euro.

UNTERSCHIEDLICHE HANDHABUNG IN DEN GERICHTSBEZIRKEN ACHTUNG

Im Bereich des OLG München wird zum Beispiel vom gesamten vorhandenen Vermögen für jeden Ehegatten ein Freibetrag von 60.000 Euro und für jedes minderjährige Kind 30.000 Euro abgezogen. Vom Restbetrag werden dann fünf Prozent zum Einkommensstreitwert addiert.

Es gibt jedoch eine Vielzahl von Gerichten, die den Vermögensstreitwert vernachlässigen. Wegen dieser unterschiedlichen Handhabung hat der landläufig bekannte Satz „Wenn wir uns um das Vermögen nicht streiten, wird die Scheidung billiger" nur eingeschränkte Richtigkeit. Es kommt immer darauf an, was in Ihrem Gerichtsbezirk üblich ist.

Sorgerecht

Der Verfahrenswert für Sorgerechts- und für Umgangsverfahren liegt bei 3.000 Euro (§ 45 Gesetz über Gerichtskosten in Familiensachen [FamGKG])

Versorgungsausgleich

Der Verfahrenswert für die Folgesache Versorgungsausgleich bestimmt sich nach der Anzahl der auszugleichenden Anrechte. Für jedes Anrecht sind zehn Prozent des in drei Monaten erzielten Nettoeinkommens der Eheleute zu berücksichtigen. Der Mindestwert liegt bei 1.000 Euro.

Bei Verfahren nach Scheidung ist jedes Anrecht mit 20 Prozent des in drei Monaten erzielten Nettoeinkommens der Eheleute zu bewerten.

Unterhalt

Wird der nacheheliche Unterhalt zusammen mit der Scheidung geregelt, so richtet sich der Verfahrenswert nach dem Jahresbetrag des geltend gemachten Unterhalts. Bei einem gesonderten Verfahren setzt sich der Wert aus dem Jahresbetrag der Unterhaltsforderung plus aufgelaufener Rückstände bei Klageerhebung zusammen (§ 51 FamGKG). Beim Kindesunterhalt kann seit 01.01.2008 wegen der Unterhaltsreform nur der zwölffache Mindestunterhalt als Verfahrenswert angesetzt werden, daran hat sich zum 01.09.2009 nichts geändert.

Zugewinnausgleich

Beim Zugewinnausgleich richtet sich der Verfahrenswert nach der geltend gemachten Ausgleichsforderung (§ 35 FamGKG).

Verfahrenswert im Scheidungsverbund

In einem Scheidungsverfahren werden alle Verfahrenswerte der zu entscheidenden Angelegenheit addiert. Das ergibt den Gesamtverfahrenswert. Nach diesem Gesamtwert berechnen sich die Rechtsanwalts- und Gerichtskosten. Die Scheidung alleine ist nicht teuer, sondern meist entstehen hohe Kosten durch das, was noch zusätzlich geregelt wird. Der Gesamtwert und damit die Gerichts- und Rechtsanwaltskosten werden umso höher, je mehr mit der Scheidung geregelt wird.

BEISPIEL

FINANZIELLE REGELUNGEN NACH DER SCHEIDUNG

Frau Kaiser reicht die Scheidung ein. Im Lauf des Scheidungsverfahrens beantragt sie einen Zugewinnausgleich von 10.000 Euro. Der nacheheliche Unterhalt wird mit 1.000 Euro pro Monat geltend gemacht. Beim Versorgungsausgleich werden die gesetzlichen Renten beider und eine Betriebsrente ausgeglichen. Herr Kaiser hat ein Einkommen von 2.500 Euro; Frau Kaiser ist ohne Einkommen.

Ehescheidung: 3 x 2.500 Euro = 7.500 Euro

Zugewinnausgleich: 10.000 Euro

Unterhalt: 12 x 1.000 Euro = 12.000 Euro

Versorgungsausgleich: 3 x 10 % von 7.500 Euro = 2.250 Euro

Gesamtstreitwert: 31.750 Euro

Gerichtskosten

Bei einem Scheidungsverfahren fallen zwei Verfahrensgebühren an. In unserem Beispielsfall betragen die Gerichtskosten 2 x 369 Euro. Wenn über Folgesachen, zum Beispiel den Zugewinnausgleich, eine Vereinbarung geschlossen wird, das heißt nicht der Richter die Entscheidung treffen muss, können sich die Gerichtskosten reduzieren.

Die Gerichtskosten müssen Sie und Ihr Ehemann jeweils hälftig tragen, weil Sie als Gesamtschuldner haften (§ 31 GKG). Zahlt einer von Ihnen nicht, muss der andere den gesamten Betrag zahlen.

ANWALTSKOSTEN TABELLE

1. Verfahrensgebühr nach § 13 RVG Nr. 3100 VV	
1,3 aus einem Streitwert von 31.750 Euro	1.079,00 Euro
2. Terminsgebühr nach § 13 RVG Nr. 3104 VV	
1,2 aus einem Streitwert von 31.750 Euro	996,00 Euro
3. Auslagenpauschale nach § 13 RVG Nr. 7002 VV	
	20,00 Euro
4. 19 Prozent MwSt.	
	398,05 Euro
Gesamt	2.496,05 Euro

Natürlich ist auch die Tätigkeit eines Rechtsanwalts, die zur außergerichtlichen, friedlichen Einigung mit Ihrem Ehemann führt, nicht kostenlos. Hier werden ebenfalls für die verschiedenen Angelegenheiten, in denen der Anwalt tätig war, die Verfahrenswerte, sie heißen dann Gegenstandswerte, addiert und daraus die Gebühren berechnet.

Bei der außergerichtlichen Tätigkeit werden – wie im Prozess auch – nicht immer alle zu regelnden Punkte streitwertmäßig addiert. Es muss sich um **eine** Angelegenheit im Rechtssinne handeln, das heißt, dass der gleiche Lebenssachverhalt – zum Beispiel die Ehescheidung – zugrunde liegen muss. Das bedeutet: Wenn Ihr Rechtsanwalt nicht nur den Unterhalt außergerichtlich geklärt hat, sondern auch noch mit der Bank oder mit dem

Vermieter zu einer Regelung gekommen ist, dann kann er diese Tätigkeit getrennt abrechnen. Als Faustregel gilt dabei, dass alle Punkte, die auch bei Gericht in verschiedenen Verfahren geltend gemacht werden müssten, vom Anwalt separat abgerechnet werden.

Wer zahlt die Anwaltskosten?

Nach bisherigem Recht müssen Sie im Scheidungsverfahren grundsätzlich Ihre Anwaltskosten selbst bezahlen. Es gilt der Grundsatz der Eigenverantwortung. Weigern Sie sich an einem vom Richter angeordneten Informationsgespräch über Mediation oder andere außergerichtliche Streitbeilegung teilzunehmen, kann dies dazu führen, dass der Richter Ihnen einen höheren Anteil an den Scheidungskosten auferlegt.

In einem Verfahren, in dem es lediglich um Unterhalt, Zugewinn oder Ähnliches geht, müssen Sie für Ihre Anwaltskosten zunächst auch selbst aufkommen. Abhängig davon, ob Sie gewinnen oder verlieren, müssen Sie dann zusätzlich die Anwaltskosten Ihres Ehemanns zahlen oder aber Sie haben einen Anspruch auf Erstattung Ihrer Anwaltskosten gegen Ihren Ehemann. Das kann manchmal auch nur ein Teilbetrag sein, je nachdem wie das Gericht die anfallenden Kosten verteilt.

Seit 01.09.2009 kann der Richter in Unterhaltsverfahren die Kostenentscheidung nach billigem Ermessen treffen kann. Das gilt auch in Wohnungszuweisungs-, Hausrats-, Umgangs- oder Sorgerechtsverfahren. Die Weigerung, an Gesprächen teilzunehmen oder Auflagen des Gerichts nicht zu beachten sowie verspätet Auskunft zu erteilen oder wesentliche Änderungen über das eigene Einkommen nicht mitzuteilen, können damit sanktioniert werden.

In manchen Fällen steht Ihnen gegen Ihren Ehemann ein sogenannter Verfahrenskostenvorschussanspruch zu. Diesen Anspruch haben Sie als Ehegatte bis zur Scheidung. Ist diese ausgesprochen, dann besteht er nicht mehr. Voraussetzung für den Verfahrenskostenvorschussanspruch ist, dass Sie nicht über „ausreichend bereite Mittel“ verfügen, um Ihre Anwaltskosten selbst zu tragen (§ 1360 Abs. 4 BGB).

Wann habe ich einen Verfahrenskostenvorschussanspruch?

- Sie müssen bedürftig, das heißt außerstande sein, die Verfahrenskosten zu tragen. Wenn Sie Vermögen haben, müssen Sie dieses ggf. einsetzen, um die Verfahrenskosten zu finanzieren.
- Ihr Ehemann muss leistungsfähig sein. Er muss über genügend Einkommen verfügen, um neben der normalen Unterhaltspflicht und der Rückführung möglicher Schulden noch ausreichend Geld zu haben, um Ihr Verfahren zu finanzieren. Hätte Ihr Ehemann selbst Anspruch auf Verfahrenskostenhilfe, wäre er nicht leistungsfähig.
- Das Verfahren muss eine persönliche Angelegenheit betreffen. Hierzu gehören sämtliche Ehe- und Familiensachen und Streitigkeiten um Ansprüche, die ihre Wurzeln in der ehelichen Lebensgemeinschaft haben. Zudem zählen Vormundschafts-, Pflegschafts-, Betreuungs- und Unterbringungssachen, Ansprüche auf Ersatz eines Körperschadens einschließlich Schmerzensgeld, Rentenprozesse, Arbeitsrechtprozesse und die Verteidigung in Strafverfahren hierzu.
- Das Verfahren muss hinreichend Aussicht auf Erfolg haben. Es darf also nicht mutwillig sein.
- Insgesamt darf es nicht unbillig sein, dass Ihr Ehemann einen Verfahrenskostenvorschuss leisten muss.
- Die Höhe des Verfahrenskostenvorschusses richtet sich nach den voraussichtlichen Kosten für Rechtsanwalt und Gericht.

Im Unterhaltsverfahren ist der Anspruch ausdrücklich in § 246 FamFG geregelt. Ihr Rechtsanwalt muss Ihren Ehemann auffordern, diesen Vorschuss zu zahlen, und ihm außerdem vorrechnen, wie hoch die voraussichtlichen Kosten des Verfahrens sein werden. Zahlt Ihr Ehemann dann nicht freiwillig, muss Ihr Rechtsanwalt den Anspruch für Sie bei Gericht geltend machen. Wenn Sie weder Anspruch auf Verfahrenskostenvorschuss noch ausreichende Einkünfte haben, kann es sein, dass ein Anspruch auf Verfahrenskostenhilfe besteht.

Wie bekomme ich Verfahrenskostenhilfe?

Seit 01.09.2009 spricht das Gesetz nicht mehr von „Prozesskostenhilfe“ sondern von „Verfahrenskostenhilfe“. Die Voraussetzungen ändern sich nicht. Verfahrenskostenhilfe müssen Sie beantragen, in der Regel über Ihren Rechtsanwalt. Er händigt Ihnen die notwendigen Formulare aus und reicht sie später mit der Klage oder dem Scheidungsantrag bei Gericht ein. Bitte beachten Sie, dass die Verfahrenskostenhilfe für jedes gerichtliche Verfahren extra beantragt werden muss.

Die Entscheidung, ob Sie Anspruch auf diese Beihilfe haben, trifft der Familienrichter. Für diese Entscheidung müssen Sie eine „Erklärung über Ihre persönlichen und wirtschaftlichen Verhältnisse“ ausfüllen. Sie müssen jede einzelne Position davon belegen, das heißt, Ihre Gehaltsabrechnungen, Ihren Mietvertrag, aktuelle Kontoauszüge etc. beifügen.

Mit der folgenden Checkliste behalten Sie den Überblick darüber, welche Unterlagen Sie schon beschafft haben.

CHECK **HABE ICH ALLE PAPIERE FÜR DEN ANTRAG?**

		ja	nein
Einkommen	Die letzten drei Gehaltsabrechnungen	☐	☐
	Bei Selbstständigen letzte Steuererklärung und letzter Steuerbescheid	☐	☐
Arbeitslosengeld I/II, Sozialgeld, Wohngeld	Bescheid über Arbeitslosengeld I/II, Sozialgeld- bzw. Wohngeldbescheid	☐	☐
Versicherungsprämien	Kontoauszüge, ggf. Versicherungspolice	☐	☐
Kreditraten	Kontoauszüge, ggf. Kreditvertrag	☐	☐
Kindergartenbeitrag	Kontoauszug	☐	☐

HABE ICH ALLE PAPIERE FÜR DEN ANTRAG? CHECK

Kaltmiete/Nebenkosten	Kontoauszug	☐	☐
	Mietvertrag	☐	☐
Fahrtkosten zur Arbeit	Monatskarte	☐	☐
	Genaue Angabe der Entfernungskilometer und Streckenangabe	☐	☐
Unterhaltszahlungen an Sie selbst	Kontoauszug	☐	☐
Unterhaltszahlungen an die Kinder	Kontoauszug	☐	☐
Schulden	Kontoauszug	☐	☐
Vermögen	Kontoauszug, Kopie Sparbücher, Depotauszug	☐	☐
	Angaben zu Immobilien (Art der Immobilie, Nutzungsart, Größe, Alter, Lage, Jahr der Fertigstellung, Einheitswert- und Brandversicherungswert)	☐	☐
Kraftfahrzeug	Baujahr, Anschaffungsjahr, Typ, Wert	☐	☐

LEGEN SIE DEN AKTUELLEN BESCHEID BEI ACHTUNG

Wenn Sie Arbeitslosengeld II/Sozialgeld oder Grundsicherung beziehen, reicht es aus, dem Formular den aktuellen Bescheid beizufügen.

Liegen dem Richter alle Unterlagen vor, entscheidet er über Ihr Verfahrenskostenhilfegesuch. Dabei kommt es nicht nur auf Ihre finanzielle Situation an, sondern auch darauf, ob er Ihrem Antrag Aussicht auf Erfolg gibt. Wenn der Richter Ihren Antrag für unbegründet hält, wird er Ihnen die Verfahrenskostenhilfe verweigern. Bewilligt der Richter sie, kann er dies auf zwei Arten tun. Entweder erhalten Sie sie ohne Ratenzahlung, das heißt, der Staat übernimmt die Kosten Ihres Anwalts und Ihren Anteil an den Gerichtskosten ganz, Sie müssen nichts zurückzahlen. Oder aber er bewilligt Ihnen Verfahrenskostenhilfe mit Ratenzahlung, dann müssen Sie an die Landesoberkasse jeden Monat einen bestimmten Betrag zurückzahlen, maximal 48 Monatsraten.

Das Gericht kann sich die Anordnung der Ratenzahlung auch vorbehalten, das heißt, es entscheidet erst später darüber, ob und wie viel Sie im Monat zurückzahlen müssen.

ACHTUNG

STEHT IHNEN VERFAHRENSKOSTENHILFE ZU?

- Wie hoch ist mein Einkommen?
- Habe ich Vermögen?
- Habe ich einen Anspruch auf Verfahrenskostenvorschuss gegen meinen Ehemann?
- Um welchen Antrag geht es?
- Wie hoch ist der Verfahrenswert?
- Welche Beweismittel habe ich?

Die Verfahrenskostenhilfe nimmt Ihnen nicht das Kostenrisiko! Sie bezieht sich immer nur auf Ihre eigenen Rechtsanwalts- und Gerichtskosten. Die Kosten Ihres Ehegatten, die Sie bei einem verlorenen Verfahren erstatten müssen, werden nicht gedeckt.

Ändert sich Ihre finanzielle Lage während eines Verfahrens, können Sie auch nachträglich Verfahrenskostenhilfe beantragen. Die Verfahrenskostenhilfe übernimmt aber dann nur die Gebühren, die nach der Antragstellung entstehen. Alle vorherigen Gebühren werden davon nicht gedeckt. Hat der Richter ein Urteil gesprochen, können Sie nachträglich keine Verfahrenskostenhilfe beantragen. Sie sollten mit Ihrem Rechtsanwalt deshalb rechtzeitig darüber sprechen.

Verfahrenskostenhilfe bezieht sich nur auf ein gerichtliches Verfahren. Für die außergerichtliche Tätigkeit des Rechtsanwalts gibt es als staatliche Unterstützung die Beratungshilfe. Einen Berechtigungsschein können Sie bei der Rechtsantragstelle Ihres Amtsgerichts beantragen und dann Ihrem Anwalt vorlegen. Ihre Eigenbeteiligung beträgt dabei lediglich zehn Euro. Sie müssen aber damit rechnen, dass nicht jeder Anwalt bereit ist, mit Beratungshilfe für Sie tätig zu werden, da er seine Kosten damit nicht decken kann. Klären Sie diese Frage deshalb unbedingt im Vorfeld.

Was ist Mediation?

Mediation ist eine Mischform aus juristischer und psychologischer Beratung. Sie wird nicht nur im Scheidungsrecht zur Bewältigung von Konflikten eingesetzt. Mediation wird von Psychologen, Sozialpädagogen und Rechtsanwälten gleichermaßen angeboten. Mithilfe der Familienmediation soll versucht werden, die Konflikte im Zusammenhang mit Trennung und Scheidung gemeinsam zu bearbeiten und zu bewältigen. Sie beschäftigt sich vor allem mit den Folgesachen (elterliche Sorge, Unterhalt, Zugewinnausgleich, Vermögensauseinandersetzung, Ehewohnung, Hausrat etc.). Ziel jeder Mediation sollte es sein, eine Trennungs- und Scheidungsfolgenvereinbarung abzuschließen.

Die Mediation ist vom Gedanken der Eigenverantwortung der Eheleute geprägt. Die Rolle des Mediators besteht darin, die Gespräche der Eheleute zur Konfliktbewältigung im zeitlichen und strukturellen Ablauf zu leiten. Er soll bestrebt sein, destruktives Verhalten in konstruktives Miteinander zu verwandeln. Inhaltliche Entscheidungen sollten vom Mediator nur in sehr begrenztem Umfang – anders als zum Beispiel von einem Rechtsanwalt – ausgehen, diese Aufgabe liegt ganz bei den Eheleuten selbst.

Es ist ratsam, dass sich jeder Ehegatte zusätzlich juristisch beraten lässt, um Missverständnisse zu vermeiden und um eine sichere rechtliche Grundlage für die Mediation zu schaffen. Sie sollten sowohl vor einer Mediation eine juristische Beratung wahrnehmen, als auch die mit Ihrem Ehegatten ausgehandelte Scheidungsfolgenvereinbarung juristisch überprüfen lassen, bevor dieses Dokument dann endgültig und rechtsverbindlich gelten soll.

Wie sollte das Ergebnis einer Mediation aussehen?

- Eigenverantwortliches Aushandeln einer fairen und den Lebensverhältnissen angepassten Vereinbarung bezüglich Trennung und Scheidungsfolgen oder auch nur auf Teilbereiche (zum Beispiel Umgang, elterliche Sorge).
- Die Vereinbarung soll ganz konkrete Regelungen beinhalten.
- Die Vereinbarung soll von beiden Ehegatten gemeinsam getragen werden, keiner soll gewinnen oder verlieren.

Eine Mediation wird nur dann erfolgreich sein, wenn beide Ehepartner sie wollen. Das heißt, Sie müssen in der Lage sein, sachlich und ruhig miteinander umzugehen, und Sie müssen bereit sein, alle notwendigen Informationen zu beschaffen und offenzulegen. Kurzum: Sie müssen ein faires Ergebnis wollen. Eine Mediation umfasst etwa zehn Sitzungen. Die Kosten hierfür liegen bei 100 bis 250 Euro pro Stunde. Wenn Sie einen Rechtsanwalt als Mediator wählen, kann dieser weder Sie noch Ihren Ehemann im späteren Scheidungsverfahren vertreten.

Welche steuerlichen Auswirkungen haben Trennung und Scheidung?

Wenn Sie arbeiten, müssen Sie jedes Jahr eine Steuererklärung beim Finanzamt abgeben. Die Höhe der zu zahlenden Steuern wird dann nach der Grundtabelle berechnet. Man spricht hier von Einzelveranlagung. Wenn

Sie verheiratet sind und noch nicht dauernd getrennt leben, besteht für Sie die Möglichkeit, die Steuererklärung zusammen mit Ihrem Ehemann abzugeben. Die von Ihnen beiden zu zahlenden Steuern werden dann nach der Splittingtabelle berechnet. Dieses Vorgehen ist in den meisten Fällen günstiger als die Rechnung mit der Grundtabelle. Hier spricht man von Zusammenveranlagung.

Steuerklassen

Während des laufenden Jahres wird von Ihrem Einkommen Lohnsteuer, Solidaritätszuschlag und eventuell Kirchensteuer abgezogen. Es handelt sich im Grunde um eine Steuervorauszahlung. Die Höhe dieser Abzüge richtet sich nach den fünf Steuerklassen.

- Steuerklasse I: für alle Ledigen, für dauernd getrennt Lebende sowie Geschiedene.
- Steuerklasse II: für alle Ledigen, für dauernd getrennt Lebende sowie Geschiedene, die ein Kind betreuen („Alleinerziehende“).
- Steuerklasse III: Verheiratete, die von ihrem Ehegatten nicht dauernd getrennt leben (klassischer Fall in der „Nur-Hausfrauen-Ehe“). Der Ehegatte, der den besseren Verdienst hat, hat meistens Steuerklasse III, der andere Steuerklasse V. Oftmals hat der Ehemann Steuerklasse III und die Frau Steuerklasse V.
- Steuerklasse IV: Sie und Ihr Ehemann arbeiten, verdienen etwa gleich viel und leben nicht dauernd getrennt.
- Steuerklasse V: Gegenstück zu Steuerklasse III, solange die Ehegatten nicht dauernd getrennt leben.
- Steuerklasse VI: wenn Sie mehrere Arbeitsverhältnisse haben, wird das Einkommen aus dem zweiten/weiteren Arbeitsverhältnis nach Steuerklasse VI versteuert.

Im Jahr der Trennung ändert sich an den Steuerklassen noch nichts. Sie haben aber die Möglichkeit, zusammen mit Ihrem Ehemann die Steuerklassen zu ändern. Damit müssen beide einverstanden sein. Das kann zum Beispiel dann sinnvoll sein, wenn Sie bisher Steuerklasse III/V hatten und jetzt IV/IV haben wollen. Die Änderung der Steuerklassen im laufenden Jahr ist prinzipiell immer bis zum 30.11. möglich. Im Jahr nach der Trennung können Sie die Steuerklasse auch ohne Zustimmung Ihres Ehemanns wechseln. Für die Änderung der Lohnsteuerklasse ist ab 01.01.2011 in der Regel das Wohnsitzfinanzamt und nicht mehr die Gemeinde zuständig, in der Sie am 20.09. des Vorjahres Ihren Hauptwohnsitz hatten. Hatten Sie keinen Hauptwohnsitz, so gilt der gewöhnliche Aufenthalt. Besonders bei Trennung können Sie deshalb im Zweifel die Steuerklasse auch bei dem Finanzamt an Ihrem neuen Wohnort ändern lassen.

Ab 01.01.2011 gibt es keine Lohnsteuerkarten aus Papier mehr, für 2011 gilt noch die Lohnsteuerkarte 2010. Wenn Sie erstmals eine Lohnsteuerkarte benötigen, erhalten Sie vom Finanzamt an Ihrem Wohnort eine Bescheinigung als Ersatzlohnsteuerkarte.

Seit 2004 steht Alleinerziehenden statt des Haushaltsfreibetrags ein Entlastungsbetrag von jährlich 1.308 Euro gemäß § 24 b EStG zu. Er wird neben Kindergeld bzw. den Freibeträgen für die Kinder gewährt. Dies ist bei der Lohnsteuerklasse II berücksichtigt. Sie müssen aber tatsächlich alleinerziehend sein, das heißt, sie dürfen keine Haushaltsgemeinschaft mit einem anderen Partner bilden. Leben Sie mit einem anderen Partner zusammen, dann haben Sie nur Anspruch auf Lohnsteuerklasse I.

Erwerbsbedingte Kinderbetreuungskosten

Durch Erwerbstätigkeit des Steuerpflichtigen entstehende Betreuungskosten für Kinder unter 14 Jahren und für behinderte Kinder können bis zu zwei Drittel der Kosten, maximal bis zu 4.000 Euro je Kind als Werbungskosten bzw. Betriebsausgaben abgezogen werden. Bei Betreuungskosten infolge einer Zwangslage wie Krankheit, Ausbildung oder Behinderung können diese Kosten als Sonderausgaben angesetzt werden, es gelten dieselben Grenzen.

Darüber hinaus können Betreuungskosten oder Kosten für eine Haushaltshilfe als sogenannte haushaltsnahe Dienstleistungen direkt von der Steuer abgezogen werden, und zwar in Höhe von 20 Prozent der Kosten von maximal 20.000 Euro, also höchstens 4.000 Euro. Wenn die Kinderbetreuung durch eine geringfügige Beschäftigung im Privathaushalt (Minijob) erfolgt, werden zehn Prozent der Kosten, maximal 510 Euro steuermindernd anerkannt. Bei einer sozialversicherungspflichtig beschäftigten Betreuungskraft können zwölf Prozent der Kosten bis zum Maximalbetrag von 2.400 Euro geltend gemacht werden. Beauftragen Sie selbstständige Dienstleister, werden 20 Prozent der Kosten bis höchstens 600 Euro anerkannt. Als Nachweise kommen folgende Unterlagen infrage:

- Rechnungen und Kontoauszug für die Überweisung
- Bescheinigung der Bundesknappschaft, die das Haushaltsscheckverfahren abwickelt
- Sozialversicherungsausweis der Betreuungskraft

Kinderfreibetrag

Solange Sie die Steuererklärung gemeinsam abgeben, also zusammen veranlagt werden, steht Ihnen gemeinsam mit Ihrem Ehemann je Kind ein voller Kinderfreibetrag zu. Dieser wird bei der Einkommensteuererklärung berücksichtigt.

Wenn Sie die Steuererklärung getrennt abgeben, steht beiden pro Kind ein halber Kinderfreibetrag zu. Jedes Kind wird auf der Lohnsteuerkarte dann mit 0,5 berücksichtigt. Dabei ist es egal, wo die Kinder leben. Der Kinderfreibetrag kann seit dem 01.01.1996 nicht mehr freiwillig übertragen werden. Lediglich wenn Sie von Ihrem Ehemann keinen oder nur sehr wenig Kindesunterhalt erhalten, kann eine Ausnahme möglich sein. Informieren Sie sich beim Finanzamt. Der halbe Kinderfreibetrag – je Ehegatte pro Kind – beträgt derzeit (seit 2010) jährlich 2.184 Euro. Der Freibetrag für Betreuungs-, Erziehungs- oder Ausbildungsbedarf beträgt je Ehegatte pro Kind 1.320 Euro.

Kinderzuschlag

Seit Januar 2005 erhalten Eltern mit niedrigem Einkommen zusätzlich zum Kindergeld einen Kinderzuschlag in Höhe von bis zu 140 Euro je

Kind und Monat. Die Einkommensgrenzen wurden im Jahr 2008 deutlich herabgesetzt. Der Zuschlag wird für im Haushalt lebende Kinder bis zum 18. Lebensjahr gewährt und für längstens 36 Monate gezahlt. Wird der Bezugszeitraum unterbrochen (etwa wenn die Anspruchsvoraussetzungen nicht vorliegen, weil zum Beispiel durch den Zuverdienst eines Partners für einige Monate die Einkommensgrenze überschritten wird), schiebt sich der Gewährungszeitraum um diese Zeitspanne hinaus. Ist während des Bezugszeitraums ein weiteres Kind zu berücksichtigen, verlängert sich der Zeitraum von 36 Kalendermonaten nicht.

Der Kinderzuschlag vermindert sich um das eigene Einkommen und um das Vermögen des Kindes (Wohngeld und Kindergeld bleiben hierbei unberücksichtigt). Begünstigt sind lediglich solche Familien, deren Einkommen zwar für den Lebensunterhalt der Eltern ausreicht, nicht jedoch für den der Kinder.

Der Hintergrund: Es soll verhindert werden, dass Geringverdiener nur wegen des Unterhalts für ihre Kinder das Arbeitslosengeld II beziehen müssen. Einkommen und Vermögen des Kindes sowie der Eltern werden – unter bestimmten Bedingungen – angerechnet. Auf der Internetseite des Bundesministeriums für Familie, Senioren, Frauen und Jugend finden Sie einen Kinderzuschlagrechner (www.bmfsfj.de/Kinderzuschlagrechner/).

Der Antrag ist bei der Familienkasse der Arbeitsagentur zu stellen, in deren Zuständigkeitsbereich Sie wohnen. Angehörige des öffentlichen Dienstes, die Kindergeld von ihrem Dienstherrn ausbezahlt bekommen, haben den Antrag auf Kinderzuschlag bei der jeweils zuständigen Familienkasse zu stellen. Der Kinderzuschlag wird in der Regel an denjenigen Elternteil gezahlt, der auch das Kindergeld bezieht. Er wird mit dem Kindergeld zusammen überwiesen.

Gemeinsame Steuererklärung

Es geht hier um die Frage der gemeinsamen oder getrennten Veranlagung. Die gemeinsame Veranlagung ist günstiger, weil Sie dann nach der günstigeren Splittingtabelle versteuert werden. Sie müssen weniger Steuern zahlen. Für die Frage, ob Sie gemeinsam oder getrennt zu veranlagen sind, kommt es nicht auf die Scheidung Ihrer Ehe an. Es kommt nur darauf an, ob Sie dauernd getrennt leben oder nicht.

SEIEN SIE NICHT ZU VOREILIG MIT IHRER STEUERERKLÄRUNG ACHTUNG

Sie sind sogar dazu verpflichtet, der gemeinsamen Steuererklärung zuzustimmen, wenn die Voraussetzungen dazu vorlagen. Geben Sie also nicht voreilig Ihre Steuererklärung alleine ab, um Ihrem Ehemann zu schaden. Dies ist in den meisten Fällen nur ein kurzer Triumph. Sie müssen für die Jahre, in denen Sie nicht dauernd getrennt gelebt haben, damit rechnen, dass Sie dazu verurteilt werden können, die Steuererklärung gemeinsam abzugeben. Sie sollten hier nicht auf die Auskünfte des Finanzamts vertrauen, sondern Ihren Rechtsanwalt fragen.

Das Finanzamt entscheidet danach, ob Sie in einem Kalenderjahr zumindest für kurze Zeit wie Mann und Frau zusammengelebt haben oder nicht. Dabei orientiert sich das Finanzamt häufig an den verschiedenen Adressen, findet aber auch einen Versöhnungsversuch ausreichend, um eine gemeinsame Steuererklärung zu ermöglichen, wenn Ihr und Ihres Ehemanns nachvollziehbarer und belegbarer Wille bestanden hat, die eheliche Lebens- und Wirtschaftsgemeinschaft vorbehaltlos und dauerhaft wieder neu zu begründen. Besprechen Sie dies mit Ihrem Rechtsanwalt oder Ihren Steuerberater. Auf jeden Fall können Sie für das Jahr der Trennung noch die gemeinsame Steuererklärung abgegeben, also gemeinsam veranlagt werden. Im Jahr nach der Trennung besteht kein Anspruch mehr auf eine gemeinsame Steuererklärung, Sie werden ab dann getrennt veranlagt.

Realsplitting

Ihr Ehemann kann den Unterhalt, den er für Sie zahlt, von der Steuer absetzen, und zwar bis zu einem Betrag von 13.805 Euro pro Jahr.

WAS KANN ALS SONDERAUSGABEN GELTEND GEMACHT WERDEN? ACHTUNG

Die unentgeltliche Überlassung einer Wohnung (auch eines Miteigentumsanteils) und die Übernahme der verbrauchsunabhängigen Kosten sind ebenfalls Unterhaltsleistungen, die im Wege des Realsplittings – bis zur Höchstgrenze von 13.805 Euro zuzüglich eventuell gezahlter Beiträge zur Kranken- und Pflegeversicherung (seit 01.01.2010) – als Sonderausgaben geltend gemacht werden können.

Im Gegenzug müssen Sie diesen Unterhalt – genauso wie Ihr Einkommen – versteuern. Ihr Ehemann muss Ihnen dann diese Steuern ersetzen. Hierbei handelt es sich um das sogenannte Realsplitting (§ 10 Abs. 1 Ziffer 1 Einkommensteuergesetz [EStG]). Voraussetzung dafür ist, dass Sie die Einkommensteuererklärung nicht mehr gemeinsam abgeben – ob Sie nun geschieden sind oder getrennt leben. Der Ehemann muss sich diesen Freibetrag auf der Lohnsteuerkarte eintragen lassen. Damit erhöht sich sein Nettoeinkommen für die Unterhaltsberechnung. Das Realsplitting lohnt sich meistens nur, wenn die Frau viel weniger als der Ehemann oder gar nichts verdient.

Ist es in Ihrem Fall so, dass Sie ohne die Versteuerung des Unterhalts eine Steuererstattung erhalten hätten, dann muss Ihr Ehemann Ihnen den entsprechenden Betrag ersetzen.

Voraussetzungen und Folgen bei einem Realsplitting

- Sie müssen dauernd getrennt leben.
- Sie müssen als Unterhaltsberechtigte dem Antrag auf Realsplitting durch Unterschrift zustimmen.
- Haben Sie einmal zugestimmt, dann können Sie diesen Entschluss nur für das dem laufenden Kalenderjahr folgende Jahr widerrufen, und zwar schriftlich gegenüber dem Finanzamt (Musterbrief hierzu auf CD-ROM).
- Ihr Ehemann als der Unterhaltspflichtige muss Ihnen die Steuern ersetzen, die Sie für den Unterhalt zahlen, unter Umständen aber auch die Ausgaben für höhere Krankenversicherungskosten etc. Wenn das Finanzamt von Ihnen für den Unterhalt Steuervorauszahlungen will, muss Ihr Ehemann diese auch bezahlen.

Sie sind aktuell noch nicht geschieden und haben ein Arbeitsverhältnis auf 400-Euro-Basis? Dann muss Ihr Rechtsanwalt die Frage der Sinnhaftigkeit des Realsplittings genau prüfen. Es kann nämlich für Sie bedeuten, dass Sie keinen Anspruch mehr auf eine Mitversicherung in der Krankenversicherung Ihres Ehemanns haben, weil Ihr eigenes Einkommen (325 Euro plus Unterhalt) zu hoch ist. Im Jahr 2010 lag die Einkommensgrenze für die Familienmitversicherung bei 365 Euro pro Monat bzw. 400 Euro, wenn eine geringfügige Beschäftigung ausgeübt wurde. Für 2011 sind keine Änderungen geplant. Bevor Sie dem Realsplitting während der Trennungszeit zustimmen, sollten Sie das schriftlich mit der Krankenversicherung Ihres Ehemanns abstimmen. Eine Mustervereinbarung zur Freistellung von Nachteilen aus dem Realsplitting finden Sie auf der CD-ROM.

- Steuernachzahlung
- Verlust der Steuerrückzahlung
- Steuervorauszahlungen (streitig, ob Vorauszahlungen verlangt werden können; entscheidend sind die im Einzelfall vorhandenen finanziellen Mittel)
- Verlust der Wohnungsbauprämie
- Verlust des Wohnberechtigungsscheins
- Verlust von Sparprämien bzw. Arbeitnehmersparzulage
- Nachteile, die sich aus Überschreitung der Geringverdienergrenze nach § 22 a EStG ergeben
- Verlust der beitragsfreien Mitversicherung in der gesetzlichen Krankenversicherung (sogenannte Familienversicherung)
- Verlust der Befreiung von Kindergartenbeiträgen
- Höhere Krankenversicherungskosten, die durch Beiträge zur privaten Krankenversicherung entstehen

ACHTEN SIE AUF DEN UMFANG DER VERPFLICHTUNG DES EHEMANNS ACHTUNG

Sie bzw. Ihr Rechtsanwalt müssen darauf achten, dass sich Ihr Ehemann ausdrücklich verpflichtet, Ihnen sämtliche Nachteile im Zusammenhang mit dem Realsplitting zu ersetzen – nicht nur die anfallenden Steuern.

ACHTUNG

BITTEN SIE DAS FINANZAMT UM BESTÄTIGUNG

Ihre Steuerberaterkosten können Sie unter Umständen als Nachteil geltend machen. Dazu muss es erforderlich gewesen sein, den Steuerberater zur Berechnung des Nachteils zu beauftragen – etwa weil die Sache etwas komplizierter ist. Wenn Sie Kosten sparen wollen, können Sie auch das Finanzamt bitten, Ihnen schriftlich zu bestätigen, wie hoch die Steuer ohne Unterhalt gewesen wäre. Viele, aber nicht alle Finanzämter sind hilfsbereit.

Unterhalt als außergewöhnliche Belastungen

Ihr Ehemann kann seine Unterhaltszahlungen als außergewöhnliche Belastungen gegenüber dem Finanzamt geltend machen (§ 33 a Abs. 1 EStG). Das ist im Jahr bis zu einem Maximalbetrag von 8.004 Euro möglich. Anders als beim Realsplitting müssen Sie den Betrag dann nicht extra versteuern. Erforderlich hierfür ist, dass Sie nur geringe Einkünfte haben. Liegen diese über 624 Euro im Jahr, werden sie gegengerechnet, also von den 8.004 Euro abgezogen.

Scheidungskosten als außergewöhnliche Belastungen

Früher waren Anwalts-, Gerichts-, Notar- und Gutachterkosten sowie Prozesskostenvorschüsse, die im Zusammenhang mit dem Scheidungsverfahren entstanden sind, insgesamt steuerlich absetzbar. Das hat der BFH mit seinen Urteilen (Az. III R 36/03 und III R 27/04) geändert. Zu den außergewöhnlichen ansetzbaren Belastungen zählen:

- Prozesskosten für die Scheidung
- Prozesskosten für den Versorgungsausgleich

Nicht abzugsfähig sind Kosten für sogenannte Folgesachen:

- Regelungen über den Unterhalt
- Aufteilung des gemeinsamen Vermögens

- Vereinbarungen über das Sorgerecht
- Mediationskosten

Der BFH begründet dies damit, dass alle Regelungen, die außerhalb des sogenannten Zwangsverbunds durch das Familiengericht oder außergerichtlich getroffen werden, „Privatsache“ der Eheleute und daher nicht steuermindernd zu berücksichtigen sind. Die ansetzbaren Kosten können aber nur im Verhältnis zu Ihrem Einkommen bei der Steuer geltend gemacht werden, den Rest müssen Sie selbst tragen. Der Anteil beträgt zwischen einem und sieben Prozent Ihres steuerpflichtigen Einkommens, je nach Familienstatus.

VERSCHAFFEN SIE SICH EINEN MÖGLICHST HOHEN STEUERVORTEIL ACHTUNG

Um einen hohen Steuervorteil zu erhalten, sollten Sie die Zahlungen möglichst in einem Kalenderjahr erbringen. Sprechen Sie daher mit Ihrem Rechtsanwalt darüber, ob Vorschusszahlungen oder Stundungen bis in das nächste Kalenderjahr möglich sind.

Abgeltungssteuer

Der gemeinsame Freistellungsantrag über einen Betrag bis zu 1.602 Euro gilt nur bis zum Ablauf des Jahres, in dem Sie sich getrennt haben. Danach muss er widerrufen werden. Sie müssen selbst einen Freistellungsantrag bei Ihrer Bank abgeben, der Höchstbetrag beträgt dann 801 Euro.

Zugewinnausgleich

Haben Sie von Ihrem Ehemann eine Zugewinnausgleichszahlung erhalten, müssen Sie dieses Geld nicht versteuern. Erst die Zinsen sind steuerpflichtiges Einkommen.

Abfindungszahlungen

Andere Abfindungszahlungen müssen Sie ebenfalls nicht versteuern. Steuerpflichtig werden nur Einnahmen aus diesem Geld, zum Beispiel Zinsen.

Wenn Abfindungen als Unterhaltszahlungen deklariert werden, kann das Realsplitting in Anspruch genommen und auf diese Weise ein Steuervorteil erzielt werden.

Beamtenbesoldung bzw. öffentlicher Dienst

Mit der Scheidung ändert sich die Höhe des Familienzuschlags. Die genauen Auswirkungen hängen teilweise davon ab, wie viel Ehegattenunterhalt gezahlt wird. Meistens kann man sagen, dass nach der Scheidung das Einkommen von Beamten und Angestellten des öffentlichen Dienstes sinkt. Teilweise ändert sich der Familien- bzw. Ortszuschlag auch schon durch die Trennung.

Anhang

Adressen

Vermittlungsstellen für spezialisierte Rechtsanwälte

Deutscher Anwaltverein e. V. (DAV)

Littenstraße 11

10179 Berlin

030 726152-0

http://www.anwaltverein.de

Dort sind die Adressen des jeweils zuständigen örtlichen Anwaltsvereins zu erfragen.

Anwalt-Suchservice

http://www.anwalt-suchservice.de

0221 93738-03

Homepages

http://www.isuv.de

Homepage des Interessenverbandes für Unterhalt und Familienrecht. Wenn Sie Mitglied sind, ist die Nutzung kostenlos, sonst entsteht ein geringer Unkostenbeitrag.

http://www.bmfsfj.de

Homepage des Bundesministeriums für Familie, Senioren, Frauen und Jugend. Dem Thema Scheidung ist ein eigener Bereich gewidmet.

http://www.vdr.de

Homepage der Deutschen Rentenversicherung. Dort erhalten Sie Auskünfte über Ihren Rentenstatus und können Ihr Rentenkonto klären lassen.

http://www.advoexpert.de

http://www.famrb.de

http://www.famrz.de

Hier finden Sie alle aktuellen Leitlinien der Oberlandesgerichte.

Beratung

Bundes-Arbeitsgemeinschaft für Familien-Mediation e. V. (BAFM)

c/o Christian C. Paul

Olivaer Platz 15

10707 Berlin

030 23628266

Deutscher Kinderschutzbund Bundesverband e. V.

Bundesgeschäftsstelle

Schöneberger Straße 15

10963 Berlin

0511 214809-0

Interessenverband Unterhalt und Familienrecht

ISUV/VDU

Bundesgeschäftsstelle

Postfach 21 01 07

90119 Nürnberg

0911 550478

PRO Familia

Bundesverband

Stresemannallee 3

60596 Frankfurt/Main

069 639002

Initiative bürgschaftsgeschädigter Frauen

Am Querenbach 7

09366 Stollberg

037296 920810

Zentrale Informationsstelle autonomer Frauenhäuser (ZIF)

Postfach 10 11 03

34011 Kassel

0561 8203030

Gleichstellungsstellen in den einzelnen Bundesländern

Baden-Württemberg

Frauenbeauftragte

Schellingstraße 15

70147 Stuttgart

0711 123-3544

Bayern

Frauenbeauftragte der Staatsregierung

Winzererstraße 9

80797 München

089 1261-01

Berlin

Frauenkrisentelefon

030 6154243

Brandenburg

Gleichstellungsbeauftragte

Heinrich-Mann-Allee 103

14473 Potsdam

0331 866-0

Bremen

Bremische Zentralstelle für die Verwirklichung der Gleichberechtigung der Frau

Knochenhauerstraße 20–25

28195 Bremen

0421 3613133

Hamburg

Behörde für Soziales, Familie, Gesundheit und Verbraucherschutz

Hamburger Straße 118

22038 Hamburg

040 42863-3953

Hessen

Hessisches Sozialministerium

Dostojewskistraße 4

65187 Wiesbaden

061 817-0 (Zentrale)

Mecklenburg-Vorpommern

Gleichstellungsbeauftragte

Schlossstraße 2–4

19053 Schwerin

0385 588-1004

Niedersachsen

Frauenbüro

Sodenstraße 2

30101 Hannover

0511 33650625

Nordrhein-Westfalen

Frauenbüro

Kasernenstraße 6

40213 Düsseldorf

0211 59814-383

Rheinland-Pfalz

Johannes Gutenberg-Universität Mainz

Zentrum für wissenschaftliche Weiterbildung

Vernetzungsstelle für Gleichstellungsbeauftragte in Rheinland-Pfalz

Forum universitatis 1

55099 Mainz

06131 3925417

Saarland

Frauenbüro

Rathausplatz

66111 Saarbrücken

0681 9051649

Sachsen

Sächsisches Staatsministerium für Soziales

Albertstraße 10

01097 Dresden

0351 564-0

Sachsen-Anhalt

Landesbeauftragte für Frauenpolitik und Gleichstellung

Turmschanzenstraße 25

39114 Magdeburg

0391 567-4003

Schleswig-Holstein

Ministerium für Gleichstellung

Brunswiker Straße 16–22

24105 Kiel

0431 988-0

Thüringen

Beauftragte für die Gleichstellung von Frau und Mann

Werner-Seelenbinder-Straße 6

99096 Erfurt

0361 3798-740/-741

Broschüren zu rechtlichen Themen

des Informationszentrums der deutschen Versicherer „Zukunft klipp + klar"

- Sicherheit im Ehrenamt
- Gut gesichert Gutes tun
- Sicher ist sicher
- Einbruchschutz für Haus und Wohnung
- Im Streitfall hilft die Rechtsschutzversicherung: Recht gehabt und auch bekommen

Stichwortverzeichnis

Die Autorin

Dr. Barbara Schramm (geb. Schiebel) ist seit vielen Jahren Rechtsanwältin in einer Münchner Sozietät. Sie hat sich als Fachanwältin für Familienrecht auf die Gebiete des Scheidungs-, Familien- und Erbrechts spezialisiert. In diesen Ratgeber hat sie ihre anwaltlichen und praxisnahen Erfahrungen aus ihren Vortrags- und Beratungstätigkeiten eingebracht.